D1146773

Guide du voyage en famille

Des mêmes auteurs

Marie-Chantal Labelle

Maman, je mange Tome 1, Éditions Stanké, 1999, 2004
Maman, je mange Tome 2, Éditions Stanké, 2004

Michel Houde

Un rendez-vous avec les étoiles, Éditions du Roseau, 2004

Marie-Chantal Labelle
et
Michel Houde

Guide du voyage en famille

Partir à l'aventure avec ses enfants

Catalogage avant publication de Bibliothèque et Archives Canada
Labelle, Marie-Chantal, 1965-

Guide du voyage en famille : partir à l'aventure avec ses enfants
ISBN 2-7604-1034-X
1. Voyage. 2. Enfants – Voyages. 3. Famille – Loisirs. I. Houde, Michel, 1962- . II. Titre.

G151.L32 2006 910'.2'02083 C2005-942528-8

Infographie et mise en pages : Gaétan Lapointe
Maquette de la couverture : Film-O-Progrès
Photographie de couverture : Marie-Chantal Labelle et Robert Etcheverry
Photographie des auteurs : Collection des auteurs
Photographies de l'intérieur : Collection des auteurs

Remerciements

Les Éditions internationales Alain Stanké reconnaissent l'aide financière du gouvernement du Canada par l'entremise du Programme d'aide au développement de l'industrie de l'édition (PADIÉ) pour ses activités d'édition. Nous remercions le Conseil des Arts du Canada, la Société de développement des entreprises culturelles du Québec (SODEC) du soutien accordé à notre programme de publication. Gouvernement du Québec – Programme de crédit d'impôt pour l'édition de livres – gestion SODEC.

Les Éditions internationales Alain Stanké
7, chemin Bates
Outremont (Québec) H2V 4V7
Tél. : (514) 849-5259
Téléc. : (514) 396-0440
editions@stanke.com

Stanké international, Paris
Tél. : 01.40.26.33.60
Téléc. : 01.40.26.33.60

Dépôt légal :
1er trimestre 2006

ISBN 2-7604-1034-X

Diffusion au Canada : Québec-Livres
Diffusion hors Canada : Interforum

À Pierre,

qui a voyagé avec nous tout au long
de l'aventure qu'a été l'écriture de ce livre.

Merci.

Avant-propos

N'hésitez plus !

Voyager avec ses enfants est, en vérité, une expérience unique et incroyablement enrichissante. Peu d'événements, dans la vie d'une famille, sont aussi chargés d'émotions et de moments inoubliables.

En voyage, le temps nous appartient, la vie est à nous, et l'intensité de chaque instant est décuplée. Ajoutez à cela la magie et le regard de un, deux ou même trois enfants, et l'expérience devient tout simplement divine. Dans la vie d'une famille, un grand voyage constituera toujours un point marquant dans le temps. Il y aura avant votre premier grand voyage en famille, et il y aura après.

La condition incontournable, pour un voyage réussi avec ses enfants, est **une bonne préparation**. Le but de ce livre est donc de vous guider, tant pour la planification et la préparation d'un voyage avec des enfants (choix de destinations, budget, préparatifs matériels, psychologiques, financiers et autres), que pour les diverses étapes de son déroulement (comment trouver les bons endroits où coucher et manger, comment se déplacer, où se procurer les articles de nécessité courante, la santé, la nourriture, etc.).

Bien sûr, ce guide ne saurait éliminer les inévitables imprévus d'un voyage avec des enfants. Mais il vous fournira assurément une foule de moyens pour vous aider à faire face aux moments moins agréables et à jouir pleinement des autres. Ainsi préparés, vous serez à même de minimiser les moments difficiles, d'en atténuer les effets indésirables, et de susciter nombre de moments agréables, voire grandioses, faisant ainsi de votre voyage une expérience sensationnelle.

Et soyez assurés de ceci : quand vos enfants auront quitté la maison (car n'oubliez pas que ça viendra !) et que vous regarderez en arrière, vos voyages en famille compteront parmi vos plus belles et vos plus inoubliables expériences, celles qui perpétueront le plus les liens tissés entre eux et vous.

Alors si vous avez le goût de vivre quelque chose de différent et d'extraordinaire, familiarisez-vous avec ce petit guide, suivez les indications qu'il vous donne et n'hésitez plus : **partez pour l'expérience de votre vie !**

Marie-Chantal et Michel

Note : Même si nous avons écrit ce livre à deux, pour en simplifier l'écriture et la lecture, c'est Marie-Chantal qui parle, dans le texte, à la première personne du singulier.

Table des matières

CHAPITRE 2
LES PRÉPARATIFS 85

CHAPITRE 3

Introduction

Les auteurs

Ce qui nous a unis, lorsque les hasards du métier ont provoqué notre première rencontre au théâtre, en mai 1989, c'est une passion commune : celle de voyager, de partir au loin explorer le monde, de connaître d'autres cultures, de s'imprégner de nouvelles sensations et de découvrir le sens de la vie avec les yeux et le cœur.

Entre décembre 1989 et février 1990, nous réalisions un rêve commun en parcourant le Népal et l'Inde pendant 10 semaines. Au retour de ce voyage, nous sommes un couple uni et nous poursuivons nos carrières de comédiens. Depuis, nous avons connu, en couple ou avec nos filles, le Népal, le Vietnam, l'Indonésie, le Tibet, la Chine, la Thaïlande, la Malaisie, le Myanmar, le Mexique, le Sri Lanka et l'Inde.

Avant notre rencontre, donc hors de nos voyages communs en Asie, nous cumulions, à deux, des expériences de voyages dans une vingtaine de pays : Maroc, Hollande, France, Belgique, Allemagne, République tchèque, Finlande, Suisse, Espagne, Portugal, Italie, Turquie, Venezuela, Pérou, Argentine, Mexique, Costa Rica, Bolivie… ainsi que le Canada et les États-Unis d'est en ouest et le Grand Nord québécois.

Tout se transforme

Au début de l'été 1992, les préparatifs de notre prochain voyage, la traversée à cheval du Karakoram, allaient bon train. Nous nous proposions de relier Gilgit, au Pakistan, et Kashgar, en Chine, via le col du Khunjerab et ses 4730 mètres. Nous devions parcourir à cheval la fameuse route de la soie, celle qu'empruntaient les grandes caravanes de chameaux pour aller commercer avec la Chine, celle qu'emprunta l'empereur mongol Genghis Khan au XIIIe siècle. Nos billets d'avion étaient réservés, la planification du voyage touchait à sa fin. L'excitation était à son comble.

Mais la vie, dans sa grande sagesse, nous proposa une tout autre aventure : une grossesse par laquelle nous allions relier, en neuf mois, notre domicile et la maison des naissances, via le col de l'utérus. Quelle surprise !

Cette première naissance à venir nous ravissait, mais ne diminuait en rien notre désir de voyager. Même qu'un certain sentiment de « dernière chance avant les enfants » nous poussait à partir coûte que coûte. Cependant, traverser le Pakistan à cheval devenait une entreprise irréalisable pour moi, vu mon état. Nous devions à tout prix trouver autre chose.

C'est donc vers la Chine, le Tibet et l'île de Bali que nous nous sommes tournés. Ce fut un voyage magnifique. Jamais nous n'oublierons les Tibétaines de Lhassa palpant mon ventre pour tenter de deviner le sexe de notre bébé. Nous découvrîmes qu'il n'y avait pas de meilleur endroit au monde pour vivre une fin de grossesse que l'île de Bali. Cette aventure fut aussi une première étape pour nous deux vers l'apprentissage d'une autre façon de voyager : plus lente, plus contemplative, plus approfondie. Voyager en portant un enfant nous a aidés à nous rapprocher des gens du pays. Quelle sublime découverte ! Comblés, nous sommes rentrés au pays pour l'accouchement d'une petite fleur, que nous prénommâmes Rosemarie.

Trois ans plus tard, Rosemarie ayant acquis une certaine autonomie et nous, ne tenant plus en place, nous repartions, avec elle évidemment. Nous avions envie de lui faire découvrir le Népal.

Nous en étions à notre troisième visite dans ce pays enchanteur mais, à travers les yeux de notre petite fille, nous l'avons redécouvert. Notre plus grande surprise fut de constater que désormais, on ne nous considérait plus comme de simples voyageurs, mais comme une famille, avec toutes les prérogatives que cela confère aux yeux de ce peuple.

Thaïlande, Kho Phi Phi, 1990
Michel

Je voyage pour ne pas oublier. Ne pas oublier qu'il n'y a pas juste ma ville dans ce monde, qu'il n'y a pas juste mes problèmes, mon travail, mon argent, mes parents, mes amis. Qu'il n'y a pas juste moi au monde, en ce moment, qui sois heureux ou malheureux. Je voyage pour ne pas oublier que l'illusion est grande, l'illusion de s'imaginer que nous – nous – nous seuls mangeons, buvons, dormons. L'illusion de sa petite chambre, de son lit, de sa brosse à dents, de sa musique, de sa lampe, de son carnet de chèques, de son lundi matin, de son vendredi soir, de sa peine, de sa solitude, de sa léthargie. Il y a plein de vie, de gens qui vivent autre chose que nous, différemment, tellement différemment qu'il est difficile de se l'imaginer. Il y a des pays, des villes, un monde complet qui existent en dehors de notre ville et de notre brosse à dents. Alors je ne peux me contenter seulement de ma ville et de ma brosse à dents. Et s'il y avait un autre instrument pour se brosser les dents? Il y en a un, les Indiens, en Inde, utilisent un petit bout de bois rond d'environ 1 centimètre de circonférence et de 25 centimètres de long. Il est trop facile de s'imaginer qu'on est seul au monde alors qu'il y a tant de vies. J'oublie. C'est pourquoi je repars.

Victoria a vu le jour en 1997, et c'est forts de notre expérience au Népal avec Rosemarie que nous nous envolâmes avec un bébé de 3 mois et une fillette de 5 ans pour le Myanmar. Nous avions gagné notre pari: l'arrivée des enfants ne met pas fin aux voyages. Elle les transforme, tout simplement.

Pourquoi voyager avec ses enfants?

Si vous nous pressez de répondre à cette question, une réponse tout égoïste viendra d'abord spontanément: voyager fait partie de nos plus grands plaisirs dans la vie, nous voulons absolument continuer de voyager, alors… nous n'avons pas vraiment le choix. Les enfants sont arrivées, elles sont là pour rester, l'idée de les abandonner pour une longue période chez une gardienne ou une grand-mère nous est insupportable, donc… nous voyagerons avec elles.

Cela étant dit, l'aventure en famille amène plus que son lot d'aspects positifs. Et ces aspects positifs proviennent justement du fait qu'en voyage avec des enfants, comme je l'ai mentionné plus haut, nous ne sommes plus perçus comme de simples voyageurs, mais comme « une famille », avec tous les privilèges que cela apporte.

Une des rares choses qui relie tous les humains, à travers cette planète, c'est la famille. Une famille qui voyage ouvre donc bien des « portes » (rencontres intimes, invitations à coucher, invitations à partager un repas, une cérémonie, etc.) qui seraient restées closes pour un couple ou un individu voyageant seul. On a confiance en une famille, on a confiance lorsqu'il y a des enfants. Et, comme parents, nous sommes toujours heureux lorsque nos enfants ont la chance de vivre une expérience enrichissante avec d'autres enfants.

Outre les rencontres spontanées que nos filles génèrent sur le terrain, celles-ci, par leur rythme particulier et leurs besoins spécifiques, nous imposent aussi une façon différente de voyager, plus lente, plus contemplative, plus en profondeur. Voir moins, mais voir mieux, voilà certainement un des aspects les plus positifs du voyage en famille.

Mais des problèmes, il y en aura, c'est certain. Où loger ? Comment s'y rendre ? Quoi man-

> ***Népal, Katmandou, 1995***
> **Michel** *(Rosemarie, 3 ans)*
>
> *La vie est douce. Nous sommes heureux d'être ici, très heureux. Heureux et fiers. Rosemarie réagit si bien, c'est merveilleux ! Elle est d'une énergie sans fin. Hier, à Bhaktapur, elle a passé l'après-midi à visiter la ville, main dans la main avec une petite fille de la place. C'était beau de les voir. Les animaux l'attirent énormément. Canards, vaches, chèvres, chiens… tout, quoi !*
>
> *Elle s'est réveillée une seule fois cette nuit, mais elle se rendort, maintenant. J'ai la conviction, que ce n'est qu'un début. Il y aura d'autres voyages de ce genre, c'est certain.*

ger? Quoi ne pas manger? Il y aura des jours où rien n'ira plus et où vous vous demanderez ce que diable vous êtes venus faire là.

Il y a beaucoup de barrières à franchir avant de pouvoir se retrouver dans l'avion, prêts à partir, avec ses enfants assis à ses côtés. Mais ne vous laissez pas décourager et n'écoutez pas trop les rabat-joie. Parce qu'on essaiera de vous décourager, de vous faire peur, on vous traitera même peut-être de parents irresponsables, de fous!

Cependant, ne perdez jamais de vue ceci: voyager avec ses enfants restera toujours une expérience de vie unique, une façon sans égal de resserrer les liens familiaux et d'ouvrir le monde à ceux qu'on aime.

Myanmar, Pindaya, 1997
Michel *(Rosemarie, 5 ans, et Victoria, 3 mois)*

Très venteux, aujourd'hui. Une de ces journées maussades où l'on voudrait tant être à la maison. C'est dur de voyager avec deux enfants. Il y a des jours où ça va mieux, aujourd'hui rien ne va. Le moral est au plus bas. Ce matin, je tente de cerner ce qui nous pousse à tout quitter pour traverser le monde accompagnés de nos deux filles afin de venir vivre ici, au Myanmar, l'aventure d'un voyage. L'isolement nous fait mal, le quotidien est difficile aussi: les transports trop longs, la difficulté de communiquer… Cependant, nous savons maintenant, avec l'expérience, que pour avoir le privilège de vivre des moments de vie inégalables, des moments de vie divins qui élèvent l'âme, la transforment et la nourrissent, il faut accepter de vivre toutes les petites difficultés qui font partie inhérente d'un voyage comme le nôtre. Un peu comme lorsqu'on escalade une montagne, c'est le sentiment d'avoir accompli quelque chose qui nous rend heureux. Le sentiment de s'être dépassé, d'être allé au bout de soi, d'avoir contrôlé et vaincu sa peur. Longtemps après avoir regagné le confort et la sécurité de notre foyer, ce sentiment nous habitera. Et il nous nourrira jusqu'à notre prochaine aventure. Les moments les plus durs s'effaceront lentement, grâce à cet insondable mécanisme de la mémoire émotive, et il ne nous restera, à la fin, que les images les plus fortes, les joies les plus pures.

Une étape à la fois

Comme vous allez le constater en parcourant ces pages, ce livre guide contient une masse de renseignements afin que, quelles que soient votre destination et votre façon de voyager, vous y trouviez votre compte. Alors prenez l'information qui vous concerne et vous convienne, selon le type de voyage que vous envisagez, et oubliez le reste. Avant tout, suivez votre intuition, écoutez votre cœur. Rappelez-vous aussi que les décisions que vous aurez à prendre, que les choix que vous aurez à faire se prendront un peu chaque jour, petit à petit, en parcourant le pays visité. Ainsi, si le chapitre sur la santé en voyage vous semble un peu insécurisant à prime abord, sachez que dans 99 % des cas vous n'aurez pas à mettre en pratique l'information qui y figure. En 20 ans d'aventures autour du monde, avec ou sans les enfants, il ne nous est jamais rien arrivé de vraiment fâcheux. Mais mieux vaut savoir, et c'est en étant bien informé que l'on est le plus à même de revenir heureux et en santé de son aventure. Préparer son voyage est un moment exaltant et chargé d'anticipation, alors… amusez-vous ! Allez-y une étape à la fois, dans le plaisir d'un départ prochain et l'assurance que tout ira pour le mieux.

Chapitre 1

La planification

Réfléchir et faire des choix

La première étape d'un voyage réussi avec des enfants (ou même sans eux, d'ailleurs) est l'étape de la planification. C'est celle où, avant de commencer les préparatifs proprement dits, vous établirez les grands paramètres du voyage : le budget disponible, le genre de voyage que vous souhaitez faire, le choix d'une destination, la période de l'année idéale pour visiter le pays choisi, les décisions, le cas échéant, de voyager enceinte, de voyager avec une autre famille, l'impact de la présence des enfants sur l'organisation de vos journées, etc.

Cette étape est essentielle et demande beaucoup de réflexion, car c'est aux décisions qui y seront prises que vous vous référerez constamment lors de l'étape suivante : celle des préparatifs. Si vous l'escamotez ou si vous n'y apportez pas suffisamment de réflexion, vous vous buterez souvent à des interrogations et serez obligés d'y revenir durant les préparatifs. Vous risquez également d'oublier certaines choses lors des préparatifs, et ainsi de ne pas obtenir les résultats attendus durant le voyage.

Cette étape des plus excitantes doit commencer plusieurs semaines, voire plusieurs mois avant les préparatifs et le départ.

Les enfants

Leur influence

L'âge de votre enfant est déterminant dans le choix du genre de voyage que vous voulez ou pouvez faire. Il l'est aussi dans le choix des destinations possibles. Bien entendu, tout est réalisable, mais choisir de traverser les hautes steppes de la Mongolie supérieure en hiver avec un enfant de 10 mois, c'est courir au-devant de graves ennuis. L'aventure, c'est beau ; encore faut-il être capable d'en revenir vivant.

Les nouveau-nés (0 à 6 mois)

Les six premiers mois de vie du nouveau-né constituent une excellente période pour voyager avec lui. L'enfant dort n'importe où, il ne risque pas de tomber de son lit et peut même être couché sur un divan ou sur deux chaises placées face à face.

Au Myanmar, Victoria, 3 mois, a dormi plusieurs nuits dans des tiroirs de bureau. C'était très confortable et les rebords nous assuraient qu'elle ne roulerait pas pendant la nuit.

Le nouveau-né n'est pas sujet au décalage horaire, puisqu'il boit toutes les trois ou quatre heures. Et s'il est allaité, il se trouve alors au meilleur de son immunisation naturelle. Il ne mange pas encore de nourriture solide, ne boit pas d'eau, donc pas de biberons à traîner ou à stériliser, et pas de purées à préparer. Voyager avec de si jeunes enfants requiert cependant beaucoup d'équipement : couches, serviettes humides, pyjamas, etc. Mais entre 0 et 6 mois, il est encore possible de s'en tenir à un minimum acceptable. Après, cela prend des proportions astronomiques. Profitez de cet âge béni parce que c'est probablement le seul moment dans la vie de l'enfant où vous pourrez visiter un musée ou une cathédrale sans vous presser et où vous n'aurez ni à argumenter ni à marchander votre temps.

Du côté des contre, l'anxiété des parents est souvent à son comble avec un si jeune enfant, surtout si c'est un premier. Sans parler de ce que les grands-parents vous auront transmis avant le départ comme peur, angoisse et culpabilité. L'enfant s'ajuste encore à sa nouvelle vie et son rythme n'est pas encore bien établi. Il ne peut pas non plus vous dire ce qui ne va pas ou ce qu'il ressent. Il ne fait pas encore ses nuits et peut risquer de déranger les voisins si vous êtes descendus dans un de

Myanmar, Nagpali, 1997
Michel (*Rosemarie, 4 ans, et Victoria, 3 mois*)

Ce matin, Marie-Chantal et moi avons pu nous serrer un peu, nous retrouver, échanger. Il y a deux enfants entre nous qui prennent beaucoup de place. Je lui demandais si elle était bien ici. Sa réponse fut empreinte de sagesse. «Si nous étions au Canada, nous aurions encore deux enfants. Notre quotidien ne serait pas davantage fait de ski, d'escalade de glace ou de sorties à Québec avec les chums. Où que nous allions, où que nous soyons, nous sommes maintenant une famille de quatre dont un nouveau-né de 3 mois. Si nous étions à la maison, notre lot quotidien serait: enfants, repas, télévision, dodo et une petite sortie de temps à autre. Nous serions aussi un peu confinés à la maison, à cause du froid de décembre et de janvier. Ici, la mer est magnifique, il fait admirablement beau, les gens sont sympathiques, la culture est incroyable, la spiritualité très présente et, en prime, chaque soir un superbe coucher de soleil. Nous sommes ici, au Myanmar, nos deux enfants sont en santé, nous aussi, et ce voyage nous donne la chance d'être en famille comme rarement on a l'occasion de l'être. Pas de télévision, pas d'ordinateur, seules la nature, notre famille et la vie d'un peuple que l'on découvre jour après jour. C'est le fait d'avoir un poupon qui est difficile, mais ça ne serait pas plus facile à la maison.»

C'est bien, de se rendre compte de ces choses, de faire le point, d'évaluer la situation. Merci, Marie.

ces petits *guest houses* en bambou où l'insonorisation est inexistante. Et, bien sûr, il ne se souviendra de rien.

Les bébés (6 mois à 3 ans)

Chez l'enfant, l'étape s'étendant entre 6 mois et 3 ans est sans aucun doute la période la plus difficile pour voyager. Cet âge nécessite un maximum de matériel: biberons, purées, céréales, couches, serviettes humides, beaucoup de vêtements, couvertures pour enfant, jouets, petit lit pliant, poussette, siège d'auto, bavoirs et plus. Pour les parents, c'est une période de surveillance constante et un souci de tous les instants quant à l'hygiène.

À cet âge, les jeunes enfants touchent à tout, portent tout ce qu'ils attrapent à leur bouche et ne connaissent pas le danger. Ils sauront assurément mettre votre patience à rude épreuve. Oubliez les petits soupers de couple dans d'agréables restos locaux. Vous serez rentrés à 19 h et couchés à 20 h. L'eau, le lait et la nourriture deviennent des préoccupations journalières et accaparent une grande partie du temps de la journée. La santé est fragile, l'autonomie réduite, la vigilance des parents doit être sans failles.

Du côté des plus, la joie profonde d'avoir son poupon avec soi, de le voir faire ses découvertes et, surtout, d'avoir le temps d'apprécier la vie avec lui dans un cadre enchanteur sont les récompenses promises. Hors du travail et du quotidien de la maison, le temps prend une tout autre dimension. Le temps peut enfin prendre son temps et vous aussi. C'est probablement là le plus beau cadeau que vous offrira cette aventure.

Myanmar, Rangoon, 1997
***Michel** (Rosemarie, 4 ans, et Victoria, 3 mois)*

Hier, nous avons eu droit à un moment magique au temple Shwedagon. Nous nous y sommes rendus en famille, tous les quatre, vers 19 h 45. L'atmosphère y était très détendue. C'était l'heure de la prière en famille pour les Birmans. Une atmosphère familiale où nous ne passions pas inaperçus, croyez-moi. Victoria est l'objet de beaucoup de surprise alors que Rosemarie attise la curiosité des gens. On veut la toucher, lui parler. Rosemarie se prête au jeu avec beaucoup de patience. Ça lui fait même plaisir. La pagode d'or est tout éclairée la nuit et l'endroit revêt une atmosphère de grande spiritualité. Quel magnifique endroit élevé à la gloire du bouddhisme! Un des plus beaux temples qu'il nous a été donné de voir.

Les jeunes enfants (3 à 5 ans)

À partir de 3 ans, voyager avec son enfant devient une expérience divine. L'enfant comprend dans une bonne mesure ce qui se passe et est maintenant capable d'apprécier ce qu'il voit et les rencontres que

Mexique, Tulum, 2000
Michel *(Rosemarie, 7 ans, et Victoria, 3 ans)*

Moment de désespoir, ce soir. Victoria est si difficile que les larmes me montent aux yeux. Rien ne va. Je crois qu'elle n'aime pas la plage et la mer, alors elle est plus contrariée que jamais. C'est le pire moment depuis le début du voyage. Avant c'était dur par moments, mais rien de terrible. Aujourd'hui et hier, ce fut fou. Elle ne mange rien d'autre que son déjeuner. Du sable sur les pieds, on se choque, du sable sur les mains, on se choque, on se choque pour tout, pour rien, on se choque tout le temps. Rosemarie est très affectée par le comportement de sa petite sœur. Elle me disait tantôt: «Vous vous fâchez contre Victoria et après ça se retourne sur moi.» Elle a bien raison, la pauvre! Qu'est-ce qu'on peut faire? Nous sommes pris avec un petit monstre de 3 ans qui gâche le plaisir de tous. Et en plus, comme elle ne veut rien savoir de sa maman, elle est tout le temps sur moi, c'est tout le temps moi qui écope. Ce soir, je n'en peux plus.

lui apporte le voyage. Il mange seul et son alimentation est assez variée pour ne plus causer de problèmes majeurs. Il peut exprimer ses pensées, dire s'il a faim ou soif, et la période des couches est révolue. À cet âge enchanteur, l'enfant devient un compagnon de voyage, un ami avec lequel on partage ses découvertes et ses joies. Il s'émerveille de tout et cet état étant, jusqu'à un certain point, communicatif, il nous transmet sa fraîcheur et son enthousiasme. Il nous impose son rythme, bien sûr, mais si nous savons nous y adapter, nous en ressortirons gagnants.

Vous serez surpris de vous demander quelquefois, au cours du voyage, si vous ne voyagez pas exclusivement pour son plaisir à lui! C'est le début de la recherche d'un équilibre entre ses désirs et les vôtres, entre vos aspirations et ses demandes.

Les enfants (6 à 12 ans)

C'est un âge idéal pour voyager. L'enfant est autonome à souhait. Il peut porter un petit sac à dos et supporter des déplacements plus longs. Il est beaucoup plus résistant aux longues marches et aux visites de temples ou de petits coins de pays. L'hygiène est beaucoup plus simple à partir de cet âge. L'enfant comprend mieux que ses excès ou ses négligences auront des répercussions sur sa propre personne. Il se contrôle mieux. À cet âge, l'enfant communique plus avec son environnement et gardera des souvenirs impérissables de son voyage. Il prend conscience des différences de culture et peut exprimer davantage ce qu'il aime ou ce qu'il aime moins. Mais préparez-vous aux négociations. Par exemple: « On visite un monastère dans l'avant-midi si j'ai mon tour de cheval dans l'après-midi! » C'est un des points les plus contraignants du voyage en famille. La méthode du « chacun son tour », si elle est bien expliquée aux enfants, est relativement facile à faire accepter et fait merveille pour maintenir l'harmonie dans la satisfaction des désirs de chacun.

Sri Lanka, Hikkaduwa, 2002
Michel *(Rosemarie, 9 ans, et Victoria, 5 ans)*

Je vis maintenant un peu ce que j'espérais vivre lorsque j'imaginais ce que serait mon voyage à partir du Canada. À savoir que les filles sont maintenant assez grandes pour rester à la chambre de courts moments sans notre surveillance. Qu'elles sortent de la chambre le matin pour aller déjeuner alors que l'on reste au lit à se coller. Le soir, alors qu'elles dorment, Marie-Chantal et moi pouvons aller marcher sur la plage ou boire une bière sur la terrasse du resto. Même pendant la journée, si on oublie la mer, qui demande une grande vigilance, la surveillance est beaucoup moins grande qu'avec de très jeunes enfants. Victoria se sent à l'aise d'aller chercher quelque chose seule à la chambre et Rosemarie se commande une crêpe au chocolat, seule, au restaurant. C'est décidément un début d'autonomie.

BUDGET

De combien d'argent disposons-nous ?

Pas besoin d'être si riche que cela pour partir à l'aventure en famille. L'acte de voyager, aussi incroyable que cela puisse paraître, est davantage lié à une prise de décision, à un choix de priorités, qu'à l'argent.

Cela dit, la somme d'argent dont vous disposez pour votre voyage influera non seulement sur la durée de celui-ci, mais tout particulièrement sur le choix de l'éventuelle destination, sur les activités que vous y ferez, sur le type d'hébergement que vous choisirez, etc. Il est évident qu'en termes budgétaires, deux mois passés à parcourir la Suisse, la Finlande et le Danemark ne se comparent pas à deux mois passés à sillonner l'Asie du Sud-Est. Certains pays sont assurément plus coûteux que d'autres. À vous de voir. Préférez-vous trois mois en Bolivie ou un mois à Tahiti ? Deux mois en Thaïlande ou trois semaines au Japon ? Selon le pays choisi et le genre de séjour envisagé, la différence peut s'avérer de l'ordre de deux pour un ou même trois pour un. Disposez-vous de plus de temps que de sous ou de plus de sous que de temps ? Si vous avez les deux, alors le monde vous est ouvert.

> **Mexique, San Cristobal de las Casas, 2000**
> **Michel** *(Rosemarie, 7 ans, et Victoria, 3 ans)*
>
> *Le Chiapas est vraiment une magnifique province. Il y a une culture extraordinaire ici. Les indigènes de la montagne ressemblent parfois si étrangement aux Tibétains. C'en est fascinant ! Ils sont beaux et leur façon de vivre, si proche de la nature, me fascine. J'ai beaucoup de respect pour cette communion, qui est la leur, avec tout ce qui vit autour d'eux.*

De combien d'argent avons-nous besoin ?

Pas facile d'évaluer avec précision combien il nous en coûtera pour voyager un certain nombre de semaines dans un pays qui nous est inconnu. La meilleure source d'information demeure une personne qui revient du pays où nous projetons nous rendre et qui est capable de nous parler des prix au resto, des prix des chambres d'hôtels et des transports. Assurez-vous au préalable que cette personne a séjourné dans la même catégorie d'hôtels et de restaurants que celle où vous comptez descendre. Les livres guides vous donneront aussi beaucoup d'informations sur ce sujet. Recouper l'information avec deux livres guides différents vous assure une plus grande précision dans l'estimation des coûts. J'ai toutefois tendance à majorer de 10 % tous les prix qui se trouvent dans les livres guides.

Lorsque vous établissez votre budget, faites une distinction entre les points suivants :

- **Transport :** tous les déplacements vers le pays visité ainsi que les déplacements à l'intérieur du ou des pays visité(s) (avion, train, autobus, location d'un véhicule, location d'une voiture avec chauffeur...).
- **Allocation quotidienne de vie :** comprend le montant alloué par jour pour manger et se loger.
- **Activités spéciales :** safari tout organisé, *trekking* en montagne avec guide, ski, plongée sous-marine, location de moto, tour d'hélicoptère, croisière en tous genres, visites de musées ou de lieux historiques, etc.
- **Souvenirs :** si vous faites partie de cette catégorie de gens qui aiment rapporter des souvenirs de voyage (tapis du Pakistan, masques de Bali, tapisseries du Mexique, etc.), mieux vaut prévoir le coup et établir un montant en conséquence avant de partir. Mon père est du type à visiter l'Équateur ou le Cambodge et à ne rien rapporter d'autre qu'un timbre-poste inutilisé. « Connais-toi toi-même », a dit Socrate. Un conseil : pour éviter de rapporter des trucs qui ne vous serviront à rien une fois de retour à la maison, faites le tour de votre demeure avant de partir et voyez où pourraient aller tapis, sculptures, batiks que vous aimeriez rapporter. Et surtout, très important, voyez de quelles dimensions doivent être les souvenirs en question pour les installer là où vous les avez imaginés lorsque vous les avez achetés. Un autre conseil : soyez très prudents et même réservés dans l'achat de vêtements typiques des pays visités. On peut se sentir très élégante et à l'aise dans un magnifique sari en Inde, mais de retour dans son patelin, après l'avoir porté une fois pour le montrer à ses amies, on risque de se sentir beaucoup moins à l'aise et de regretter le montant qu'on y a consacré.

- **Imprévus :** Il n'y a pas tant d'imprévus que cela sur la route. Mais peut-être que, sur ce point, notre longue expérience du voyage fausse ici un peu les cartes. Les imprévus, s'il y en a, seront surtout engendrés par la décision de s'économiser de la peine ou de se payer un plaisir. Vous débarquez à 4 h du matin dans les rues de Bangkok, après quatorze heures d'autobus, les petits *guest houses* n'ouvrent leurs portes qu'à 9 h et les chambres ne se libèrent qu'à 11 h, vous n'en pouvez plus, les enfants non plus, et l'idée de patienter sur le coin de la rue jusqu'à l'ouverture des restaurants ne vous sourit guère. Vous choisissez l'hôtel trois étoiles, plus cher mais ouvert toute la nuit. Voilà une dépense imprévue. Vous ne saviez pas que l'on offrait une croisière de quatre jours sur de luxueux *houseboats*, entre Quilon et Alleppey (sud de l'Inde). Vous vous dites : « Quel merveilleux endroit pour se détendre et se reposer, tout en se laissant conduire à travers cette magnifique nature ! » Et vous avez raison. Êtes-vous du genre « coup de tête » ou du genre réfléchi ? Soyez honnêtes avec vous-mêmes et ajustez votre budget en conséquence, dès maintenant.

Soyez surtout réalistes. Sinon, une fois sur la route, le spectre du manque d'argent vous suivra dans chacune de vos journées et, pour chaque décision à incidence pécuniaire, ce fantôme viendra vous souffler sur la nuque. Voilà une préoccupation dont vous n'avez certes pas besoin en voyage.

Inde, Bikaner, 2005

Marie-Chantal *(Rosemarie, 11 ans, et Victoria, 7 ans)*

Sous un soleil bien haut, mais pas trop chaud, nous parcourons vers l'est le désert de Thar en chameau. Parfois, sur la bête, parfois bien installés sur les matelas de la carriole. Nous traversons quelques villages. On envoie la main aux enfants qui courent, enthousiastes, derrière nous. Avec mon châle sur la tête, j'ai l'impression d'être une princesse du désert sur son char allégorique. Fin d'après-midi, notre convoi s'arrête à l'ombre d'une dune et de quelques acacias. Pendant que le plus vieux chamelier prépare le tchai (thé latté et sucré) sur le feu naissant, un troupeau de chèvres et de moutons vient écornifler autour de nos sacs de nourriture. Après avoir bu un ou deux tchais, on installe nos couvertures pour la nuit. Les filles nous aident à égaliser le sable sous nos paillasses. Pendant que le soleil se couche sur les dunes, les légumes épicés (patates, choux-fleurs, pois verts, ail et oignons, coriandre, curcuma, curry), le riz et le dhal (pois chiches et curry en sauce au beurre) cuisent sur le feu. Les filles agitent les acacias pour faire tomber les petits fruits rouges dont sont friands les chameliers. Le plus jeune guide pétrit la farine, l'eau et l'huile pour faire la pâte à chapati. Directement sur la braise rouge, la pâte gonfle. Hummm... du bon pain chaud. On mange en silence. La nourriture est simple mais bonne et chaude. Victoria a un plat spécial pour elle, sans curry. Vassim a 20 ans. C'est le guide en chef. Il nous prépare, après le repas, un pouding au riz bien sucré et chaud avec du lait de chèvre. On en redemande tous!... Il fait nuit noire. Les étoiles nous couvrent comme un dôme. Je cherche la Grande Ourse. Je repère le fameux « chaudron » mais il est dans l'autre sens que lorsqu'on l'observe chez nous. J'explique le phénomène aux filles mais elles sont trop occupées à regarder et à taquiner les chameaux qui mangent des feuilles d'acacias broyées dans de grands sacs de jute. Ils n'ont pas le sens de l'humour très développé, et les filles s'en rendent compte assez vite. Les six chameaux sont installés tout autour de nous, comme une barrière de protection, même si peu d'animaux, ici, peuvent nous menacer. Les chiens sont le plus à craindre, mais nous n'en voyons pas ce soir. Au loin, on a vu des petits renards et de belles antilopes presque blanches. Autour du feu, les chameliers chantent des litanies du désert. Deux d'entre eux suivent le rythme avec des tam-tams. Parfois, la musique devient joyeuse, on tape des mains et Rosemarie se lève pour danser avec eux, pieds nus dans le sable. Victoria dort juste à côté, sous d'épaisses couvertures. Je glisse ma main pour tâter ses pieds bien chauds... Elle est si petite... On nous invite à chanter à notre tour. On entonne les chansons de Beau Dommage que l'on connaît; « 23 décembre », « Sous les palmiers », « Ginette », « Le géant Beaupré ». Ils nous applaudissent en riant après chaque prestation. Rient-ils de nous ou avec nous? Difficile à *dire! Le croissant de lune s'élève à l'horizon. La silhouette des chameaux se découpe sur le sable. On se glisse sous les couvertures autour de Victoria. J'essaie de garder les yeux ouverts sur le ciel étoilé, j'ai l'impression qu'elles bougent. Le sommeil me gagne, mes yeux se ferment. Je mets ma main sur la tête de Rosemarie. On se regarde un moment en silence. Je m'étire un peu et je l'embrasse sur le nez. La musique est remplacée par les sons que font les chameaux en ruminant. En dehors de ça, c'est le silence total. Je m'endors finalement.*

Marie-dans-le-désert...

Le prix à payer

Il faut l'accepter, voyager avec des enfants coûte plus cher. Ça semble évident, me direz-vous! Mais la réalité, c'est qu'il nous a fallu du temps pour le réaliser. D'abord, au début, nous n'avions qu'un enfant. Bien sûr, il y a eu le coût du troisième billet d'avion mais, pour le reste, nourriture et vie quotidienne sur place, rien de frappant. Puis ce fut le Myanmar avec Victoria (3 mois) et Rosemarie (4 ans). Pour Victoria, il n'y avait pas de billet d'avion à payer et, pour ce voyage, l'enfant étant allaitée, il n'y eut aucune autre dépense supplémentaire.

Le choc fut de taille au Mexique, deux ans plus tard, lorsque nous avons constaté brutalement que tout était multiplié par quatre: billets d'avion, de train ou d'autobus, repas au restaurant, nombre de places dans les chambres d'hôtels, argent de poche pour les souvenirs et les petites gâteries... Je me souviens de ce voyage comme d'une aventure où le budget de la journée était une préoccupation constante.

Les façons de faire et les besoins changent, les coûts suivent en conséquence. C'est ça, voyager en famille: le kilomètre et demi entre la gare et l'hôtel, que nous aurions marché auparavant, nous le faisons désormais en taxi. Les 15 heures de train avec un billet troisième classe, sans réservation, sont choses du passé; nous réservons des sièges (plus chers) ou nous prenons l'avion.

La chambre d'hôtel coûte plus cher. Pas parce que l'on s'est soudainement embourgeoisés, mais parce que l'on a besoin de plus d'espace et de commodités: la petite chambre minuscule avec toilette commune, la salle de bain avec toilette turque (un trou dans le plancher) et douche intégrée (au-dessus du fameux trou nauséabond) qui faisaient l'affaire sans les enfants ne conviennent plus à une famille. Une salle de bain privée est désormais un incontournable. Encore une fois, pas par caprice, mais parce que l'hygiène des enfants est un souci constant, que le lavage des mains se fait quatre fois par jour, sans compter le pipi de minuit et le nettoyage des fesses après une diarrhée soudaine.

La conscience des insectes piqueurs est plus grande avec de jeunes enfants et la chambre bon marché sans moustiquaires ne convient plus non plus. Et avec de jeunes enfants, on passe assurément plus de temps à la chambre. Il est alors agréable de disposer d'une petite terrasse, d'une vue plaisante ou même, parfois, d'une piscine pour permettre à notre enfant d'y trouver son compte.

La nourriture aussi coûtera plus cher. Avec les petits estomacs sensibles de nos enfants, il n'y a aucune chance à prendre. Entre Michel et moi, il y a une grande différence de résistance au niveau des intestins et de l'estomac. Les «risques» que Michel prend avec la nourriture locale achetée dans les marchés ou sur le coin d'une rue ne font pas partie de mon quotidien, en voyage. Je fais attention, tout va bien; je suis plus aventureuse, j'en paye le prix. J'applique cet apprentissage avec mes enfants. Rappelez-vous qu'un enfant malade peut être une source d'inquiétudes considérables, en plus de la perte de trois ou quatre jours de visites parce qu'immobilisés dans une chambre d'hôtel. Dans tous les pays et toutes les villes, il y a des restaurants bon marché où la qualité de la nourriture est moyenne, et des restaurants où la qualité est supérieure. Cela ne signifie pas que les restaurants dits «supérieurs» soient des restaurants pour touristes; pas du tout. Chaque pays offre de la nourriture bas de gamme et de la nourriture haut de gamme à la clientèle locale, selon qu'elle est plus ou moins fortunée. Plus vous irez vers une cuisine de qualité préparée dans des conditions de salubrité idéale, plus cher il vous en coûtera évidemment.

Les transports, comme le reste, devront être adaptés à la famille. Et cette adaptation engendrera une hausse du coût des billets. Je me souviendrai toujours, au Sri Lanka, lorsque le train est entré dans la gare de Colombo. Nous avions des billets de deuxième classe, sans réservations. Eh bien! il nous fut impossible de pénétrer dans le wagon, qui était pris d'assaut par les gens de l'endroit. Nous regardions la scène, médusés et amusés à la fois. Le train est reparti, nous laissant sur le quai vide avec nos filles et nos sacs à dos. Nous choisissons maintenant de voler plutôt que de faire subir aux enfants 50 heures de train. Nous utilisons les services d'un chauffeur privé avec sa voiture plutôt que de les soumettre à trois transferts d'autobus dont un en pleine nuit. Dans les trains, nous prenons désormais des billets avec des sièges réservés et des couchettes pour la nuit. Tous ces choix coûtent nécessairement plus cher mais font en sorte que les troupes gardent le moral.

Il importe donc de bien évaluer les coûts du voyage en tenant compte des besoins inhérents aux enfants, quitte à accepter de partir moins longtemps. Vivre la misère pour avoir la possibilité de faire trois semaines supplémentaires est une logique très discutable. Vous seuls savez jusqu'où vous pouvez aller.

Les tarifs pour enfants

Les tarifs spéciaux pour les enfants et les familles existent partout dans le monde, mais vous devez souvent le demander. N'hésitez pas. Que vous visitiez un pays d'Europe, d'Asie ou d'Amérique du Sud, il est surprenant de constater à quel point les forfaits familiaux, les rabais ou gratuités consentis aux enfants sont nombreux. Pour des billets d'avion, de train ; pour les accès aux musées ou à différents sites archéologiques ; pour les hôtels, les repas au restaurant, etc. ; pour tout, en fait, il peut exister des prix spéciaux enfants ou des forfaits famille plus avantageux. Demandez, demandez… Ça ne coûte rien !

Budget d'avant départ

Prévoyez absolument une somme d'argent à dépenser avant le départ pour une foule de nécessités indispensables. Les visas (s'il y a lieu) peuvent par exemple ajouter un 250 $ à votre budget. De nouveaux passeports peuvent aussi s'avérer assez coûteux. Les vaccins, la trousse de premiers soins et les médicaments, un sac à dos neuf, quelques chandails, une paire de chaussures de marche neuves, de la pellicule pour l'appareil photo, des piles de rechange, quelques livres pour le voyage en plus des livres guides, etc. La liste peut s'allonger et vous dépouiller d'un millier de dollars assez rapidement.

Le choix d'une destination et du type de voyage

Des vacances ou l'aventure ?

Si l'on choisit de voyager pour le plaisir, il existe deux sortes de voyages : les voyages de vacances et les voyages d'aventure. Il ne s'agit pas, ici, de porter un jugement sur la valeur de l'un ou l'intérêt de l'autre, mais de bien comprendre leurs différences et de réfléchir à ce dont nous avons envie et à ce dont nous n'avons pas envie.

Généralement, le voyage de vacances, avec des enfants, est de courte durée et implique le repos, la paix, la sécurité, des amusements et attractions pour les enfants, de bons repas et du soleil. Peut-être une excursion ou deux, si le désir se manifeste. Il peut s'agir d'un voyage à la mer, d'un voyage de ski ou de la découverte d'une ville comme Paris, New York ou Las Vegas. Pour ce genre de voyage, on fait généralement affaire avec un voyagiste qui offre des destinations où tout est compris : du transport à l'aéroport au *piña colada* sur le bord de la piscine. La nourriture et l'eau sont généralement sans danger pour nos estomacs nord-américains et les activités se font sur le site de l'hôtel, où nos enfants sont en sécurité et où la surveillance du personnel de l'hôtel est omniprésente. Il existe d'ailleurs des complexes hôteliers qui se spécialisent dans les forfaits familiaux tout inclus.

Le Petit Robert I donne une définition précise de ce qu'est l'aventure : « Un ensemble d'activités, d'expériences qui comportent du risque, de la nouveauté, et auxquelles on accorde une valeur humaine » (1984). Le voyage d'aventure implique aussi, souvent, la découverte d'un pays et d'une culture qui nous est étrangère. Il nécessite habituellement beaucoup plus de planification et de préparation. Ce qui, fondamentalement, distingue le voyage d'aventure du voyage de vacances, c'est la part d'inconnu. Et parce qu'aventure est synonyme d'inconnu, on doit donc tenir compte de beaucoup plus de variables comme : le climat du pays, la situation politique, la salubrité générale, le degré de violence et la facilité d'accès aux soins de santé.

Vous seul pouvez décider de ce qui vous convient. Le minimum de l'un peut égaler le maximum de l'autre.

Bolivie, expédition d'escalade sur le Sajama, 2001
Michel

Camp de base du Sajama (4965 mètres). C'est haut, très haut. Tous s'acclimatent à merveille. Dame Nature nous a forcé la main. Le matin du 5, notre transport s'en retournait à La Paz et la décision devait être prise concernant la voie que nous voulions escalader. Mais la montagne étant dans un complet brouillard, nous ne pouvions apercevoir la voie nord, notre premier choix. La voie normale s'est donc imposée. Ajoutons à cela que, pour avoir accès à la voie nord, c'était beaucoup plus compliqué et qu'en dehors de la voie normale, muletiers et porteurs du village de Sajama sont complètement ignorants. La température est très instable : il pleut, il neige, il grêle, ça se couvre, ça se dégage... La réalité de la montagne me revient ; une succession de moments grandioses et de moments très durs.

Jusqu'où êtes-vous prêts à aller dans l'aventure ? Quelle expérience de voyage avez-vous ?

Jamais nous n'aurions osé nous aventurer au Myanmar avec un bébé de 3 mois si, deux ans auparavant, au Népal, nous n'avions préparé le chemin avec Rosemarie. L'expérience acquise au Népal s'est avérée essentielle.

Il ne faut pas confondre peur et prudence, pas plus qu'il ne faut mélanger témérité et goût de l'aventure. On voyage par plaisir, ne l'oublions pas.

Vietnam, Da Nang, 1991
Marie-Chantal

Les deux seuls touristes qu'on a rencontrés aujourd'hui étaient aussi perdus que nous. Ils se posaient les mêmes questions que nous au sujet des permis, visas, etc. Le Vietnam reste fascinant et vierge ; je me sens comme une pionnière, la première à ouvrir le chemin. Dans cinq ans, ce sera comme la Thaïlande ; facile pour les touristes et un McDonald's en plein cœur de Saigon… Mais ça semble encore très loin de ça.

Pour combien de temps ?

Si vous disposez de deux ou trois semaines pour un voyage, la question ne se pose pas vraiment. Mais si vous hésitez entre deux mois et huit mois, voilà une question qui demande beaucoup de réflexion.

Sur le plan des préparatifs du voyage, deux mois ou huit mois, c'est sensiblement la même chose : des sacs à dos, des vêtements, quelques livres guides et de l'argent. Pour le côté plus technique d'une absence prolongée (comptes à payer, réacheminement du courrier, sous-location de la résidence, s'il y a lieu), il y a beaucoup de choses à considérer et à prévoir. De l'accès par une personne désignée à notre compte de banque jusqu'à l'arrosage des plantes ou le gardiennage de Pitou. Ce sont des choses qui se préparent sur une longue période. Il ne faut pas non plus sous-estimer l'ampleur des préparatifs qu'exige, pour les parents, une longue absence de nos enfants du milieu scolaire.

Mais c'est sur le plan humain que la différence se fait sentir. Vous n'avez jamais quitté votre ville et vous envisagez partir pour un voyage de six mois comme première expérience ? Vous travaillez 50 heures par semaine tous les 2 depuis 10 ans, vous n'avez jamais pris plus de 8 à 10 jours consécutifs de vacances en famille avec vos enfants et vous

Mexique, Oaxaca, 2001
Michel *(Rosemarie, 7 ans, et Victoria, 3 ans)*

Demain, c'est notre dernière journée, nous rentrons à la maison. Je suis content de rentrer. Je m'interrogeais sur cette constatation, hier soir, étendu sur mon lit. C'est toute une aventure, le Mexique, avec deux enfants ! Le plus dur, c'est que ça n'arrête jamais. Trois ans, c'est encore tout petit et, à 7 ans, on a encore bien besoin de maman et papa. Ce n'est rien de personnel, j'adore mes deux filles, mais après un mois passé ensemble, 24 heures sur 24, je crois que c'est suffisant. J'ai le goût d'être seul avec Marie-Chantal. J'ai le goût d'être seul avec moi-même.

voulez vous lancer dans une aventure de 6 mois à l'étranger, où vous serez ensemble 24 heures sur 24 ? Est-ce bien raisonnable ? Oui, si vous y avez bien réfléchi et avez pris conscience, en consultant des amis ou connaissances plus expérimentés, au besoin, de ce que cela implique sur le plan humain. Mais réfléchissez-y bien. Puis ne négligez rien dans la préparation psychologique et mentale.

Il n'y a pas de durée idéale pour un voyage. Tout dépend de votre budget, de vos envies, de votre disponibilité. Et rien ne remplace l'expérience. Tentez une aventure d'un seul mois avant de vous lancer pour 10. Vous saurez exactement à quoi vous en tenir.

La destination

Une fois le type de voyage arrêté, vacances ou aventure, ainsi que la durée de celui-ci, choisir la bonne destination n'est pas toujours chose facile. C'est pourtant un point important pour revenir heureux et satisfait de son voyage. Inspirez-vous de livres de photos, de documentaires ou allez voir les ciné-conférences des Grands Explorateurs. Tous les moyens sont bons pour nous aider à préciser notre destination.

Vous détestez l'avion mais vous aimez voyager ? Privilégiez alors un pays des Amériques et évitez les 24 heures d'avion que nécessite la visite de l'île de Bornéo. Vous avez besoin de repos et désirez de la chaleur, des palmiers et du sable blanc? Évitez de vous embarquer dans un tour des plus belles cathédrales d'Europe en plein été. Questionnez-vous et attendez le coup de cœur.

Le temps et l'argent sont assurément les variantes qui influeront le plus sur le choix final concernant votre destination. Vous avez beaucoup de temps mais peu d'argent? Le choix d'un pays au coût de la vie peu élevé devrait être favorisé. Vous avez beaucoup d'argent mais peu de temps? Inutile de traverser la planète et de vous rendre dans un pays où, en plus de la distance aller-retour, il y aura plusieurs longs déplacements à l'intérieur même du pays.

Vous ne disposez que de deux semaines et souhaitez aller à la mer? Est-ce bien raisonnable de choisir l'île de Kho Phi Phi, en Thaïlande, comme destination? C'est beaucoup trop loin; une île des Caraïbes serait un bien meilleur choix.

Si vous disposez de quatre semaines ou plus et de fonds suffisants pour vous payer du bon temps, vous pouvez alors considérer aller où cela vous tente.

Mais attention, soyez prudents. Une destination dont vous auriez très bien pu vous accommoder en temps normal, en couple, peut se transformer en véritable cauchemar avec de jeunes enfants. Voilà pourquoi il vous faut très bien évaluer vos attentes et vos goûts, et aussi ceux de vos enfants, face à votre voyage. Il est essentiel de bien connaître ses limites physiques et psychologiques (le choc culturel) et de tenir compte de celles des enfants. Si vous désirez tenter un tout premier voyage en famille, il serait peut-être plus sage de choisir une destination plus touristique comme la Thaïlande, le Mexique, le Maroc, le Brésil ou un pays d'Europe, et de remettre à une prochaine fois la traversée en chameau du désert de Gobie.

Vous et votre conjoint devez vous poser les questions suivantes: Qu'est-ce qui m'intéresse, moi, dans un voyage? Voir des paysages, rencontrer des gens, visiter des lieux chargés d'histoire, découvrir les trésors artistiques des peintres et des sculpteurs du monde? Un peu de tout? Qu'est-ce que je déteste, moi, en voyage? Les foules, la saleté, la pauvreté, les monuments historiques, la nourriture trop différente de la mienne? Est-ce le premier et probablement l'unique voyage que je ferai

Mexique, Chamula, 2001
Michel *(Rosemarie, 7 ans, et Victoria, 3 ans)*

Dieu merci, nous ne sommes pas allés au Kenya. Je réalise maintenant que l'aventure en Afrique aurait été beaucoup trop difficile pour les enfants. Beaucoup trop exigeante. Sans compter le prix du voyage, qui doublait. Est-ce que la somme investie, considérant les limitations que nous imposent nos deux filles, aurait valu le coût ? Non, je ne le crois pas. Il y a beaucoup de choses qu'on ne peut pas faire avec deux jeunes enfants : beaucoup d'excursions dans la jungle auxquelles nous avons dû renoncer, beaucoup de petits villages que nous avons choisi d'oublier. Ce fut sage de notre part de choisir le Mexique. C'est bien assez. D'ailleurs, je découvre un pays charmant et une culture extraordinaire. Le Chiapas est une province magnifique. Et puis il sera toujours temps, dans quelques années, de visiter l'Afrique.

avec mes enfants dans ma vie ? Et les enfants, comment s'adapteront-ils à ce que nous souhaitons voir et expérimenter ? Que pourrons-nous trouver d'intéressant pour eux, pour les aider à supporter la fatigue et à garder le moral ?

Le peuple que vous choisirez d'aller rencontrer, ses mœurs et ses coutumes influeront beaucoup sur votre séjour. Certains pays, par leur façon de faire, sont carrément plus dépaysants que d'autres. L'Inde fait absolument partie de ce groupe. De même, la différence est grande entre le choix d'une visite dans un pays musulman ou un pays bouddhiste, d'un pays du tiers-monde ou d'un pays occidental industrialisé.

Il y en a pour tous les goûts, il s'agit de savoir qu'est-ce qui vous convient et de quoi vous avez envie. Visez juste. Un voyage est fait pour se faire plaisir.

Le bon temps de l'année

Les dates que vous aurez arrêtées pour votre voyage (on n'a pas toujours le choix, sur ce plan : le travail, les obligations, l'école…) détermineront aussi, dans une certaine mesure, où vous pourrez ou ne pourrez pas aller.

Tous les pays de la planète ne nous sont pas ouverts à n'importe quel temps de l'année. Il faut respecter les saisons du pays visité. Choisir de visiter l'île de Bali (Indonésie) en pleine mousson n'est décidément pas le meilleur choix, non plus qu'une balade dans le désert de Thar au Rajasthan en été, alors qu'il fait 50 °C. De même, il faut savoir qu'en Grèce, au mois de décembre, c'est trop froid pour se baigner. Si la baignade ne vous dit rien et que vous désirez plutôt une température fraîche et peu de touristes, alors l'idée peut être excellente.

Toutes ces informations sont bien indiquées dans les livres guides. Pour la plupart, il y a même un graphique décrivant, pour chaque mois de l'année, la température et le taux de précipitations. On vous signalera aussi si le pays que vous envisagez de visiter possède plus d'une zone climatique, comme c'est le cas pour le Pérou, par exemple. En fait, vous devez essayer d'éviter les périodes de mousson (pluie chaque jour), pour les pays où il y en a, et bien évaluer la température des étés et des hivers des pays où on a ces saisons.

Ne négligez pas non plus de porter une attention particulière aux dates des événements, fêtes et célébrations, religieuses ou autres, qui auront lieu à l'intérieur du pays que vous compter visiter. Une fête comme, par exemple, le Nouvel An chinois, peut signifier une atmosphère totalement incroyable lors de votre passage dans une ville asiatique. Mais ce même Nouvel An peut aussi signifier une cruelle pénurie de logement et des prix prohibitifs qui seront gonflés du triple, comme c'est le cas, par exemple, pour la célèbre foire aux chameaux de Pushkar, en Inde, au mois d'octobre.

De même, pour tout voyageur comptant séjourner en pays musulman, il est fortement recommandé d'éviter le fameux mois du ramadan, où la population jeûne pendant la journée et ne mange qu'une fois le soleil couché. Le ramadan est un mois particulier de l'année pour plus d'un milliard de musulmans à travers le monde. C'est le rite religieux musulman le plus universellement observé. Le ramadan est le neuvième mois du calendrier lunaire islamique. Ce premier jour n'est pas le même d'un endroit à l'autre, car à certains endroits, on se base sur l'observation de la lune, et à d'autres, on se réfère entièrement à des calculs. Pour beaucoup de musulmans pieux, cette période consacré à la réflexion intérieure, à prier Allah et à réciter le Coran est marquée par une intensité spirituelle. Vous comprendrez donc que la population, pendant ce mois, n'est pas très portée sur la fête et que les chances de rencontrer des gens de l'endroit intéressants au restaurant, pendant la journée, sont minces. Mieux vaut savoir.

Un climat chaud, tempéré ou froid ?

Lorsque vient le moment de choisir une destination, la différence entre un pays au climat chaud ou tempéré, ou un pays au climat froid est considérable, surtout avec des enfants. Votre vie familiale dans son quotidien en sera affectée directement et le volume de vos sacs à dos variera en conséquence.

Plus vous allez vers des pays au climat froid, plus le matériel que vous devez trimballer devient imposant : sacs de couchage, vêtements chauds, bottes, mitaines, etc. Bien entendu, je ne parle pas ici de la

Inde, Dharamsala, 2004
Marie-Chantal *(Rosemarie, 11 ans, et Victoria, 7 ans)*

Nous revenons d'un trois jours de « trekking » en montagne avec les enfants. C'était du véritable camping d'hiver. Victoria avait un porteur pour elle toute seule mais elle a marché comme une grande la moitié du temps. C'est vraiment une aventurière. Rosemarie aussi est montée comme nous tous jusqu'à la « snow line », à 3300 mètres, c'est-à-dire là où la neige ne fond plus, même l'été. Il faisait entre 2 et -5 °C. Nous croyons que cette aventure de trois jours dans les Himalayas avec un guide et des porteurs sera un des moments forts du voyage pour les filles. Elles ont adoré ça, malgré la rudesse du climat et les difficultés. À la fin du « trek », nous sommes partis alors qu'il neigeait et, en descendant de la montagne, la neige s'est changée en pluie. C'est totalement trempés que nous sommes revenus à Dharamsala... Les filles ont été très courageuses. J'apercevais Victoria sur les épaules de son porteur, sous une couverture qui la protégeait un peu de la pluie froide. Son regard était perçant, elle regardait droit devant elle sans sourciller. Lorsqu'elle a remarqué que je la regardais, elle m'a souri... Mon cœur coupable a fondu comme les glaces sous mes pieds...

famille qui choisit d'aller faire une semaine de ski en Suisse ou dans les Rocheuses canadiennes. Je parle plutôt de la famille voyageuse désireuse de découvrir la région du Ladakh en septembre, ou la Bolivie en mars, pays où le confort est souvent modeste et le chauffage quasi inexistant. Mais attention! Il n'y a pas que des désavantages. Et un des côtés les plus intéressants du choix d'un pays au climat froid ou d'une saison froide (l'hiver) est que, généralement, pour tout ce qui concerne les maladies, bactéries, bibittes piqueuses et autres, c'est beaucoup plus sécuritaire. Choisir de visiter des pays comme la Grèce, l'Italie, l'Égypte ou le Maroc en novembre ou en mars, hors de la grande saison touristique, peut aussi s'avérer très agréable. Il y a moins de touristes, les prix sont plus bas et la chaleur beaucoup moins accablante. La visite par temps frais est souvent bien moins fatigante. Les enfants réagissent merveilleusement à une température modérée.

Népal, Namche Bazaar (3440 mètres d'altitude), 1995
Michel *(Rosemarie, 3 ans)*

Il n'est que 2 h de l'après-midi et déjà les nuages ont envahi le village. On n'y voit plus à 5 mètres. Les magnifiques pics enneigés qui, il y a une heure à peine, brillaient de mille feux, ont disparu. La température a chuté de six degrés. Il fait déjà -5 °C. C'est très froid pour une toute petite fille. Les maisons n'étant pas chauffées, chaque nuit je dois me réveiller toutes les deux heures pour vérifier si Rosemarie est bien au chaud dans son sac de couchage. Elle s'y sent trop à l'étroit, alors elle sort et se découvre tout le temps. Nous devons être très vigilants.

Vous aurez aussi à décider, avant l'étape des préparatifs et en tenant compte du budget que vous aurez établi précédemment, si vous descendrez dans des hôtels supérieurs susceptibles de fournir couvertures et chauffage. Sinon, il faut apporter de bons sacs de couchage.

Soyez particulièrement attentifs aux variantes comme la chaleur et le froid : visiter un pays méditerranéen en juillet peut s'avérer tout un défi à cause de la chaleur, tout comme le froid peut compliquer votre périple si vous optez pour un séjour dans les Himalayas en janvier.

Le problème de communication

Selon la destination choisie, la communication, à cause de la barrière de la langue, peut s'avérer une difficulté supplémentaire importante. Vous ne parlez pas un mot d'anglais et vous voulez quitter pour un tour du monde ? C'est possible, mais ce sera certainement un peu plus (pour ne pas dire beaucoup plus) compliqué pour vous sur le terrain. J'ai tout de même rencontré des gens, en voyage, surtout des Français, qui ne parlaient que très peu l'anglais. Je me souviendrai toujours de M. Doucet, 62 ans, originaire de Marseille, rencontré à Lhassa, au Tibet, qui parlait 2 mots d'anglais et qui s'était lié d'amitié avec nous. Je me demandais, interloquée, comment il avait bien pu arriver jusqu'à Lhassa avec si peu d'anglais. Communiquer avec l'extérieur pour se loger et commander sa nourriture était, pour lui, une préoccupation de tous les instants. Et c'est sans compter l'isolement dans lequel son unilinguisme devait le placer par rapport aux autres voyageurs. Converser avec d'autres voyageurs venus du monde entier est toujours un grand plaisir et l'anglais est la langue privilégiée par tous. Nul besoin d'être parfaitement bilingues, mais une base d'anglais vous facilitera énormément la vie en voyage.

> **Mexique, San Cristobal de las Casas, 2000**
> **Michel** *(Rosemarie, 7 ans, et Victoria, 3 ans)*
>
> *Petit à petit, nous découvrons ce magnifique pays qu'est le Mexique. Ici, on ne parle que l'espagnol. L'anglais est vraiment peu utilisé. Marie-Chantal et moi, on se débrouille plutôt bien. Les cours d'espagnol que nous avons suivis avant le départ nous servent énormément. Quel plaisir de suivre un cours, sachant que l'on mettra tout en application juste après ! Je « tripe » fort à pratiquer mon espagnol, Marie-Chantal aussi et, comme moi, elle a toujours son petit dictionnaire à portée de main. Dans un mois, on sera encore meilleurs.*

Si vous ne parlez pas anglais, ne vous laissez pas arrêter : il y a beaucoup de pays, en dehors de la France, où le français est couramment parlé : le Maroc, par exemple, ainsi que plusieurs autres pays d'Afrique. Cherchez de ce côté.

Suivre un petit cours de la langue du pays que vous allez visiter peut, dans certains cas, s'avérer une excellente idée qui facilitera les contacts et ouvrira la porte à de très belles rencontres, une fois sur place. Par exemple, l'Amérique du Sud et l'Amérique centrale, tout comme le Mexique, sont résolument espagnoles. L'anglais, comme langue seconde, n'y est que très peu parlé. Dans un tel contexte, un cours d'espagnol avant le départ peut s'avérer fort utile. D'un autre côté, un cours d'hindi, si vous comptez visiter l'Inde, est cette fois nettement moins indispensable, puisqu'en Inde, l'anglais (langue seconde) est couramment parlé par la plupart des gens qui ont un tant soit peu affaire aux touristes.

Mexique, San Cristobal de las Casas, 2000
Michel (Rosemarie, 7 ans, et Victoria, 3 ans)

La visite des grottes de San Cristobal s'est avérée encore plus agréable que prévu. Sur le site, nous avons rencontré une charmante famille mexicaine, en vacances comme nous. Ils ont un petit garçon de 6 ans et un petit bébé de 3 mois. C'est très bon pour pratiquer l'espagnol, mais c'est fatigant pour la matière grise. Je crois que mon cerveau a chauffé. La grotte était très impressionnante de par sa hauteur et sa profondeur. Les enfants ont même pu faire du cheval. Ce soir, nous souperons avec la petite famille que nous avons rencontrée. Vamos hablar español !

Sur le terrain, avec seulement 40 à 50 mots, on peut arriver à se loger, à s'alimenter et à demander son chemin. C'est déjà pas mal, non ? Ajoutez à cela les signes universels, le langage du corps, et ça y est, on peut circuler sans trop de contraintes. Munissez-vous absolument d'un petit manuel de conversation. (Attention ! Celui-ci, pour être pratique, se doit d'être petit. Favorisez le format de poche. L'idée est d'avoir son petit manuel dans sa poche arrière.) Le manuel de conversation permet une communication de base et propose des séries de mots ou de phrases toutes construites concernant la plupart des situations de la vie courante. C'est très utile sur la route. Il ne s'agit pas, avec ce manuel, de parfaire vos règles de grammaire.

Le français est plus largement parlé qu'on a tendance à le croire. Voici la liste des pays et États de la Francophonie. Bien entendu, tous ces pays ne sont pas nécessairement complètement francophones mais, selon l'endroit où vous vous rendez, vous pourrez vous accommoder de la langue française.

Pays et États membres de la Francophonie	
Pays et États d'Europe	Belgique, France, Luxembourg, Monaco, Suisse, Albanie, Roumanie, Slovénie, Bulgarie, Lituanie, Moldova, Pologne, République tchèque, Slovaquie.
Pays d'Afrique	Bénin, Burkina Faso, Burundi, Cameroun, îles du Cap-Vert, Comores, Côte d'Ivoire, Djibouti, Égypte, Gabon, Guinée, Guinée-Bissau, Guinée équatoriale, Liban, Madagascar, Mali, Maroc, île Maurice, Mauritanie, Niger, République centrafricaine, République démocratique du Congo, République du Congo, Rwanda, Sénégal, Seychelles, Tchad, Togo, Tunisie.
Pays et États des Amériques	Dominique, Haïti, Sainte-Lucie, Canada.

Inde, Jaisalmer, 2005
Rosemarie, 11 ans

J'arrive à mieux parler anglais maintenant. Je suis tellement contente de me faire comprendre et que l'on me comprenne aussi. Au Sri Lanka, il y a deux ans, j'étais souvent frustrée parce que je devais toujours demander à mes parents de tout m'expliquer. Je dois parfois faire bien des détours pour me faire comprendre mais je suis tenace! Ce matin, je suis allée chez le couturier juste en face de notre hôtel pour me faire faire une petite sacoche avec un tissu batik. J'ai négocié le prix toute seule, j'ai expliqué tous les détails et où je voulais la fermeture éclair.

Voyager enceinte

Quand ?

Pendant les trois premiers mois de la grossesse, il n'est pas conseillé de prendre l'avion. Les risques de fausse couche sont plus élevés et le changement de pression dans la cabine peut provoquer des contractions. Après la douzième semaine, l'avion, la plupart du temps, ne cause plus de problème. Par contre, il est préférable de revenir avant la trente-deuxième semaine de gestation. Certaines compagnies aériennes refusent les femmes enceintes de plus de 32 semaines. Renseignez-vous auprès de la compagnie que vous aurez choisie si vous pensez revenir à la fin de votre grossesse. De plus, je vous conseille fortement d'avoir avec vous un papier officiel de votre médecin qui détermine votre temps de gestation au moment prévu pour le retour, et la date d'accouchement. Ce sera votre preuve si, à 30 semaines de grossesse, la compagnie aérienne ne veut pas vous laisser prendre votre vol de retour parce que vous paraissez très avancée et sur le point d'accoucher.

J'étais enceinte de 22 semaines lorsque nous sommes partis en voyage, en octobre 1992. J'étais en forme et je me sentais pleine d'énergie. Après avoir parcouru le sud-ouest de la Chine pendant trois semaines, nous avons atterri à Lhassa, au Tibet, à 3 600 mètres d'altitude. Deux semaines plus tard, nous étions sur les plages de Bali et j'étrennais mon très joli maillot de bain de grossesse!

Tibet, Lhassa, 1992
Marie-Chantal *(Rosemarie en gestation)*

Voilà! Nous voici à Lhassa! Nous venons de prendre une marche dans les rues tranquilles de la ville. Pas trop vite parce qu'on s'étourdit assez rapidement à cause de l'altitude. Ça ira mieux dans quelques jours. Cet endroit est tout à fait incroyable! À plusieurs reprises, les larmes me montent aux yeux, prise d'émotion par ce que je vois. Je n'ai jamais rien vu de tel. Les Tibétains sont beaux et souriants. Les nomades portent des peaux de yak sur eux et les femmes se tressent les cheveux de façon à faire un chapeau. Les femmes remarquent beaucoup ma grossesse et certaines d'entre elles soulèvent mon chandail et tâtent mon ventre à la façon du médecin pour vérifier la hauteur de l'utérus. Je n'en crois pas mes yeux… Elles ont l'air de vraiment s'y connaître!

La préparation

Avant de décider de partir en voyage pendant votre grossesse, il faut vous demander si vous vous sentez bien, dans votre corps et dans votre tête. Si vous avez le moindre doute avant de partir, votre malaise pourrait être amplifié pendant votre voyage. Une échographie avant le départ peut réellement vous rassurer, même si elle est faite vers la douzième semaine de grossesse et que votre bébé n'est pas plus gros qu'un œuf. Avant de partir en Chine, mon médecin et ma sage-femme m'avaient dit tous les deux que ma grossesse allait très bien et que je pouvais partir l'esprit en paix. Malgré tout, vous serez tout de même un peu nerveuse avant le départ, surtout si c'est votre première grossesse ; mais ça, ce n'est pas une raison pour ne pas partir !

Consultez votre médecin, votre sage-femme ou une infirmière spécialisée en obstétrique et faites-vous donner un cours sur quoi faire en cas de saignement vaginal. Loin de chez vous et de votre sécurité, un petit saignement subit peut vous faire paniquer, et avec raison. Mais il faut savoir que les écoulements colorés, brunâtres ou rosés, ne sont pas nécessairement annonciateurs d'une fausse couche ou d'un accouchement prématuré. Renseignez-vous et lisez sur le sujet avant

Tibet, Lhassa, 1992
Michel (Rosemarie en gestation)

Sommes arrivés à Lhassa vers 11 h 30 ce matin, après avoir couvert les 100 kilomètres qui séparent l'aéroport de la ville de Lhassa. Une heure et demie de jeep dans les montagnes. Ouf! Le ventre de mon amour a été mis à rude épreuve. Marie-Chantal est bien courageuse. L'altitude nous affecte beaucoup. Nous sommes à 3 660 mètres d'altitude. Nous ressentons intensément le manque d'oxygène. Cet après-midi, jusqu'à 16 h 30, nous avons dormi. C'était indispensable, surtout pour Marie-Chantal qui porte notre petite fille. Maintenant, ça va un peu mieux, mais nous avons la tête lourde, le souffle court, le cœur agité. Prudence. Pas de risques à prendre. Il suffit d'être patients et tout rentrera dans l'ordre. Nous sommes à Lhassa, au Tibet, Marie-Chantal porte un fœtus de 6 mois dans son ventre. C'est déjà un exploit d'être ici. Merci, la vie.

de partir. Plus vous en connaîtrez, plus vous saurez comment faire face aux changements de votre grossesse, comment réagir adéquatement, et vous serez aussi plus calme. En passant, votre conjoint devrait être aussi renseigné que vous; en cas d'inquiétude, vous serez deux à réfléchir sur la question.

Assurez-vous que votre assurance voyage assure les femmes enceintes. Ce n'est pas toujours le cas et, surtout, ce n'est pas toujours spécifié dans les documents qu'ils nous envoient à la maison. Certaines compagnies demanderont un supplément pour vous assurer pour la santé.

Passez aussi chez le dentiste avant le départ. Les hormones de grossesse augmentent le risque d'avoir des caries chez certaines femmes. Mieux vaut prévenir que de souffrir loin de chez soi…

Le bagage d'une femme enceinte

Si vous partez pour plus d'un mois, il faudra prévoir un soutien-gorge plus grand et des vêtements plus amples pour s'adapter à votre ventre qui s'arrondira de plus en plus. Apportez également des compresses d'allaitement et des protège-dessous. Même si vous n'en avez pas besoin au moment de votre départ, vous pourriez les trouver bien utiles si vos seins commencent à avoir de petits écoulements pendant le voyage ou si le poids du bébé, grossissant de jour en jour, vient à appuyer davantage sur votre vessie et vous laisse échapper de petites gouttes d'urine quand vous riez.

Indonésie, île de Bali, Légian, 1992
Marie-Chantal
(Rosemarie en gestation)

Je suis une femme enceinte de sept mois et je suis à l'autre bout du monde, et je trouve ça normal, correct, acceptable. Les amis, la famille, ils avaient raison d'essayer de me dissuader de faire ce voyage, ils avaient raison de s'inquiéter; autant que moi j'avais raison de faire ce voyage. Personne ne voit la maternité de la même façon. Au bout de la ligne naît un enfant, en santé comme tous les autres qui sont nés avant lui, et des parents heureux l'accueillent.

Portez des chaussures extra confortables et pas trop serrées. La chaleur, les longues promenades et les trajets en avion font enfler les pieds lorsque l'on a un surplus de poids. Il est bien agréable, dans ces cas-là, de pouvoir délacer ses chaussures ou d'en repousser les velcros.

Apportez, évidemment, votre pharmacie personnelle, en pensant à un antiacide pour contrer les reflux gastriques fréquents chez les femmes enceintes, du *Tylenol* et une bonne huile pour masser vos seins et votre ventre.

Avant de partir huit semaines en Chine, au Tibet et à Bali, ma sage-femme m'avait prêté un fœtoscope. C'est l'appareil dont se sert le médecin pour écouter les battements de cœur du bébé. Lucie nous avait montré, à Michel et à moi, comment nous en servir, où placer l'appareil sur le ventre et comment compter les pulsations cardiaques. Nous avons adoré ces petits moments de détente où, tous les deux ou trois jours, nous écoutions le petit cœur énergique de Rosemarie. En plus de nous rassurer chaque fois, cela nous permettait de connecter avec notre petite fille qui allait bientôt être parmi nous.

Apportez avec vous le numéro de téléphone ou l'adresse courriel de votre médecin. On ne sait jamais, et un appel en cas de doute peut vous rassurer énormément et même vous permettre de terminer votre voyage au lieu de revenir précipitamment.

Si vous êtes prédisposée aux infections vaginales, vous serez plus vulnérable dans les pays aux climats chauds et humides. Prévoyez apporter un antibiotique préalablement prescrit par votre médecin. Vous n'aurez probablement pas très envie de passer un examen gynécologique sur la route.

La nourriture

Évidemment, vous devrez être plus prudente et moins aventureuse qu'à l'habitude avec la nourriture. Lorsque l'on est enceinte, le système digestif est parfois un peu plus lent à faire son travail et provoque des reflux gastriques et de la constipation. Évitez donc les repas très épicés (à moins que vous soyez habituée à ce régime à la maison), l'alcool (évidemment) et réduisez la consommation de riz pour favoriser les fruits et les légumes cuits ou crus et pelés.

L'altitude

Il n'y a pas de contre-indications connues à visiter des lieux situés en altitude (jusqu'à 4000 mètres), même si vous y restez pendant plusieurs semaines. Évidemment, si vous comptez faire du *trekking* avec un sac à dos, même si vous vous sentez en pleine forme et que vous y êtes entraînée, il faudra que vous montiez très lentement et fassiez des pauses fréquentes. Vous ne serez pas non plus davantage sensible aux effets secondaires de l'altitude si vous êtes enceinte et il n'y a pas de danger pour le fœtus. Si vous avez des difficultés à rester en altitude, ce n'est pas parce que vous portez un enfant. Vous auriez les mêmes difficultés sans être enceinte. Les problèmes, avec l'altitude, ne sont pas reliés à l'âge, à l'état ou à la santé de l'individu. Certaines personnes auront toujours des problèmes d'adaptation à l'altitude et d'autres, jamais. L'ennui, c'est que vous ne pouvez pas le savoir tant que vous n'aurez pas vécu plus de trois jours à plus de 2500 mètres au-dessus du niveau de la mer. Si, après trois jours, les malaises légers persistent (mal de tête, manque d'appétit, légère insomnie), vous devrez descendre jusqu'à ce que vous vous sentiez bien. Si, après 24 heures, des malaises comme la migraine, la panique, l'insomnie totale, les étourdissements ne vous quittent plus, descendez rapidement à une ville de moindre altitude.

Chine, Yangshuo, 1992
Michel *(Rosemarie en gestation)*

Demain c'est samedi, jour de fin de semaine. Quel drôle de concept que celui de semaine et de fin de semaine. Ici, il n'y a pas de lundi ou de samedi, il n'y a que des journées, toutes plus différentes les unes que les autres, et un «temps Chine» qui diminue. Hier, nous avons loué des bicyclettes et avons été nous promener dans la campagne. Des champs de riz vert et jaune – prêt à être coupé – bordés de pics rocheux qu'on aurait dit sortis de terre comme par magie. C'est à se demander s'ils n'ont pas poussé comme des arbres. Qui sait! La Chine est un pays très ancien. C'est de toute beauté! Je savoure ce calme. Les enfants et les personnes âgées sont magnifiquement beaux. Nous aimons leur parler et tenter d'échanger avec eux.

L'essoufflement est un malaise normal. Tout le monde, sauf les gens de l'endroit, est plus essoufflé dans les hauteurs. C'est la rareté de l'oxygène qui cause cela. En étant enceinte, vous le serez encore plus. Pour contrer ce désagrément, marchez plus lentement qu'à l'habitude et si vous avez à monter des escaliers ou un escarpement, prenez tout votre temps et arrêtez souvent pour reprendre votre souffle. Évitez de vous pencher, et si vous devez absolument le faire, pliez les genoux de façon à vous accroupir au lieu de vous pencher et de descendre la tête plus bas que vos hanches (voir chap. 4, «Prévention en altitude», p. 259).

L'accouchement prématuré

Dans tous les pays du monde, il y a tous les jours des femmes qui accouchent d'enfants en santé, dans des conditions acceptables. Dans toutes les grandes villes du monde, que ce soit Mexico, Singapour, Madrid, Hong-Kong, São Paulo, Dakar, Johannesburg, Santiago ou Bangkok, il y a des hôpitaux et des médecins compétents qui travaillent en obstétrique. Mais si vous accouchez prématurément en voyage, les soins au nouveau-né sont à ce moment-là plus urgents et nécessitent plus d'attention.

Indonésie, île de Bali,
Ubud, 1992
Marie-Chantal
(Rosemarie en gestation)

Demain, je serai enceinte de 30 semaines. Il est temps pour nous de rentrer à la maison et de préparer la chambre de notre petite fleur. J'ai hâte de voir l'expression de mes parents quand ils verront mon ventre si gros. J'ai envie de pleurer. Je suis si pleine d'émotions et de joie. Ce voyage restera imprégné dans mes fibres toute ma vie… Je me sens tellement à fleur de peau.

En cas d'accouchement en pays étranger, le papa aura un rôle primordial à jouer. Il faudra qu'il s'assure de la qualité des soins et de l'hygiène, quel qu'en soit le prix (prévoyez cela dans votre assurance voyage), qu'il trouve un interprète, s'il y a lieu, qu'il prévienne la famille et la compagnie aérienne pour devancer le retour, et qu'il reste auprès du bébé et de la maman jour et nuit après la naissance, dans la même pièce. Ne laissez jamais un médecin ou une infirmière partir avec votre bébé à moins qu'il n'ait besoin de soins particuliers. Si c'est le cas, le père devrait accompagner son bébé et rester près de lui en tout temps. Si vous êtes entrés en contact avec d'autres voyageurs pendant votre séjour et qu'ils sont dans la même ville que vous, n'hésitez pas à leur demander de l'aide pour ce qui a trait aux réservations d'avion, à la paperasse, à l'assistance consulaire et aux différentes communications avec la famille. Vous aurez besoin de soutien.

Aucune femme ne peut prétendre être à l'abri d'un accouchement prématuré, même si vous avez fait tout ce qui est recommandé pour l'éviter et que votre médecin vous a confirmé que tout se déroulait normalement. Si cela arrive, vous devrez composer avec l'imprévu, vous rendre le plus rapidement possible dans la grande ville la plus proche et accoucher dans les meilleures conditions possible. Pendant notre aventure chinoise, en 1992, avec Rosemarie dans mon ventre, je notais toujours mentalement où était l'hôpital le plus proche et combien de kilomètres nous séparaient de cet endroit. Je le faisais instinctivement, pour me rassurer et pour réagir rapidement en cas de besoin. Heureusement, nous n'avons jamais eu besoin de nous rendre précipitamment à l'hôpital.

Du côté plus officiel de la naissance en pays étranger, l'enfant aura la nationalité de son pays de naissance (il faut en faire la demande au retour) et également celle de ses parents. Pour avoir plus de détails sur la double nationalité, consultez le site Internet www.voyage.gc.ca.

Les transports

Lorsque l'on est enceinte, la position assise, sur une longue période, gène la circulation sanguine des jambes (varices, engourdissements) et du corps en général parce que le poids du ventre bloque souvent les vaisseaux sanguins au niveau du bassin. Quel que soit le moyen de transport que vous utiliserez, trouvez une façon de vous lever et de faire quelques exercices sur place. Profitez de tous les arrêts pour sortir et marcher. Choisissez, en ordre de préférence : le train, l'avion, l'autobus et la voiture.

Le train d'abord, parce que vous pouvez vous lever aisément, marcher dans le wagon et vous étendre les jambes. De plus, le train est habituellement très sécuritaire. J'aime bien l'avion aussi, pour les mêmes raisons, mais l'espace est plus réduit. Choisissez une place près de l'allée, de préférence, pour pouvoir vous lever quand bon vous semble sans gêner les autres passagers ; placez la ceinture sous votre ventre et, pour

Indonésie, île de Bali, Légian, 1992
Michel *(Rosemarie en gestation)*

Déjeuner sur le bord de la mer au très joli Nicsoma Resort. Nous serons ici jusqu'au 27, jour du départ. Marie-Chantal commence à trouver qu'elle est bien grosse (31 semaines de grossesse) et qu'elle se fatigue beaucoup plus vite qu'au début du voyage. C'est bien normal, son ventre est en effet bien plus gros qu'il y a deux mois. Notre fillette bouge avec de plus en plus de vigueur. Elle cogne dur et nous fait signe chaque jour qu'elle est bien en vie. Ça nous rassure beaucoup de la sentir bouger. Le goût de la maison se fait de plus en plus fort. Psychologiquement, nous savons qu'il ne nous reste que six jours. Nous sommes prêts à rentrer.

éviter de comprimer votre ventre inutilement, inclinez le siège dès que l'avion aura terminé sa phase de décollage. Buvez également beaucoup d'eau, les voyages en avion sont généralement assez déshydratants.

Comme dans le train et l'avion, vous ne pourrez pas demander au conducteur de l'autobus de s'arrêter pour que vous puissiez prendre une petite marche. Vous devrez faire des exercices sur place mais, au moins, vous pouvez vous lever.

La voiture est le moyen de transport le moins sécuritaire parce que le risque d'accident est plus élevé et que vous ne pouvez pas vous lever pour vous dégourdir les jambes. Si vous devez voyager en voiture, assurez-vous que le conducteur est prudent et avertissez-le que vous désirez faire des arrêts de 10 à 15 minutes toutes les 2 heures, minimum. Votre vessie devrait vous le commander, de toute façon. Profitez des pauses pour marcher, même si c'est sur le bord d'une autoroute ou autour de la voiture. Le but est de faire circuler le sang dans votre corps, pas d'admirer le paysage (si vous pouvez faire les deux en même temps, tant mieux!). Dans la voiture, préférez les places à l'arrière et placez la ceinture de sécurité sous votre ventre.

Tibet, Lhassa, 1992
Marie-Chantal *(Rosemarie en gestation)*

[...] [Après] avoir tâté mon ventre, elle m'a dit quelque chose en tibétain, satisfaite. Une autre femme s'est assise un peu derrière moi et me chantait des prières dans l'oreille. Elle me souriait et faisait tourner son moulin à prières près de ma tête. C'était doux... Les larmes ont monté dans mes yeux. Je n'osais pas regarder Michel, assis à quelques pieds de moi, je ne sais pas pourquoi... Cette femme priait pour moi et mon enfant. Il y avait autour de nous une foule qui circulait, mais je me sentais seule au monde, heureuse, émue. Au loin, je regardais le Potala... Malgré mes larmes, les femmes ont continué à me sourire, elles comprenaient ce que je ressentais.

Canada, Lorraine, novembre 2003
Rosemarie, 10 ans

(Travail de recherche sur un pays ayant vécu la guerre, cinquième année du primaire)

[...] [Et] malgré la beauté de leur coin de pays et la richesse de leur culture, le peuple tibétain vit un grand malheur. Les communistes chinois envahissent depuis 1950 cette région de la Chine dans le but d'anéantir la culture tibétaine et surtout, d'assimiler les Tibétains à la Chine. La plus importante rébellion se produisit en 1959 et marqua le départ du dalaï-lama, le chef spirituel des bouddhistes. Dans les années 60, 87 000 Tibétains furent tués par les Chinois et 100 000 autres décidèrent de rejoindre le dalaï-lama dans le nord de l'Inde.

Il y a exactement 11 ans, en octobre 1992, alors que j'étais dans le ventre de ma mère, j'ai visité le Tibet. Dommage, il n'y avait pas de fenêtre. Pourtant, j'aurais bien aimé voir le Tibet à cette époque, car aujourd'hui, il n'est plus le même. L'an prochain, j'irai visiter, avec ma famille, les Tibétains exilés à Dharamsala, au nord de l'Inde. J'ai l'impression de déjà les connaître.

Voyager accompagnés

La grande question !

Une famille, c'est déjà au moins trois personnes, peut-être quatre ou plus. Est-il bon de permettre à d'autres personnes de se joindre à nous : amis, membres de la famille d'un des conjoints ? Cela dépend de plusieurs facteurs et demande une sérieuse réflexion et de bonnes discussions avant de prendre la décision. Et il y a plusieurs façons de le faire. Nous avons eu une expérience exceptionnelle à ce sujet au cours d'un voyage.

Indonésie, île de Bali, Légian, 1992
***Michel** (Rosemarie en gestation)*

Nos deux amis de Chicago, Tom et Holly, nous ont quittés hier après-midi après des adieux bien émouvants. Nous nous sommes serrés et souhaités mutuellement bonheur et bonne route: pour leur tour du monde qui se poursuit, et pour une naissance qui ne tardera pas chez nous. Ils auront assurément marqué notre voyage. Jamais n'avions-nous fait route si longtemps (cinq semaines) avec un autre couple. Nous avons partagé le Tibet ensemble, une étape grandiose s'il en est une. Il y avait une chimie toute particulière entre nous quatre, comme si nous nous connaissions déjà. Une rencontre merveilleuse, de celles qui nous transforment.

Voyager avec une autre famille

Plus il y aura d'individus, enfants ou adultes, plus il y aura de concessions à faire. Si vous ajoutez à votre famille, qui compte déjà disons quatre membres, une autre famille de quatre, vous voilà rendus à huit pour décider où et à quelle heure vous irez souper le soir. Le petit Mathieu, qui a 2 ans, ne décide peut-être pas où il veut manger, mais comme il fait sa sieste entre 16 h et 17 h 30, personne ne peut partir avant qu'il ne soit prêt. L'on mangerait bien, ce soir, au petit restaurant au bout de la plage, mais on n'y sert que du poisson et Louise n'aime pas en manger. Catherine ne se sent pas très bien pour la deuxième journée, peut-être pourrions-nous, comme hier, manger au restaurant de l'hôtel, même si la nourriture est plus chère et pas très bonne ! Vous voyez le portrait ?

Assurez-vous de bien connaître la famille avec laquelle vous désirez voyager. Vos enfants et les leurs s'apprécient-ils ? Êtes-vous sur la même longueur d'onde face au voyage que vous voulez faire ? Êtes-vous déjà partis au moins une fin de semaine ensemble ? Certaines personnes sont très calmes et joyeuses dans leur environnement mais deviennent beaucoup plus inquiètes dès qu'elles quittent le nid et perdent leurs repères. Enfin, l'âge de vos enfants est-il compatible ? Mélanger 2 familles dont une a des enfants en bas âge et l'autre des enfants de 8 et 10 ans semble plutôt difficile. Êtes-vous prêts à faire le sacrifice de garder la chambre lorsque les bébés de vos amis dormiront, de souper chaque soir avec de très jeunes enfants à table ? Accepterez-vous de rentrer plus tôt d'une excursion parce que le garçon de vos amis s'est écorché le genou ?

L'idéal est de voyager ensemble comme un groupe, mais de demeurer des cellules complètement autonomes. Par exemple, on s'entend avant le départ sur le fait que les déplacements se font ensemble et que, lorsque l'on s'installe dans une ville ou un village, les activités sont individuelles à chaque famille, sauf si on en convient autrement sur place. Ainsi, si un soir vous ressentez le besoin de souper seuls en famille parce que les enfants sont fatigués et que vous avez besoin de calme, cela ne risquera pas de créer une indisposition chez ceux qui vous accompagnent. Si vous êtes bien conscients des limites qu'impose un voyage à 6, à 8 ou même à 10, et que vous les acceptez à l'avance, l'aventure peut s'avérer passionnante. Avec deux familles, les parents peuvent se relayer pendant la journée. Un couple peut aller souper seul un soir alors que les amis gardent. Il est même possible d'organiser deux activités différentes pour

Inde, Udaipur, 2005
Marie-Chantal (Rosemarie, 11 ans, et Victoria, 7 ans)

Nous avons passé beaucoup de temps avec James et Lauren, nos amis américains du Maine, rencontrés à Jaisalmer il y a deux semaines. Ils font le même itinéraire que nous. Ils sont très sympas. On a passé de très belles soirées à discuter et à refaire le monde… C'est très agréable de rencontrer d'autres voyageurs sur la route, de partager les expériences vécues. Ça fait du bien de parler avec d'autres personnes que son conjoint… et il est malheureusement assez difficile d'avoir des conversations profondes avec les gens du pays. La barrière de la langue nous empêche d'aller au fond des choses. Cela m'attriste, car il y a des gens qui semblent si intéressants que j'aurais aimé les connaître plus. Nous avons quitté Diu ce matin à 5 h avec eux en jeep Toyota avec chauffeur. Nous sommes arrivés à Udaipur vers 19 h… 14 heures plus tard. Mais avec des copains avec qui jaser, ça passe plus vite.

plaire aux deux groupes d'âge des enfants. En cas de pépin, vous n'êtes pas seuls. Il est souvent plus sécurisant d'avoir des personnes que l'on connaît à ses côtés. Le choc culturel, chez les enfants, peut aussi être mieux vécu si l'on voyage en groupe.

Somme toute, il y a autant d'avantages que d'inconvénients à voyager avec d'autres personnes.

Voyager avec les grands-parents

Pour les enfants, le repère affectif d'avoir leurs grands-parents pour quelques jours ou quelques semaines, dans un pays où tout leur est étranger, peut s'avérer un point très positif. Pour nos filles, alors que nous visitions le Mexique pendant quatre semaines, l'arrivée des grands-parents apporta une bouffée d'air frais qui permit sans l'ombre d'un doute à Rosemarie et à Victoria de mieux savourer la deuxième partie du voyage. Nous avions stratégiquement placé leur arrivée au milieu de notre séjour. Mais avec les grands-parents, ce qui est faisable pour les uns peut parfois s'avérer être de la folie pour les autres. Pour nous, revenir d'une excursion à minuit le soir, les enfants endormis dans nos bras, rompus de fatigue, après avoir passé une magnifique journée dans la nature, nous semble parfaitement acceptable. Pour les grands-parents qui nous rendaient visite, c'était beaucoup trop demander à ces pauvres enfants. Bien entendu, nos parents appartiennent à une génération qui, pour s'assurer de n'avoir aucun pleurnichage ou aucune crise de la part des enfants, va choisir de rentrer à la maison alors que le soleil est encore haut et le plaisir à son maximum. Nous connaissions cette vision des choses, mais comme nous nous étions entendus avant le

> ***Mexique, Tulum, 2000***
> ***Michel*** *(Rosemarie, 7 ans, et Victoria, 3 ans)*
>
> *Papi et Mamie sont arrivés comme un rayon de soleil ce matin. Un grand plaisir pour les enfants et pour nous aussi. Ils seront avec nous une semaine.*
> *Ce petit « happening » fait son effet : Victoria est toute souriante et sa grande sœur aussi. Ce soir, nous serons six autour de la table pour souper. Ils arrivent à point. Les enfants dormiront ce soir dans la cabine d'à côté, avec leurs grands-parents. Enfin une petite nuit à deux !*

Mexique, Tulum, 2000
Michel (Rosemarie, 7 ans, et Victoria, 3 ans)

Une bien belle journée qui se termine. Papi et Mamie nous ont quittés ce matin. Le reste de la journée s'est passé sur la plage. Les enfants sont calmes et gentilles. La famille retrouve son rythme. C'est bon aussi de se retrouver. La transformation de Victoria est bien agréable pour l'énergie de la famille. Demain, nous quittons ce site enchanteur. Je suis prêt à passer à autre chose. La venue des parents de Marie-Chantal nous aura permis de vivre un moment inoubliable ; en effet, ils ont généreusement gardé les enfants une demi-journée pour nous permettre, à Marie-Chantal et à moi, de faire une plongée de caverne dans le Grand Cenote. Magnifique caverne d'eau douce, incroyablement claire, remplie de stalactites, de stalagmites et de poissons-chats. Une plongée très spectaculaire ! Le voyage continue.

départ qu'ils n'interviendraient pas dans notre façon de faire, tout s'est très bien passé.

Les grands-parents, parce qu'ils sont plus âgés et souvent plus faibles que nous, doivent être bien au fait du genre d'aventure dans laquelle ils vont plonger. Ne les surestimez pas, sinon c'est vous qui en paierez le prix. De la même façon, c'est à vous de leur signifier que l'aventure que vous vous apprêtez à vivre, étant donné leur âge ou leur état de santé, n'est pas appropriée pour eux.

Mieux vaut voyager seuls que mal accompagnés

« Pourquoi ne viendriez-vous pas avec nous ? » Cette simple phrase, lancée au hasard, peut se retourner contre vous jusqu'à vous faire regretter d'être nés. Un conseil : ne lancez pas ce genre de belles paroles à tout venant si vous n'êtes pas prêts à assumer ce qui peut suivre. Voyager avec d'autres personnes, que ce soit une famille, des grands-parents ou simplement des amis qui désirent vous accompagner, est en soit une excellente idée et peut même s'avérer une source de grande joie pour vous et les enfants. Mais sachez bien auparavant dans quoi vous vous embarquez.

Si vous hésitez, voici un compromis qui peut s'avérer intéressant à plusieurs points de vue : que l'on vienne vous rejoindre et vous tenir compagnie quelques jours, à l'intérieur de votre voyage. Cela ne représente pas un grand risque, surtout si cette rencontre a lieu à la mer. Mais si vous envisagez de voyager avec des gens pour une plus longue période, prenez un minimum de précautions.

Mexique, Palenque, 2000
Michel (Rosemarie, 7 ans, et Victoria, 3 ans)

Ah ! Palenque ! Voir les ruines sur photos et y être en personne pour pouvoir s'imprégner de ce lieu hautement spirituel, c'est autre chose. Une superbe visite dans un site à couper le souffle. J'ai été ébloui ! Une des belles choses que j'ai vues dans le monde. Une splendeur comme le Taj Mahal, en Inde.

La clé d'une expérience heureuse, en voyage à l'étranger avec des accompagnateurs, est de très bien s'entendre, avant le départ, sur les attentes de tous et de chacun. Ceux qui vous accompagnent devraient être autonomes et capables de fonctionner seuls, même si vous n'êtes plus là. On ne sait jamais, une malchance peut contraindre votre famille à un retour précipité au pays.

L'itinéraire

Les livres guides

Un bon livre guide est un élément important pour la planification de l'itinéraire d'un voyage. Internet est bien, mais il ne couvre que superficiellement les lieux à visiter. Pourquoi les éditeurs déverseraient-ils toutes leurs informations sur Internet alors que le but, pour eux, est de vendre des livres ? Ce que vous retrouvez sur le Net est un résumé. Utilisez votre livre guide pour la planification du voyage : le choix de l'itinéraire, le repérage préliminaire d'endroits à visiter, où coucher, où

Sri Lanka, Hikkaduwa, 2002
Michel *(Rosemarie, 9 ans, et Victoria, 5 ans)*

Jeudi matin de bonne heure, nous quitterons pour Colombo et, de là, par train, nous gagnerons le nord; Anuradhapura, où nous devrions passer trois ou quatre jours. Aujourd'hui on parcourt nos livres guides pour trouver les bons endroits et tenter d'organiser notre séjour à notre prochaine destination. J'aime bien lire ou relire sur place plutôt que dans mon salon, à la maison. La perspective est très différente.

manger, etc. Commencez à vous familiariser avec l'utilisation de vos livres guides quelques semaines avant le départ. Une fois sur place, il sera plus aisé, rapide et convivial de le consulter. Le livre guide est un élément essentiel durant le voyage. Ne partez pas sans lui.

Nous voyageons souvent avec deux livres guides différents. Si, par exemple, un lieu ou un petit *guest house* est fortement recommandé dans les deux guides, nous le considérons absolument dans nos choix.

Nos préférés sont Lonely Planet (Lonely Planet), Bradt Travel Guides (Bradt) et Néos (Michelin), puis suivent Footprint (Gallimard), Voir (Libre Expression) et Guide du Routard (Hachette). L'idée est d'avoir deux sons de cloche et de pouvoir recouper les informations. Chaque guide a sa personnalité et livre l'information de la façon qui lui est propre. Par exemple, Néos et Voir, qui sont tout en couleurs, décrivent à merveille les lieux à visiter. Dans cette catégorie, Footprint est excellent et très bien fait également mais en noir et blanc. Dans un autre genre, même s'il renseigne aussi sur l'histoire et les lieux à voir, l'australien Lonely Planet est le champion pour nous décrire chaque hôtel et chaque restaurant. Les auteurs britanniques des Bradt Travel Guides écrivent souvent à la première personne, ce qui rend les explications plus personnelles et directes. Le Guide du Routard, très français de par son style, ses nombreuses comparaisons et commentaires, est très populaire et très bien fait également. Tous ces livres guides ont une section historique et élaborent, chacun à sa façon, sur toutes les informations pratiques qu'il faut savoir pour voyager dans le pays que nous avons choisi.

Inde, Chokori, 2005
***Michel** (Rosemarie, 11 ans, et Victoria, 7 ans)*

Ce que c'est drôle, tout de même, les hauts et les bas du voyage. Que c'est beau ici, tellement beau ! Ce soir, nous avons vu l'Himalaya dans toute sa splendeur. Les Panchuli Peaks avec leurs cinq pointes, le Nanda Devi, le Nanda Kot, tous ces pics enneigés, teintés du rose d'un soleil déclinant. Merci, la vie, pour ce moment inoubliable. Sur le chemin du retour, nous avons croisé une école où les enfants sont pensionnaires. Un des professeurs nous invite à entrer avec nos deux filles et nous voilà dans les dortoirs de la petite école à visiter les enfants. On s'échange des chansons ; Victoria et Rosemarie qui chantent « Dame Tartine », Marie-Chantal et Rosemarie qui chantent le « Ô Canada » et en retour, un petit spectacle de chansons et de danses indiennes locales. Un moment magique, il fallait y être. Nous sommes tous repartis de là le cœur léger. La beauté d'une aventure s'exprime le mieux dans tous ces moments imprévus, impossibles à planifier mais tellement inoubliables. Voilà pourquoi il faut demeurer ouverts et souples.

Choisir son vol

Il n'est pas toujours aussi facile qu'il n'y paraît de choisir la bonne compagnie aérienne pour nous transporter jusqu'à destination. Pour les vols sans escale et de courte durée, les choses sont plutôt simples, mais pour les vols transcontinentaux avec une ou deux escales, les possibilités sont multiples et le choix peut s'avérer ardu à faire.

N'hésitez pas à magasiner vos billets d'avion. Appelez plusieurs agences de voyages, faites-vous sortir des itinéraires et des prix. Toutes les agences de voyages ne se spécialisent pas dans les mêmes produits, ne font pas affaire avec les mêmes grossistes et ne prennent pas toujours la même commission sur vos billets. Il y a peu d'avantages à faire directement affaire avec une compagnie aérienne pour acheter son billet. Selon mon expérience, ça ne s'est jamais avéré la meilleure option. Mais dénicher un bon agent de voyages n'est pas facile. Un bon agent de voyages est quelqu'un qui cherche le produit dont *vous* avez besoin. Mais d'abord, de quoi avez-vous besoin ? Voulez-vous un billet de dernière minute à prix réduit parce que vous avez la souplesse de partir à pied lever à 48 heures d'avis ? Un billet avec une date de retour ouverte parce que vous ne savez pas quand vous rentrerez au pays ? Un billet avec escale ? Un billet aller simple seulement (attention, de ce côté, plusieurs pays exigerons de voir votre billet retour avant de vous laisser entrer chez eux) ? Le coût d'un billet d'avion est très variable pour un même vol, et je ne parle pas ici de la première classe par rapport à la classe touriste. Les variations proviennent des conditions d'achat : possibilité de changement de date, escales, réservations hâtives ou à la dernière minute, départ un jour de fin de semaine, etc. La haute ou la basse saison peuvent aussi avoir un effet important sur le prix de votre billet. Quelquefois, partir cinq jours plus tôt ou revenir cinq jours plus tard peut vous faire économiser plusieurs centaines de dollars.

Premier point à prendre en considération : le prix du billet, suivi de très près par le *routing* (le trajet en avion jusqu'à destination). On cherche tous le meilleur prix. Mais attention, nuance, le meilleur prix ne signifie pas absolument la meilleure affaire. Vous voulez vous rendre à Hong-Kong, on vous propose un vol Montréal–Chicago–Denver–Los Angeles–Hong-Kong pour 1 600 $. Une autre compagnie vous offre pour 300 $ de plus et avec points fidélités *Aéroplan* en prime : Montréal–Vancouver–Hong-Kong. À vous de voir ce qui vous convient le mieux, mais en ce qui nous concerne, il n'y a pas de questions à se poser, le deuxième choix est de loin supérieur au premier. Évidemment, seul, sans enfants, avec tout le temps devant soi, l'intérêt d'économiser de l'argent peut s'avérer supérieur à celui de s'économiser fatigue et attente, mais avec des enfants, ces considérations changent. Faites votre choix. Ne sous-estimez pas la haute saison (Noël ou semaines de relâche scolaire) lors de vos réservations. Les gens voyagent de plus en plus et si vous ne voulez pas perdre une semaine de voyage parce qu'il n'y a plus de place dans l'avion, envisagez réserver plusieurs mois à l'avance.

Deuxième point à prendre en considération : la fiabilité de la compagnie aérienne et le lieu des escales. Toutes les compagnies aériennes ne se ressemblent pas, côté service et fiabilité. Débuter avec 6 heures de retard un long vol de 12 heures vers Buenos Aires n'a rien de très agréable. Nous optons pour ce qu'il y a de plus fiable dans la mesure de nos moyens. Nous ne négligeons pas non plus le pays et la ville où nous ferons escale. Par exemple, lorsque nous nous sommes rendus au Sri Lanka, en 2002, nous avions le choix de voler avec *Koweït Airlines*, mais cela nous obligeait à faire une escale à Koweit City. (C'est-à-dire arrêter, débarquer et attendre pour changer d'avion. Quelquefois, l'avion arrête, certains passagers descendent et d'autres montent, mais l'on ne change pas d'avion, cela s'appelle un arrêt.) C'était seulement un an après les événements du 11 septembre 2001 et ce n'était pas un pays où nous avions envie d'être coincés avec nos enfants, advenant un problème international. Nous optâmes finalement pour *Tchecoslovaquian Airlines* qui, pour un prix très concurrentiel, nous proposait de transiter par la magnifique ville de Prague où, au retour, sans supplément auprès de la compagnie aérienne, nous choisîmes de passer une journée et une nuit pour visiter la ville.

Les points privilèges

De plus en plus de transporteurs offrent un système de points privilèges pour fidéliser leur clientèle. Ces points peuvent s'avérer très avantageux ultérieurement pour se permettre une petite escapade sans enfants ou pour diminuer le coût d'un prochain voyage en famille. Par exemple, le nombre de points accordés par *Air Canada* pour transporter une personne en Inde (21 500 points) permet à la maman de se rendre presque gratuitement faire du ski à Vancouver l'année suivante ; pas mal, non ? Dans le cas qui nous concerne, comme le prix du billet pour se rendre à Delhi, en Inde, était concurrentiel avec le prix des autres transporteurs, les points bonis s'avérèrent très avantageux. Ces points ont d'ailleurs aussi permis à Rosemarie de se rendre à Chicago en avion pour un séjour de deux semaines chez des amis.

Pour résumer le tout… magasinez. Portez une attention particulière au *routing* (le trajet en avion jusqu'à destination), à la fiabilité de la compagnie, au nombre et au lieu des escales, s'il y a lieu. Finalement, renseignez-vous pour savoir si la compagnie offre un système de points privilèges, ça vaut vraiment le coup.

Les tarifs réduits pour les petits voyageurs

Les aventuriers de moins de 2 ans qui n'ont pas de siège individuel (assis sur les genoux d'un parent), voyagent soit gratuitement, soit à un tarif qui va de 10 à 30 % du prix du billet régulier. La date d'anniversaire de votre bébé sera vérifiée et, pour bénéficier de la gratuité ou de la réduction, votre enfant ne doit pas atteindre ses 3 ans pendant le voyage. Voyager sur les genoux de papa ou maman est un privilège réservé aux petits de moins de 2 ans seulement, à l'allée comme au retour. Si vous voyagez dans ces conditions, sachez que votre enfant ne bénéficiera pas d'un plateau repas. Vous devrez partager avec lui votre plat ou apporter sa nourriture de la maison.

Vous ne désirez pas avoir votre enfant sur les genoux pendant tout le trajet entre Montréal et Le Caire ? C'est possible. Vous paierez alors le prix d'un enfant de 2 à 11 ans. La majorité des compagnies aériennes offrent des réductions allant de 30 à 50 % du prix du billet régulier pour les enfants de 11 ans et moins qui ont leur siège individuel, à moins que le tarif régulier soit déjà réduit ou en promotion. Faites le calcul. Il est plus avantageux, par exemple, de payer le plein tarif pour les adultes et 50 % de réduction pour vos deux enfants plutôt que 20 % de réduction sur quatre billets au prix régulier.

Préparer le calendrier

La planification du calendrier est une étape exaltante et vraiment importante. C'est pendant cette étape que se tirent les grandes lignes du voyage. Avis aux bohèmes et aux esprits épris de liberté absolue, cette planification ne signifie en rien que vous ne pourrez, une fois sur place et au gré des rencontres, déroger de l'itinéraire fixé. La planification du calendrier sert d'abord, dans un premier temps, à dégager ce que l'on veut absolument voir et, ensuite, à visualiser le nombre de journées disponibles ou nécessaires pour chaque étape. C'est en couchant le tout sur papier que l'on est à même de bien visualiser l'itinéraire de notre voyage. Nous utilisons toujours un petit calendrier avec autant de cases qu'il y a de jours de voyage.

Par exemple : Jour 1 : Départ pour le Sri Lanka. Jour 2 : Transport. Jour 3 : Arrivée à Colombo et repos (fatigue due aux longs vols et décalage horaire). Jour 4 : Départ pour la plage située au sud (trois heures de transport). Vous voyez, il s'est déjà écoulé quatre jours avant l'arrivée à la mer, première vraie étape du voyage. C'est ainsi qu'on peut le mieux visualiser le nombre de jours dont nous disposons et, par le fait même, le nombre de jours que nous voulons consacrer à chaque étape. La planification vous permettra aussi de vérifier la distance qui sépare deux

Sri Lanka – 2002-2003						
Dimanche	**Lundi**	**Mardi**	**Mercredi**	**Jeudi**	**Vendredi**	**Samedi**
	9 déc. Départ pour Colombo vol : 20 h	10 déc. Vol et escales	11 déc. Arrivée à Colombo 5 h 20	12 déc. Départ pour Hikkaduwa	13 déc. Hikkaduwa (plage)	14 déc. Hikkaduwa (plage)
15 déc. Hikkaduwa (plage)	16 déc. Hikkaduwa (plage)	17 déc. Hikkaduwa (plage)	18 déc. Départ pour Anuradha-pura	19 déc. Anuradha-pura	20 déc. Anuradha-pura	21 déc. Anuradha-pura (Mihintale)
22 déc. Départ pour Polonnaruwa	23 déc. Polonnaruwa	24 déc. Départ pour Sigiriya	25 déc. Sigiriya	26 déc. Sigiriya	27 déc. Départ pour Dambula	28 déc. Dambula
29 déc. Départ pour Kandy	30 déc. Kandy	31 déc. Kandy (Pinnewala)	1er janv. Départ pour Ella	2 janv. Ella	3 janv. Ella (Horton's Plain)	4 janv. Départ pour Haputale
5 janv. Haputale	6 janv. Départ pour Tangalle	7 janv. Tangalle	8 janv. Tangalle (Matara)	9 janv. Départ pour Merissa	10 janv. Merissa	11 janv. Merissa
12 janv. Merissa	13 janv. Départ pour Galle	14 janv. Galle	15 janv. Départ pour Hikkaduwa	16 janv. Hikkaduwa	17 janv. Départ pour Colombo	18 janv. Colombo
19 janv. Départ pour Montréal Vol : 15 h	20 janv. Arrivée à la maison !					

étapes et de visualiser, dans son ensemble, le nombre de jours de déplacement par rapport au nombre de jours de visite. Prendrons-nous deux jours pour nous rendre à la mer ou un après-midi ? Prendrons-nous le bateau ou la voiture avec chauffeur, ou encore l'avion, pour gagner du temps ? Dans l'exemple ci-dessus, puisque nous nous sentions relativement bien à notre arrivée à Colombo, le 11 décembre, et qu'il était très tôt le matin, nous avons décidé de descendre directement à Hikkaduwa le jour même. Autre exemple : la visite de Galle était prévue, selon notre calendrier, pour la fin du voyage. Mais une fois à Hikkaduwa, la première semaine, nous avons réalisé qu'il serait aisé et agréable d'aller passer la journée à Galle depuis Hikkaduwa, sans y dormir. C'est ce que nous avons finalement fait. Tout se précise donc une fois sur place.

Inde, Nainital, 2004
Marie-Chantal *(Rosemarie, 11 ans, et Victoria, 7 ans)*

Nous prenons beaucoup de renseignements pour la suite du voyage en ce moment. Cela occupe beaucoup notre esprit. Nous pensons peut-être «trekker» trois jours dans la région du Nanda Devi, la deuxième plus haute montagne de l'Inde, à la frontière du Népal. Nous ne pourrons pas aller à Badrinath, comme nous avions prévu, il y a trop de neige et la route est fermée. Mercredi, nous partirons plutôt pour Bageshwar pour voir s'il y a des agences de «trekking» parce qu'ici, c'est bien joli mais on ne peut pas avoir beaucoup d'informations. Nous n'avions pas prévu visiter cette ville, mais elle est un peu plus au sud, donc plus accessible.

Quelques jours plus tard…

Inde, Bageshwar, 2004
Michel *(Rosemarie, 11 ans, et Victoria, 7 ans)*

Les plans semblent changer au jour le jour, au gré de nos sentiments face à ce que nous voyons et aux villages que nous rencontrons. Rien de ce que nous avons vu jusqu'à maintenant n'a justifié un arrêt de plus d'une journée. Nous choisissons donc de nous remettre en route le matin venu. Nous avons aussi pris la décision de ne pas «trekker» à partir de Bageshwar, mais plutôt de Manali où, il nous semble, tout sera plus facile à organiser. Aujourd'hui nous pousserons vers Chokori, un village dont nous n'avions jamais entendu parler et qui n'est même pas dans nos livres guides. Ce village offre, selon notre très gentil chauffeur, Mohinder, une superbe vue sur les Himalayas. Nous dormirons dans ce village ce soir. Où? Dans quelles conditions? On aura la surprise sur place. Vive l'aventure!

Même pour un voyage de trois mois, à moins de choisir de se consacrer entièrement à un petit bout de pays, comme la visite exclusive de l'île de Crête, en Grèce, le temps nous est compté. Les déplacements étant probablement la partie la plus ardue d'un voyage avec de jeunes enfants, on ne se déplace pas pour le plaisir et on essaie de tracer un itinéraire qui minimisera le nombre de déplacements. Gardez aussi en tête ce précieux conseil: mieux vaut voir moins et mieux que beaucoup mais de façon superficielle. Traverser la Chine d'est en ouest en deux mois avec deux jeunes enfants est, quant à nous, de la folie. Pourtant, deux adultes qui aiment se déplacer quotidiennement vont s'accommoder d'un tel itinéraire. Vous serez surpris du nombre de choix que vous devrez faire en traçant votre itinéraire: «Si nous nous attardons trop ici nous n'aurons pas le temps de voir cela, mais si nous y allons, nous aurons changé d'hôtel trois fois en cinq jours. C'est beaucoup pour les enfants. Peut-être devrions-nous nous arrêter ici quelques jours. Nous devons être de retour dans la capitale pour prolonger nos visas six jours après, cela ne nous laisse donc pas le temps de voir ce petit village qui semble si accueillant.» Vous voyez le portrait? Lors de cette planification, à la maison, rappelez-vous que rien n'est immuable et qu'une fois sur place, tout pourra être sujet à changement. C'est sur place que se prendra la décision finale de sauter une étape ou de rester quatre jours de plus dans un village parce que ce petit coin de paradis ravit tout le monde.

En général, les livres guides recommandent à peu près tous les mêmes endroits à visiter pour une région ou un pays donné. Les choix à faire portent plutôt sur le nombre de jours consacrés à chaque étape ou sur la décision de quitter ou non le circuit plus touristique pour aller visiter une partie de pays où les touristes vont moins.

Thaïlande, Bangkok, 1991
Michel

Grosse journée de décision, aujourd'hui. Le reste du voyage à planifier. Comment ça se fait que je pars deux mois et demi et que je me sens encore pressé par le temps? C'est fou! Voici la situation. La Birmanie est fermée jusqu'au 7 février à cause des *élections. Vietnam, trois semaines de visa max pour 125 $. Laos, deux semaines de visa pour 150 $. Sept jours d'attente pour un visa vietnamien ou laotien. On aurait donc dû les prendre avant d'aller au sud, merde! Donc, on se propose de visiter le nord de la Thaïlande du 18 janvier au 6 février, et puis 20 jours au Vietnam, peut-être le Laos, et on finit ça en Malaisie. Si tout se règle, on devrait être à Chang Mai mardi matin. Tout ça n'est encore que suppositions appuyées sur les informations recueillies dans les différentes agences de voyages. La Birmanie est perdue. Bien dommage, je voulais vraiment y aller. Prochaine fois, j'imagine. Plus on bouge, plus on veut bouger vite, plus ça se complique. Pas toujours facile de vouloir voir les beaux coins reculés. Il faut les travailler. Alors... travaillons.*

Les recherches sur Internet

Le réseau Internet est un outil fabuleux pour tout ce qui touche la recherche d'informations. Lors de l'étape de la planification, vous pouvez fouiller allègrement. En effet, il peut être très agréable de se perdre dans les différents sites consacrés au pays ou au coin de pays que nous avons choisi de visiter. Il y a souvent beaucoup d'images, de cartes et de photos. Allez visiter les sites des différentes agences de voyages pour vous donner une idée des circuits et des itinéraires possibles. Il est toujours bon de recouper de l'information. Quand plusieurs personnes, sites Internet ou livres parlent en bien du même village ou du même monument, c'est que, très probablement, il est digne d'intérêt. C'est également une très bonne façon de réserver une chambre d'hôtel ou de voir, sur le site de l'hôtel, à quoi ressemblent les chambres. À mon sens, Internet ne remplace pas un bon livre guide, mais il en est un excellent complément.

Vivre à l'hôtel avec des enfants

Lorsque nous voyageons sur une période de plus de deux semaines avec les enfants, nous privilégions les petits hôtels ou *guest houses* de deuxième ou troisième classe opérés par des familles. Cette information est souvent spécifiée dans les livres guides et chaque fois elle nous a valu beaucoup de plaisir sur place avec nos hôtes et leurs enfants. Rien de plus touchant que de voir nos enfants fraterniser avec des enfants d'une autre culture. La barrière de la langue n'existe pas et, des deux côtés, les parents sont ravis de voir leur progéniture s'ouvrir sur le monde. Dans les villes plus peuplées, à la circulation plus dense, nous essayons de choisir des hôtels avec des jardins intérieurs. Ces havres de tranquillité et de verdure peuvent apporter un moment de répit aux enfants comme aux parents. Pendant la sieste de l'un, l'autre peut courir dehors à l'abri des voitures et de la pollution. On peut souvent y manger et l'endroit est toujours une belle alternative à l'exiguïté de la chambre d'hôtel.

Mexique, Tulum, 2000
Michel *(Rosemarie, 7 ans, et Victoria, 3 ans)*

Il vente beaucoup aujourd'hui, un peu comme hier. Rosemarie ne tenait plus en place, elle est allée se promener sur la plage avec sa maman. Je reste avec Victoria qui dort. Toute la nuit, le son des vagues nous a bercés. Quel plaisir de pouvoir voir la mer en ouvrant la porte de son bungalow! Notre réservation d'avant départ avait été bien enregistrée, notre chambre nous attendait. La chambre n'est qu'à 6 mètres de la mer. D'ici, nous pourrons surveiller les enfants efficacement et Victoria pourra faire son dodo de l'après-midi sans problème.

À peu près partout dans le monde, pour la saison de Noël et du Nouvel An, à moins de choisir d'aller défoncer l'année à Oulan-Bator en Mongolie, il est conseillé de réserver à l'avance, surtout si vous allez à la mer. Si vous arrivez sur place avant le 15 décembre, pas de problème, vous aurez largement le temps de magasiner et de trouver, mais sachez qu'avec Internet, les gens ont beaucoup plus de facilité qu'avant pour réserver et il se peut que déjà la moitié des plus beaux coins soient réservés. Alors si vous prévoyez atterrir le 22 décembre pour vous pointer sur la plage le 23 au matin et que vous espérez dénicher la perle, oubliez ça! J'ai déjà vu un couple de voyageurs arriver sur l'île de Kho Phi Phi, en Thaïlande, un 23 décembre au matin et devoir reprendre le bateau le soir même, faute de place sur l'île. À Tulum, au Mexique, en 2000, jamais nous n'aurions pu avoir un bungalow sur la plage à Noël si nous n'avions réservé avant notre départ. Encore une fois, avoir un bungalow à 500 mètres de la plage, un peu reculé dans la jungle, ne change pas grand-chose qu'on soit en couple ou seul, mais avec un enfant de 2 ans qui doit faire une sieste, qui doit aller à la toilette régulièrement et qui doit manger, c'est bien agréable d'avoir sa chambre à 20 mètres de la mer. Ajoutez à cela un autre enfant, de 5 ans celui-là, qui a un autre rythme que son petit frère ou sa petite sœur et le bungalow sur la plage devient une bénédiction. Le parent qui se charge de rester avec le plus jeune qui fait sa sieste peut lire à l'ombre en profitant du vent de la mer et si l'envie de se baigner lui prend, le conjoint est juste à 20 mètres en avant sur la plage. C'est dans tous ces petits détails et cette organisation que réside le secret d'une aventure réussie.

Inde, Jaisalmer, 2005
Victoria, 7 ans

Notre hôtel s'appelle Victoria, comme moi ! Le monsieur de l'hôtel m'a dit que j'étais la reine de la place et il me donne souvent des oranges et des peanuts ! Les trois autres messieurs sont des Népalais et ils sourient tout le temps. Notre chambre est ronde parce que nous sommes dans une tour du fort. Aussi, il y a un balcon suspendu dans le vide où il y a plein de coussins multicolores. On peut voir le beau coucher du soleil au bout du désert. Papa et maman le regardent tout le temps.

Myanmar, Nagpali, 1997
Marie-Chantal (Rosemarie, 4 ans, et Victoria, 3 mois)

Je me suis assoupie avec Victoria. Elle boit lentement, la coquine. Je crois qu'elle va dormir encore une heure. Rosemarie a passé tout ce temps avec les pêcheurs locaux à démêler les filets pleins de poissons et de crustacés étranges. Je l'entends s'exclamer d'ici. Je vois Michel sur la plage, un peu plus loin. Il écrit dans son journal. On a bien fait de changer de chambre, ce matin, même si le toit est un peu décrépi et que les toilettes font parfois défaut. La petite hutte dans la jungle était bien mignonne mais nous aurions eu l'impression d'être toujours séparés. Allaiter avec vue sur mon chum, ma fille et la mer est bien plus agréable qu'avec vue sur les bambous et les cocotiers… toute seule.

Choisir son hôtel

Il existe toutes sortes d'hôtels : des petits, des grands, des somptueux, des économiques. La question est souvent de bien déterminer ses attentes et ses besoins. Désirons-nous un petit hôtel bon marché histoire d'économiser ou un hôtel de charme avec deux chambres, une pour nous et une pour nos enfants ? Cherchons-nous un château historique acceptant des hôtes dont le restaurant sert une cuisine gastronomique réputée ? Avons-nous simplement besoin d'un hôtel standard faisant partie d'une chaîne internationale comme les *Sheraton*, *Hilton* ou *Holiday Inn*, ou le petit *guest house* tenu par une gentille famille tunisienne ?

Le prix est souvent un facteur important lors du choix d'une forme d'hébergement. Mais ce facteur est souvent conjugué à un autre, par exemple, par un facteur d'efficacité : la proximité d'un aéroport ou d'une gare, l'accessibilité à Internet ou la rapidité du service. D'autres fois, ce sera un choix lié à l'environnement ; la décision de dormir dans un château du XVIe siècle ou la situation de l'hôtel, à proximité de la mer, du centre-ville, de la gare ou des discothèques.

Il existe une classification pour les hôtels. Bien sûr, elle peut varier d'un endroit à l'autre, car certains pays sont assurément plus rigoureux

Classification des hôtels	
∗∗∗∗∗ **Hôtel 5 étoiles**	Le très grand luxe, le grand confort. L'aménagement est la plupart du temps exceptionnel et la multitude des commodités offertes va de pair avec la qualité du service.
∗∗∗∗ **Hôtel 4 étoiles**	Hôtel de première classe au confort supérieur dont l'aménagement haut de gamme est plus que soigné. Un large éventail de services et de commodités complète le tout.
∗∗∗ **Hôtel 3 étoiles**	Hôtel de classe et très confortable. Un établissement avec un aménagement de qualité offrant services et commodités.
∗∗ **Hôtel 2 étoiles**	Hôtel standard, confortable et de qualité moyenne. Les chambres sont à prix raisonnable et l'ambiance n'est pas une priorité, quoique parfois…
∗ **Hôtel 1 étoile**	Hôtel économique au confort élémentaire. Il est conforme aux normes et standards imposés mais les services peuvent être très variables.
Hôtel non classé	Hôtel économique au confort minimal avec des aménagements et des services inexistants ou très variables.

que d'autres sur ce point. Mais en règle générale, la classification en étoiles est plutôt universelle ; cinq étoiles correspondant à un hôtel de grand luxe. D'autres choisirons pourtant d'utiliser les termes ; supérieur, de luxe, première classe et standard.

Se dire que les miracles n'existent pas et qu'en règle générale on paye pour ce que l'on a est un signe de sagesse. Bien que des surprises, agréables ou désagréables, soient toujours à prévoir. Peu de surprises, cependant, du côté des établissements cinq étoiles et, aussi généralement, du côté des hôtels quatre étoiles. Dans les classes inférieures, les surprises peuvent être au rendez-vous, tout dépendant du pays visité.

Les autres types d'hébergement

L'hôtel ne constitue pas la seule possibilité de se loger en voyage. Peut-être, question de goût ou de budget, devriez-vous considérer d'autres avenues. Un séjour sur une ferme en Australie ou en Nouvelle-Zélande vous intéresse ? Une semaine à garder le bétail dans un ranch des États-Unis ou de l'Argentine vous sourit ? Vous souhaitez découvrir ce qu'est la vie dans un ashram de l'Inde ou un kibboutz d'Israël ? Vous désirez séjourner chez une famille danoise pour vous imprégner de cette culture ? Toutes ces possibilités, et bien d'autres, sont accessibles à une famille. Lisez, renseignez-vous et voyez ce qui vous convient.

Les Auberges de jeunesse

Créé en Allemagne au début du siècle pour permettre aux jeunes de découvrir le monde, le réseau international des Auberges de jeunesse (International Youth Hostel Federation) comprend aujourd'hui 4 500 auberges qui s'étendent dans 60 pays sur tous les continents. L'adhésion à cet organisme à but non lucratif ouvre l'accès à l'ensemble du réseau mondial des Auberges de jeunesse.

Traditionnellement tourné vers une clientèle de jeunes routards, le réseau des Auberges de jeunesse s'est bien diversifié depuis sa création. Beaucoup imaginent encore ce genre d'établissement comme un lieu pas très propre, avec des dortoirs remplis de lits superposés, et réservé à de jeunes « trippeux ». Il fut un temps où c'était vrai mais, aujourd'hui, oubliez le dortoir classique ; il a presque disparu pour laisser la place à des chambres de deux, quatre ou six lits avec douche et toilettes privées.

Le réseau accueille maintenant les voyageurs sans limite d'âge, individuels ou en groupe, et offre une pléiade d'activités à pratiquer sur place et s'appuyant sur les richesses locales.

Mais soyons réalistes, on ne descend pas dans une Auberge de jeunesse pour s'isoler. Ces auberges demeurent un endroit privilégié pour échanger avec des voyageurs de partout dans le monde, partis à l'aventure pour quelques semaines ou quelques mois. L'aménagement des lieux, les espaces de vie collective, tout est là pour favoriser avant tout la rencontre interculturelle. Les familles y sont les bienvenues et peuvent disposer d'une petite chambre avec salle de bain privée ou commune, selon les établissements. Vous avez aussi l'occasion de cuisiner sur place, un aspect non négligeable pour économiser temps et argent sur les sorties au restaurant. On peut même réserver son lit ou sa chambre à l'avance. Compte tenu de leurs très bas prix, ces auberges sont vite complètes, surtout en saison estivale. Il est donc prudent de réserver, lorsque c'est possible.

Les Auberges de jeunesse offrent toujours des prix abordables mais ceux-ci dépendent du coût de la vie du pays où se trouve l'établissement. Les prix peuvent donc varier d'un endroit à un autre. Au moment de l'écriture de ce livre, les prix pour le Canada étaient d'environ 25 $ la nuit, incluant le petit déjeuner, et pour l'Europe, environ 10 euros la nuitée. Les enfants de moins de 5 ans ne paient pas et il y a 50 % de réduction pour les petits aventuriers de 5 à 12 ans.

Pour pouvoir accéder au réseau, il faut être membre. On peut s'inscrire en s'adressant à l'Association des Auberges de jeunesse de son pays. Pour les Canadiens, visitez le site www.hihostels.com.

Chez l'habitant (la maison d'hôte ou **guest house***)*

On trouve beaucoup de pays où il est possible de loger dans des maisons d'hôtes ; de la Norvège à l'Italie en passant par l'Australie, la France et le Chili. Cette formule, qui ne date pas d'hier, consiste pour l'essentiel à offrir un hébergement moins commercial, plus familial, où le ou la propriétaire accepte de recevoir chez lui des hôtes payants. Le petit déjeuner est habituellement inclus mais certains peuvent ajouter des repas ou des activités comme, par exemple, la participation aux tâches de la ferme, garder le bétail, etc. Selon l'endroit, la salle de bain peut être privée ou commune, on peut vous loger dans un dortoir ou dans une petite chambre privée et les repas se prennent, la plupart du temps, avec les propriétaires. En ville, campagne, dans un petit village, autant de maisons, autant de façons d'être accueillis, autant de diversité dans les aménagements et le confort.

La maison d'hôte, ou le séjour chez l'habitant, peut être un moyen unique de rencontrer des gens du pays dans leur habitat naturel, de faire connaissance avec des gens qui vivent une vie très différente de la nôtre, tout en s'initiant à une nouvelle langue.

Il ne s'agit pas ici d'une option budget par excellence, surtout si le séjour est conjugué à une activité comme l'équitation sur un ranch aux États-Unis ou en Argentine. Le but visé est plutôt de plonger, d'une façon unique, dans la vie d'une famille du pays que vous visitez. Si vous ajoutez à cela une initiation à une activité comme le marquage du bétail ou la cueillette du thé, du café ou du tabac, si on vous propose la traite des vaches laitières au petit matin ou la garde d'un troupeau de bisons, l'expérience peut s'avérer inoubliable. Les enfants risquent de ne plus vouloir repartir.

Les B&B (ou les gîtes du passant)

Dans ce type d'établissement, les propriétaires sont sur place et offrent un service chaleureux (parfois discutable…) et de type familial. Le *Bed & Breakfast*, ou gîte du passant ou petite auberge, est en fait une grande maison ayant quelques chambres (deux à six) à louer. La famille fournit chambres et repas sur une base commerciale. Les prix sont généralement avantageux, on y fait souvent en prime de belles rencontres, puisque tous les occupants déjeunent ensemble le matin, à la même table. C'est l'endroit et le moment idéal pour s'informer sur la région, les attractions de l'endroit et les possibilités de visites ou d'excursions. L'option B&B peut s'avérer difficile pour une famille avec de très jeunes enfants qui se réveillent la nuit et qui risquent de perturber le sommeil des autres résidants. Les chambres de ces vieilles maisons sont souvent dépourvues d'isolation. Tentez le coup, vous pourrez constater assez aisément le lendemain matin, autour de la table du petit déjeuner, si vous êtes toujours les bienvenus.

La location d'un appartement

C'est l'option « camp de base ». La possibilité de louer, pour un long ou un court séjour, un appartement meublé, entièrement équipé, dans une grande ville (condo), sur le bord de la mer (villa) ou à la montagne (chalet), est une option très intéressante pour une famille qui désire partir au loin se reposer, se retrouver et se dépayser, mais qui n'a pas le désir de bourlinguer de droite à gauche à travers un pays. C'est sécurisant, plus simple que de changer de lieu tous les trois jours et ça permet d'apprendre à connaître un coin de pays en profondeur. On découvrira les alentours petit à petit, il y aura généralement peu de couchers à l'extérieur, parfois une petite excursion de trois ou quatre jours et le reste du temps sera consacré à vivre le moment présent dans un coin magnifique du monde avec en prime une nouvelle culture à découvrir.

Magasinez beaucoup… Demandez absolument à voir des photos des lieux avant de donner un dépôt. Et justement, question dépôt, mieux vaut passer par une agence bien établie qui connaît l'appartement en question et qui saura vous conseiller. En négociant le prix, ne perdez pas de vue qu'en général, le prix est établi en fonction de ce que l'on a à offrir. Cherchez-vous le *deal* du siècle ou l'appartement idéal pour un trois mois de rêve en Martinique ?

Parmi les avantages non négligeables de la location d'un appartement, il faut souligner en premier lieu la possibilité de réaliser de sérieuses économies. En famille, avec des enfants, ou bien en voyage avec des amis, la location reviendra bien moins chère qu'un séjour à l'hôtel. On peut également réaliser d'autres économies en préparant soi-même ses repas, surtout en Europe. Pour les familles avec des enfants souffrant d'allergies alimentaires, cette formule est très appropriée. On peut acheter ses produits au marché local et cuisiner soi-même. L'autre avantage de la location est l'ambiance chaleureuse que l'on ne retrouve pas souvent dans un hôtel. On a sa propre clé, on se sent chez soi. Parfois, le propriétaire ne vit pas très loin et peut devenir un allié intéressant, un ami, un bureau d'information en soi !

L'échange de maison

C'est l'option « camp de base » sans les frais de location, et souvent avec en prime la voiture du propriétaire. Un plan très intéressant. Tous les avantages cités plus haut se répètent ici. Passer par une agence reconnue est essentiel, prendre son temps pour magasiner la bonne maison dans la bonne ville. Le seul désavantage, s'il en est un, c'est que vous aurez vous aussi à laisser votre maison à vos hôtes pendant que vous êtes dans la leur. Il y a également peu de chances que vous puissiez passer plus d'un mois dans la maison. Les échanges de maison durent en général entre deux et quatre semaines. Il y a plusieurs sites Internet (vous devez être abonnés) qui peuvent vous aider à trouver la perle rare. Le très bon site québécois www.echangedemaison.com offre surtout des échanges avec la France, les sites www.intervac.com et www.homelink.ca sont réputés, et www.homexchange.com est certainement le plus international.

Le camping

En Amérique du Nord, en Europe, en Australie et en Nouvelle-Zélande, le camping est très bien implanté. Ce n'est certainement plus le parent pauvre du voyageur ou l'option rabais sans cachet. Cette formule budget par excellence est une joyeuse alternative pour prolonger son voyage ou se permettre tout simplement un séjour dans un pays où le coût de la vie est particulièrement élevé.

Aujourd'hui, l'engouement pour le camping est tel que l'aspect monétaire ne justifie plus à lui seul le choix pour une famille d'opter pour le coucher sous la tente. Pour bien des familles, il s'agit avant tout d'une autre façon de voyager et de vivre qui permet un contact privilégié avec la nature et les autres campeurs. Que vous optiez pour un emplacement dans un parc provincial ou fédéral, une réserve naturelle ou un terrain de camping privé aux abords d'une grande ville, vous avez maintenant à votre disposition des terrains de camping très bien entretenus disposant de tous les services essentiels (dans les réserves fauniques, les services sont généralement plutôt de base).

Pour un camping réussi, cependant, une bonne préparation et un équipement adéquat sont essentiels. Rien de tel pour se dégoûter à vie du camping que de partir en vitesse, mal préparé et mal équipé. Michel et moi sommes des campeurs aguerris et nous campons avec ou sans les enfants autant l'hiver à -20 °C que l'été. Voici nos recommandations.

- Un bon sac de couchage et un bon matelas de sol sont des éléments essentiels pour un camping réussi.
- Vous vous devez de bien connaître la saison, le climat et la température du pays ou du coin du monde que vous vous apprêtez à visiter. Un sac de couchage acheté à 30 $ chez *Canadian Tire* est, par exemple, nettement insuffisant pour les nuits fraîches du Québec, même en été. Peut-être en ira-t-il de même si vous

visitez la Finlande ou la Suède, ou que vous vous rendez dans les Alpes suisses. Renseignez-vous bien.

- Tout prévoir en cas de pluie. Et pas seulement pour se rendre de la tente à l'auto, mais pour pouvoir passer une journée sous la pluie à marcher dans la forêt. Il est surprenant de constater que lorsqu'on n'a pas froid et que l'on demeure au sec, une journée de pluie peut être assez agréable de par sa différence d'atmosphère.
- Il y a fort à parier qu'une famille en voyage qui opte pour le coucher sous la tente se déplacera en voiture. Je ne vois pas très bien comment il pourrait en être autrement. Comme vous aurez la voiture pour tout transporter, alors prévoyez vous équiper de vêtements adéquats, d'une tente qui ne prend pas l'eau et d'un poêle au propane qui fonctionne bien.
- Un dernier conseil… Testez tout votre matériel au moins une fois avant le grand départ.

Pour ce qui est du reste du monde, le camping n'y est pas très populaire. La raison est simple : l'hébergement y est peu cher. Vous trouverez presque toujours à vous loger pour le prix d'un terrain de camping au Canada. Qui plus est, la plupart de ces pays ne sont pas organisés comme ici pour recevoir des campeurs. Tout est possible et, si vous demandez, on vous laissera très certainement passer la nuit sur le terrain de quelqu'un ; mais question douche, toilettes ou eau courante, n'espérez rien.

Le véhicule récréatif

Voyager avec un véhicule récréatif ou une roulotte mérite d'être considéré. Se déplacer avec sa maison offre des avantages certains. Le véhicule récréatif peut en général convenir à deux couples d'amis ou à une famille avec deux ou trois enfants. Les modèles de location peuvent différer énormément de l'un à l'autre en ce qui a trait à la grosseur et aux services à bord. Les modèles plus luxueux offrent parfois une ou deux chambres séparées, des lits qui se rabattent, des espaces de rangement, la télévision, une douche et des toilettes, des réservoirs d'eau chaude et froide, le propane, une cuisinette, un réfrigérateur, les ustensiles et la vaisselle, un four à micro-ondes, l'air climatisé, un lecteur CD et DVD !

C'est une autre façon de faire et, où qu'on aille, que ce soit aux États-Unis, au Mexique, en Amérique du Sud, en Europe ou en

Afrique du Nord, on peut choisir de se réfugier dans notre havre de paix sur demande. Pour beaucoup d'inconditionnels, il s'agit presque d'une façon de vivre. Pas d'hôtel à chercher (mais attention, réserver un site dans un terrain de camping en haute saison peut s'avérer aussi laborieux que de trouver un hôtel), on cuisine soi-même (idéal pour les familles aux prises avec des allergies alimentaires), on se déplace quand on veut… Pour une famille avec enfants, cette option peut être des plus agréables et des plus sécurisantes.

Le kibboutz

Kibboutz est un mot hébreu qui désigne une exploitation agricole. C'est, par définition, « [...] une unité de peuplement dont les membres sont organisés en collectivité sur la base de la propriété commune des biens, préconisant le travail individuel, l'égalité entre tous et la coopération de tous les membres dans tous les domaines de la production, de la consommation et de l'éducation. » (Définition juridique figurant dans le *Registre des sociétés coopératives*.)

À l'heure actuelle, près de 121 000 personnes vivent dans les 269 kibboutz d'Israël. Le nombre de résidants sur un kibboutz varie de 100 membres à plus de 1 000, pour certains. Malgré une situation économique plus difficile et un certain déclin des idéaux qui ont donné vie au principe, l'institution du kibboutz demeure, de nos jours encore, le plus grand mouvement communautaire au monde.

Le volontariat est l'une des facettes du kibboutz. Tous les ans, des milliers de jeunes étrangers se portent volontaires dans les kibboutz. En échange de leur travail (culture, élevage, travail en usines, travaux communautaires), les volontaires âgés entre 18 et 35 ans, avec ou sans enfants, reçoivent de l'argent de poche et sont logés et nourris. Le choix des travaux disponibles dépend du kibboutz, de la saison, des aptitudes et compétences des volontaires, ainsi que de la durée de leur séjour. Pour le kibboutz, ces travailleurs saisonniers représentent une économie ; les volontaires, de leur côté, ont là une occasion unique de vivre une expérience inédite et de visiter l'Israël. Tout le monde y trouve son compte. Vivre quelque temps dans un kibboutz en famille est très certainement une expérience particulière. C'est aller à la rencontre de personnes de toutes nationalités, regroupées autour d'un même goût, celui de voyager, de rencontrer des gens, de donner de son temps et de demeurer sur la route en ne dépensant pas son précieux argent. C'est s'initier à un mode de vie simple où les valeurs morales, la culture, le sens des responsabilités et la protection de la nature sont très présents.

Certains kibboutz reçoivent aussi des touristes payants de tous les âges qui n'y font qu'une étape durant leur voyage en Israël. D'autres acceptent des stagiaires ou des volontaires. Il existe des programmes du genre Programme jeunesse kibboutz. Renseignez-vous sur Internet.

L'ashram

Il existe une multitude d'ashrams répartis un peu partout dans le monde (vous seriez surpris de compter le nombre d'ashrams seulement en Amérique du Nord), mais l'ashram est d'abord et avant tout indien. Évidemment, il y en a beaucoup en Inde et ils sont tous uniques de par l'enseignement du gourou ou du maître résident, ou de l'invité sur place. Cela ressemble à un monastère où l'on peut séjourner et se consacrer à l'enseignement de la méditation, du yoga, de la prière, etc.

Il est possible, pour une famille, d'y séjourner une ou deux semaines, et même six mois si vous vous impliquez dans le travail de l'ashram. Dans certains de ces lieux hautement spirituels, les enfants sont les bienvenus et des activités sont prévues pour eux. Lors d'un long voyage, un séjour dans un ashram à suivre une formation peut s'avérer une pause très agréable pour tous les membres de la famille. Mise au point importante : pour éviter les déceptions, un ashram n'est pas un endroit où l'on peut s'arrêter et flâner quelques semaines ou quelques jours et repartir après. C'est un centre d'étude dédié à un enseignement spécifique. En général, les règles sont plutôt strictes et si vous vous joignez à un groupe, vous devrez débourser un montant pour l'hébergement, la nourriture et les cours.

Étape planification : La liste de rappel

Votre planification est terminée.

Vous devriez donc savoir assez précisément :

- où vous allez (pays et même région du pays choisi) ;
- quelles sont vos dates de départ et de retour ;
- combien coûtent vos billets d'avion et quel sera votre *routing* ;

- combien d'argent vous disposez pour votre aventure et, une fois les billets d'avion payés, combien vous aurez, chaque jour, pour vivre;
- quel itinéraire vous emprunterez, détaillé au jour le jour, incluant le choix des villes ou villages visités, ainsi qu'une idée du transport que vous utiliserez sur place entre chaque ville ou village;
- si vous voyagerez en haute ou en basse saison, s'il fera chaud, très chaud, froid ou très froid, et vous avez aussi une idée de la catégorie d'hôtels dans lesquels vous descendrez;
- si vous partez avec des amis ou des parents.

Vous avez:

- acheté un ou deux livres guides concernant votre destination;
- fait des recherches sur Internet à propos de votre destination;
- parlé avec vos enfants de l'aventure qui s'en vient.

Rappelez-vous que rien n'est fixe et que tout peut changer une fois sur place, mais avec ces premières précisions vous serez à même d'entreprendre efficacement la prochaine étape, qui est celle de la préparation.

Une dernière précision importante. Il faut quelquefois aller très loin dans la planification d'une aventure pour se rendre compte que finalement, on ne retiendra pas cette option (ce pays ou cette région de pays) parce qu'après mûre réflexion, on n'a pas assez de temps pour aller si loin, ça ne vaut pas vraiment la peine, puisqu'on va manquer, faute de temps, la moitié des choses qu'on veut vraiment voir... D'autres fois, on réalisera que cette destination est assurément trop chère pour nos moyens, que pour chaque attrait touristique, chaque escapade, il faut payer le prix fort et qu'avec le même montant on pourrait passer un mois de plus dans l'autre pays, juste à côté. Plus d'une fois il m'est arrivé de planifier toute une aventure pour terminer en me disant: «Ce sera pour une prochaine fois» ou «Non, c'est carrément trop cher, pour la moitié de ce prix, il y a tel ou tel pays que je n'ai pas encore vu et qui m'intéresse tout autant», ou encore «Cette destination est trop difficile pour les enfants, attendons qu'ils vieillissent un peu». C'est comme ça que l'on précise ce que l'on veut vraiment. Savoir accepter de changer d'idée et s'adapter est un signe de sagesse.

Chapitre 2
Les préparatifs

Leur importance

Étape cruciale s'il en est une, les préparatifs, lors d'un grand voyage avec des enfants, sont aussi importants qu'une gourde d'eau dans le désert. Des préparatifs bien faits sont un gage de succès. Même si vous détestez les listes et que votre côté bohème vous pousse à préférer attendre pour voir sur place ce dont vous aurez vraiment besoin, c'était bon quand vous voyagiez seul, mais pour partir avec des enfants, faites-vous violence et assoyez-vous pour réfléchir quelques heures. Vous ne le regretterez pas.

Et si certains préparatifs comme le remplissage des sacs à dos ou des valises peuvent se faire dans la dizaine de jours qui précèdent le départ, d'autres, comme les formalités de visas et passeports, les vaccins et la préparation mentale, peuvent exiger une période beaucoup plus longue. Pensez-y à l'avance !

Les fameux bagages

Quoi apporter ?

N'emportez que ce que les membres du groupe peuvent transporter eux-mêmes. C'est une règle d'or dont la pertinence ne se dément pas de voyage en voyage. Dites-vous bien que si vous avez de la difficulté à lever vos sacs à dos à la maison pour les déplacer de la chambre à coucher au salon, il serait bien surprenant que ce soit plus facile rendus en Chine, à 11 h du soir, après 17 heures de train, alors que les enfants sont dans vos bras, morts de fatigue et que vous-mêmes n'en pouvez plus. Soyons réalistes : les taxis ne nous attendent pas toujours à la porte de l'hôtel. Parfois, aussi, marcher 300 mètres pour prendre un autre taxi que celui de l'hôtel vous permettra d'économiser la moitié du prix de la course. Vous êtes confinés à ce que vos épaules et celles de vos enfants peuvent porter et à ce que l'ensemble des mains disponibles peuvent emporter. Voici un petit truc qui peut vous aider à éliminer le superflu : une fois vos sacs à dos pleins, videz-en le contenu sur un lit et réexaminez chaque article, vous demandant pour chacun d'entre eux s'il n'est pas superflu.

Canada, Lorraine, 2004
Rosemarie, 11 ans
(à l'école, huit jours avant le départ pour l'Inde)

Je ne suis plus capable d'écouter l'oral de Mathieu et Arnaud sur les fossiles. Je pense trop à mon voyage. Je suis tout excitée et j'ai peur aussi. Ce soir, je vais remplir mon sac à dos. Il sera plus gros qu'au Sri Lanka parce que je suis plus grande maintenant. Je suis vraiment contente d'avoir ce journal, je ne peux plus m'en séparer.

Après avoir bien examiné le contenu de vos bagages pour n'emporter que l'essentiel, vous devriez aussi toujours, idéalement, garder un espace libre dans votre sac à dos ou votre valise. Vous pourrez ainsi avoir le plaisir d'acquérir quelques articles sur la route sans vous surcharger.

En terminant, voici un petit test que vous pouvez effectuer si vous êtes incertains quant au poids de votre sac à dos. Chargez-le et allez passer une journée à sillonner votre ville : prenez l'autobus, le métro, marchez jusqu'à un hôtel situé à quelques kilomètres... Vous comprendrez tout de suite si le poids de votre sac vous convient ou s'il faut réajuster.

Les sacs à dos ou les valises ?

Tout dépend d'où vous allez et de ce que vous comptez faire. La valise est, selon nous et à bien des égards, beaucoup plus agréable à utiliser que le sac à dos où l'on enfouit tout comme dans un gros sac à poubelle. Si vous allez à la mer trois semaines et que vous avez réservé un séjour tout inclus, utilisez des valises. Mais si vous désirez parcourir les sentiers montagneux de l'Himalaya ou de la cordillère des Andes, vous aurez avantage à opter pour un sac à dos, et un bon.

Le choix entre la valise et le sac à dos ne dépend pas surtout de la destination, mais davantage du nombre de déplacements et des types de transports utilisés. Vous choisissez de visiter le Costa Rica et comptez louer une voiture pour toute la durée de votre voyage ? La valise est alors parfaitement appropriée. Mais si vous comptez visiter ce même pays parfois en autobus, parfois en train, en taxi ou par le moyen qui vous tombera sous la main, choisissez absolument le sac à dos. C'est plus maniable, plus facile à transporter et vos deux mains restent libres pour les enfants. À part un séjour d'une semaine en République dominicaine, dans un « tout inclus », et un voyage en Espagne où nous avions loué une voiture, nous n'avons jamais utilisé de valises en voyage avec nos enfants.

Lorsque vous magasinerez vos sacs à dos, surveillez principalement ces deux éléments : leur confort et leur capacité (en litres). Choisissez des sacs à dos qui sont confortables pour chacun et qui s'ajustent bien à vos dos respectifs. Il y a beaucoup de différences entre les grandes marques ; prenez votre temps avant d'arrêter un choix. Assurez-vous que vos sacs épousent bien la forme du dos de celui ou de celle qui le portera, que la ceinture de taille soit large et répartisse bien le poids du sac sur les hanches. Il existe aussi, maintenant, des sacs à dos spécialement conçus pour les femmes. Magasinez !

La grandeur appropriée est aussi une caractéristique très importante dans le choix d'un bon sac à dos. Pour ce genre d'équipement, on calcule en litres : 30 litres, 40 litres, etc. D'abord et avant tout, déterminez qui portera le sac que vous achetez. Inutile d'acheter un sac à dos de 80 litres pour une femme de 55 kilos (120 livres). Elle ne pourra même pas le lever une fois celui-ci rempli. Il serait alors plus approprié d'opter pour un sac de 50 ou 60 litres. Il y a aussi maintenant des sacs à dos à roulettes qui peuvent faire double emploi : être portés sur le dos ou être traînés sur leurs roulettes, au sol, comme des valises, selon la fatigue ou la nature du terrain.

Au Myanmar, nous avions, pour quatre personnes – deux adultes et deux enfants –, un poids total de 45,5 kilos (100 livres) de bagages répartis en deux sacs à dos: un grand (80 litres), porté par Michel, et un plus petit (30 litres) que je portais. Victoria, 3 mois, était portée dans un sac ventral, ce qui constituait un troisième sac, et Rosemarie, 4 ans, devait marcher. Le petit sac de 30 litres nous servait aussi de sac fourre-tout pour les excursions durant la journée.

Nos filles ont maintenant sept ans de plus. L'hiver dernier, en Inde, Rosemarie portait un sac *North Face* 35 litres et Victoria était responsable d'un petit sac à dos *Louis Garneau* (qui lui sert habituellement de sac d'école) contenant leurs jouets et «doudous». Michel portait son sac habituel, qui l'accompagne depuis une quinzaine d'années, un *Karrimor* 60-80 litres. Ce sac est ajustable: ouvert à son maximum, c'est un 80 litres, mais refermé, il devient un sac de 60 litres. Pour ma part, j'étrennais mon tout nouveau sac à dos *Arterix* 62 litres, spécialement conçu pour le dos d'une femme. Mon vieux *Lowe Alpine* 55 litres, avec lequel j'ai voyagé pendant 14 ans, mais mal adapté pour mon petit dos, est remisé, attendant des jours meilleurs... Nous avions aussi une petite valise à roulettes qui contenait toute la pharmacie et les articles de toilette.

Il en coûte facilement 200 $, en 2006, pour un sac à dos de 40 litres de bonne qualité et entre 300 et 400 $ pour un sac à dos de 60 ou 80 litres. Pour ce qui est des marques, à partir d'un certain prix, la qualité est sensiblement la même. Le choix se fait alors en fonction des petites trouvailles que chaque marque offre sur ses sacs. Avec des marques comme *North Face*, *Arterix*, *Sierra Desing*, *Karrimor*, *Lowe Alpine* et *Osprey* sur le marché au moment de l'écriture de ce livre, vous ne pouvez pas vous tromper et vous les trouverez dans les boutiques spécialisées en plein air.

Les valises à roulettes de style «agent de bord» peuvent être extrêmement fonctionnelles et efficaces. Elles se vendent en trois grandeurs différentes et permettent de s'économiser beaucoup de peine, surtout si vous savez que votre dos est fragile et qu'il est préférable de ne pas le soumettre à des efforts prolongés. Lever un sac à dos plein et l'enfiler sur ses épaules peut s'avérer particulièrement éprouvant pour un dos fragile, alors que la valise demeure au sol, sur ses roulettes. Prenez soin de bien magasiner votre valise. La qualité existe en tout et pour tout. Le prix payé n'est pas toujours directement proportionnel à la qualité mais dans une bonne boutique où l'on vend du haut de gamme, vous trouverez un bon rapport qualité prix. Une chose est certaine, vous n'avez pas envie de voir une des roulettes de votre valise vous fausser compagnie la première semaine de votre périple de deux mois au Pérou. Pensez-y en magasinant ladite valise.

Prenez une précaution toute particulière avec les sacs à dos et même les valises lorsque vous prenez l'avion. Rien de tel qu'un séjour dans la soute à bagages pour vous abîmer un sac à dos ou une valise. Je ne sais pas ce que les préposés font avec nos bagages ou dans quel genre d'environnement ils travaillent, mais chose certaine, nos bagages en voient de toutes les couleurs. Certaines compagnies aériennes proposent des sacs en plastique pour recouvrir les sacs à dos, c'est une très bonne idée. Nous avons toujours les nôtres au cas où ils n'en auraient pas. Il existe aussi dans les aéroports de petits stands qui enveloppent les valises ou les sacs à dos d'une pellicule de cellophane. Il en coûte environ 4 ou 6 $ pour chaque bagage que vous désirez faire recouvrir et cela protège réellement vos sacs ou valises pendant le transport.

Prévoyez un sac à dos de jour (15 à 20 litres) où vous enfouirez bouteille d'eau, livre guide, crème solaire, insectifuge et appareil photo pour vos sorties journalières et vos visites de lieux touristiques. Un sac de toile vide avec un cordon coulissant (le genre de sac qui sert à ranger un sac de couchage) sera aussi des plus utiles pour y mettre le linge sale. Aussi, quelques sacs en plastique étanches de type *Ziploc* pour mettre vos rouleaux de pellicule, vos bouteilles de shampooing, etc. seront certainement utiles à quelques reprises pendant votre voyage. Prévoyez-en quelques-uns de grandeurs différentes en surplus.

Les vêtements

Nous ne parlerons pas ici du nombre idéal de petites culottes. Michel n'a jamais eu un mot à dire en ce qui concerne le nombre de petites culottes que je choisis d'emporter. Sachez seulement qu'instinctivement, on emporte toujours trop de vêtements et que, partant de ce point de vue, vous devriez considérer, une fois vos sacs à dos pleins, de couper le quart de tout ce que vous y avez enfoui. Si vous partez plus de 10 jours, vous aurez à faire du lavage de toute façon, alors inutile d'emporter quatre ou cinq rechanges, trois suffiront amplement. On trouve presque toujours sur place des services de buanderie. Souvent à l'hôtel et presque toujours dans une petite rue des alentours. Les prix peuvent varier énormément d'une place à l'autre. Il peut s'avérer pratique d'avoir avec soi une petite quantité de savon à linge. Sur la route, dans la chambre d'hôtel, vous pourrez toujours vous laver quelques paires de petites culottes ou débarrasser le pyjama de fiston du débordement de couche survenu pendant la nuit.

Le mot d'ordre pour les vêtements, en voyage, est confort, suivi de près par plaisir, c'est-à-dire choisir des vêtements confortables que l'on aime porter. Nous avons toujours voyagé avec seulement un pantalon long, un pantalon court (ou jupe), deux t-shirts, un chandail chaud et un vêtement de nuit chacun, pour les pays à climat tempéré ou chaud. Prenez le temps de bien choisir avant le départ LE pantalon et LE chandail chaud que vous apporterez parce que vous allez l'avoir sur le dos tous les jours ! De plus, choisissez des vêtements qui ne se froissent pas et qui ne retiennent pas trop l'odeur de la transpiration. Les boutiques spécialisées en plein air ou chasse et pêche sont des endroits très intéressants à visiter lorsqu'il nous manque un vêtement spécifique. Évitez à tout prix les magasins de grandes surfaces où la qualité est très loin de leurs priorités. Vous n'avez sûrement pas envie que votre unique gilet chaud s'use prématurément, que les coutures lâchent après deux semaines ou que l'odeur de transpiration fasse tourner les têtes malgré les lavages répétés.

Chine, Hong-Kong
(Kolum Panda Hotel), 1992
Michel *(Rosemarie en gestation)*

Ce matin nous avons eu droit à la lessive la plus coûteuse de l'histoire. Il nous en a coûté 135 $US pour faire laver le contenu de notre sac à dos. Nous n'avions aucunement regardé les prix de l'hôtel et, comble de naïveté, nous avons exigé le tout « express ». Pour ce prix, nous aurions pu remplacer à neuf chaque morceau de vêtement.

Sur place, nous avons toujours pris plaisir à acheter quelques vêtements, spécialement pour les enfants. Il faut donc prévoir dans les bagages l'espace pour ces achats. Au début du voyage au Sri Lanka, nos filles se sont fait faire chacune une robe soleil. Elles les ont portées tout au long du voyage. Si je devais les laver, il fallait que ce soit le soir, pour qu'elles soient sèches le lendemain matin!

Les vêtements pour femmes seulement

Parce que je suis une femme et que les formes du corps féminin peuvent choquer les gens de certaines cultures, j'apporte dans mes bagages des vêtements qui serviront à couvrir mes jambes et mes épaules. Lors de notre dernier voyage en Inde, j'ai prévu le même genre de vêtements pour ma fille de 11 ans, prépubère, en lui expliquant bien entendu pourquoi elle devait maintenant avoir ce type d'habillement en voyage. Dans les pays où la religion musulmane est présente (le Moyen-Orient, l'Inde, l'Indonésie, la Malaisie et certains pays d'Afrique et d'Europe), j'ai toujours, dans mon sac à dos, une jupe légère qui descend jusqu'aux chevilles et je prends soin de choisir des t-shirts qui ne sont pas trop moulants ou un foulard qui couvrira ma poitrine. Même dans les pays catholiques (comme le Mexique), bouddhistes (comme le Népal) ou hindouistes (comme l'île de Bali), j'apporte ce type de vêtements parce qu'ils seront indispensables pour entrer dans les temples, les églises ou les lieux sacrés. Pour savoir si vous êtes correctement vêtues et être sûres que vous n'offensez personne, regardez comment les femmes du pays sont habillées. Essayez de leur ressembler. C'est une question de respect.

Avant de partir dans un pays où la majorité est musulmane, renseignez-vous pour savoir si vous devrez obligatoirement porter la burka, le hijab, le tchador ou un voile sur votre tête en public. Mieux vaut prévoir ces vêtements, pour vous et votre fille adolescente, avant d'atterrir à l'aéroport du pays en question.

Chaussure à son pied

Les chaussures ne sont en aucune façon un point négligeable. La bonne paire de chaussures pour la bonne activité est primordiale. Généralement, en voyage, on marche beaucoup, on visite et il n'est pas rare de quitter sa chambre d'hôtel le matin pour ne rentrer qu'à la tombée du jour. Une paire de chaussures offrant un bon soutien pour les pieds diminuera de façon importante la fatigue générale du corps.

Nos filles sont toujours parties avec une bonne paire de souliers de course ainsi qu'une paire de sandales de plage. Pour le Népal, sachant que nous irions dans les montagnes, Rosemarie avait même des bottes de neige. À la fin de l'aventure, nous en avons fait cadeau à une gentille famille de Namche Bazaar. C'est l'amie népalaise de Rosemarie, de un an sa cadette, qui en a hérité. Pour les excursions de la journée, nous privilégions les chaussures fermées à velcro ou lacées plutôt que les sandales ouvertes. Nous ne nous sentons pas très à l'aise de voir les petits orteils dépasser des sandales. Les souliers de course protègent mieux des éventuels petits bouts de verre cassé ou des clous, ou de tout objet dangereux que notre enfant est susceptible de trouver sur son chemin. À la plage, cela va de soi, la sandale est de rigueur. Évitez celles en cuir, cependant. Mouillées, elles sèchent trop lentement. Privilégiez les sandales en plastique ou en néoprène. Nos filles gardent aussi régulièrement leurs sandales pour prendre leur douche dans les petits *guest houses* où l'hygiène n'est pas toujours de premier ordre. Les enfants pourront aussi les porter pour aller dans l'eau si le fond de la mer est fait de petites roches ou encore sur le sable trop chaud lorsque le soleil est à son zénith.

Les jouets et couvertures pour enfants

Vous ne devez pas considérer comme superflus les quelques jouets et la petite couverture pour dormir que votre enfant choisira d'emporter avec lui en voyage. C'est à notre avis indispensable pour l'équilibre intérieur de celui-ci. S'il est assez vieux, l'idéal est de lui remplir un petit sac qu'il pourra porter lui-même et dont il aura la responsabilité. À l'âge de 3 ans, l'enfant est assez grand pour porter un petit sac contenant ses jouets préférés. La couverture de l'enfant ou « doudou », s'il en a une, bien sûr, est un must en voyage. Mettez-vous à sa place deux minutes et vous réaliserez que ce n'est que légitime qu'on lui laisse sa couverture préférée même si, au goût de certains, elle prend un peu trop de place. Donnez-lui du temps pour choisir ses jouets, aidez-le à faire son choix. Participez avec lui à cette préparation importante qui, soit dit en passant, ne devrait pas être faite à la course, à la veille du départ.

La lecture pour tous

Tout parent qui voyage avec ses enfants devrait avoir un livre en sa possession. Compagnon de voyage indispensable des longues soirées dans la chambre, un livre choisi avec soin vous apportera beaucoup de bonheur. Prenez en considération qu'avec de jeunes enfants, on rentre tôt à la chambre. Les journées sont longues, on se lève tôt et il n'est pas rare de se retrouver dans sa chambre à 20 h le soir, à se tourner les pouces, alors que nos enfants sont endormis dans leur lit. Une semaine de ce petit train-train, ce n'est pas trop mal, mais vous trouverez les soirées bien longues pendant un voyage de trois mois ou même cinq semaines. Les livres guides sur le pays visité peuvent brûler quelques heures, mais pas plusieurs longues soirées. Un bon roman d'aventure, une nouvelle passionnante ou une biographie prenante assureront des heures heureuses. Souvent, à la maison, dans le brouhaha quotidien, la lecture est un luxe que l'on n'arrive pas à s'offrir. En voyage avec de jeunes enfants, vous êtes riches de longues soirées de lecture. Profitez-en. Mais pour ce faire, il faut choisir son livre avec soin et ne pas prendre le premier du bord, offert par un ami qui ne lit jamais, ou celui acheté dans la petite boutique de l'aéroport en attendant le prochain vol. Bouquinez votre livre de voyage avec soin. Au Sri Lanka, les trois tomes du *Seigneur des anneaux* nous ont accompagnés tout au long du voyage. Au Myanmar, Michel a lu *Guerre et paix* de Tolstoï, pendant que je me plongeais dans le monde d'Alexandre Dumas avec *Le Comte de Monte Cristo* et *Les Trois Mousquetaires*.

Un livre de lecture pour les enfants fait aussi partie intégrante de la trousse du petit voyageur. En voyage, tout va plus lentement et si, avec de jeunes enfants, la visite de lieux historiques est parfois reléguée au deuxième plan, la qualité de nos relations avec nos enfants, elle, nous absorbe tout entiers. La lecture du soir avec son enfant est un doux moment que le voyage permet de savourer à satiété. Nous avions choisi *Le Petit Prince,* de Saint-Exupéry, pour Rosemarie, 4 ans, lors de notre tour du Myanmar. Un livre d'images trop court sera vite terminé et l'enfant ne s'y intéressera pas deux fois. Mais un livre plus long, entrecoupé de petits dessins, permettra de faire durer le plaisir et donnera en même temps le minimum d'images nécessaires afin de faire en sorte que l'enfant ne se décourage pas et garde son intérêt pour l'histoire. L'enfant de 7 ans et plus devrait se choisir un petit roman juste pour lui, qu'il pourra lire tout au long de son aventure. Une fois sur place, rien ne nous empêche de lui lire des passages de son propre livre afin de le stimuler dans sa lecture.

Choisir des lectures dont l'action se passe dans le pays visité me semble une idée bien intéressante. Par exemple, lire les aventures d'*Harry Potter*, des oursons *Winnie the Pooh* et *Paddington* ou l'œuvre de Dickens pendant un voyage en Angleterre me semble très approprié, éducatif et amusant. Tout comme *Pinnochio*, *Le Luthier de Venise* ou *Léonard de Vinci & son temps* peuvent agrémenter un voyage en Italie. Dernièrement, ma fille de 12 ans a lu *Le Clan des Otori* de Lian Hearn, un roman jeunesse. Elle a adoré ce récit épique qui se passe au cœur du Japon féodal. Lorsqu'elle ira au Japon, un jour, elle se souviendra de cette lecture qui l'a touchée. Ce peut être aussi un livre qui illustre la valeur du voyage et de l'aventure… comme *Un rendez-vous avec les étoiles* (Éditions du Roseau), écrit par Michel en 2004. Les lectures peuvent nous faire voyager ou accompagner nos voyages à très peu de frais!

Myanmar, Bagan, 1998
Rosemarie, 4 ans
(elle dicte et j'écris pour elle)

Nous faisons du théâtre, moi et papa. Papa fait le personnage d'Antoine et moi, je fais le personnage du Petit Prince, drôlement bien. On joue la partie où moi je dis: «Non, non, non, celui-là, il est trop malade» et «Non, non, non, celui-là, il a des cornes, c'est un bélier» et Antoine a dit, faute de patience, parce qu'il avait hâte de réparer son moteur et de décoller son avion: «Tiens, le mouton que tu veux, il est dans la caisse!»

La poussette et le porte-bébé

Pour les nouveau-nés et les tout jeunes bébés qui ne tiennent pas encore leur tête, la poche ventrale est vraiment idéale. Elle nous a admirablement bien servi au Myanmar, avec Victoria qui avait deux mois et demi à notre départ. Installé sur notre ventre, l'enfant est très proche de nous, on le voit bien et on le sent bien, ce qui permet d'être très à l'écoute de ses besoins. Pour toutes nos visites de lieux historiques et de temples, ce fut le moyen de transport parfait pour Victoria. Avec le sac ventral, il ne faut pas oublier de prendre des pauses, qui assurent que la circulation du sang se fasse bien chez l'enfant. Le seul point négatif avec ce genre de transport, c'est qu'il fait chaud pour celui ou celle qui le porte.

Attention! Les qualités diffèrent beaucoup d'un sac à l'autre. Celui que nous avions pour le Myanmar était rembourré et il maintenait bien la tête de l'enfant. Il avait aussi un petit cache-soleil que l'on pouvait déplier et même une moustiquaire. La poche ventrale est faite de deux morceaux distincts: le harnais, que l'on se passe par-dessus les épaules, et le sac, dans lequel on met l'enfant. On relie les deux à l'aide de quatre attaches en plastique. Il est donc possible de détacher le sac du harnais et de déposer l'enfant sur un lit sans avoir à le réveiller en le sortant du sac. Une fois le petit trésor sur le dos dans son sac, il suffit d'ouvrir les velcros sur les côtés pour lui permettre de terminer sa sieste confortablement. Si vous savez que votre enfant risque de passer les deux prochains mois dans ce sac ventral, mieux vaut investir et vous en procurer un bon.

Le porte-bébé dorsal est très intéressant pour tous les déplacements sur le terrain avec de jeunes enfants. C'est un indispensable pour tous les parents qui voyagent avec un enfant entre 7 et 24 mois. Là encore, la qualité est de rigueur si vous comptez utiliser le porte-bébé journellement et sortir visiter pendant de longues heures. Le confort, ici, ne s'applique pas seulement au bébé, mais aussi au parent qui aura à porter ce sac au quotidien. Notez qu'il est recommandé de faire des pauses régulièrement, toutes les 40 à 60 minutes, afin de permettre à l'enfant de se détendre et de se dégourdir les jambes. Raison de plus s'il fait froid ou très chaud. L'idéal est encore d'alterner entre un peu de marche et le repos dans le porte-bébé.

Il faut être prudent avec l'emploi du porte-bébé. Souvenons-nous que le nourrisson ou l'enfant n'est pas encore en mesure de nous dire, autrement que par ses pleurs, que le fond de l'air lui glace le sang ou qu'il étouffe, par cette chaleur. Attention aux engelures (surtout aux oreilles), aux insolations, aux coups de chaleur et à une mauvaise circulation sanguine dans les jambes.

La poussette, dépendamment du pays visité et de la sorte de voyage envisagé, peut s'avérer un outil franchement merveilleux. Vous visitez la France ou l'Allemagne en auto, alors la poussette est sûrement l'outil à avoir avec soi. L'enfant peut y dormir, y manger même et on peut y accrocher son sac de jour. Encore une fois, cela nous renvoie à l'étape de la planification. Si vous avez choisi la Tunisie ou l'Équateur, c'est moins évident avec une poussette. Il est toujours possible de l'apporter et de la revendre sur place si elle ne convient pas. L'inconvénient, avec une poussette, c'est son volume et le fait que l'enfant qui y prend place se retrouve près du niveau du sol. L'enfant est ainsi certainement plus exposé à une circulation un peu folle, comme on en rencontre souvent en Asie, en Afrique ou en Amérique du Sud, qu'à l'abri sur vos épaules. S'il y a foule, aussi, ou que le pavage des rues est chaotique, la poussette peut s'avérer bien peu adaptée à ce genre d'endroit. Il existe maintenant des poussettes avec de grandes roues, ça peut être un bon choix.

Les accessoires et ustensiles

Il est préférable d'apporter avec vous tout l'équipement qui facilite l'absorption de la nourriture chez votre enfant: bibette, petite tasse, bol, ustensiles d'enfant, assiette favorite, bavoir, débarbouillette. Vous savez où en est votre enfant avec sa dextérité, vous savez ce qui fonctionne le mieux pour lui, apportez tout avec vous. L'idée est simplement de vous simplifier la vie sur place et d'aider votre enfant à vivre plus sereinement le moment des repas qui revient, hélas! trois fois par jour.

Les biberons

Les biberons avec les sacs jetables sont le meilleur choix pendant un voyage parce que le lait sera versé dans des sacs stérilisés et le lavage du biberon éliminé. Vous réussirez difficilement à rendre les biberons aussi stériles que ces sacs. Seule la tétine aura à être nettoyée, avec de l'eau potable et du savon à main.

Les sacs de couchage

Grande question que la suivante: devons-nous emporter avec nous des sacs de couchage? Aurons-nous vraiment besoin de sacs de couchage? Ces questions importantes vous réfèrent directement au chapitre 1, sur la planification. Malgré tout, comme je l'ai déjà mentionné, l'aventure étant, dans une certaine mesure, synonyme d'inconnu, il n'est pas facile de répondre à la question.

Fait amusant, quelques mois seulement avant la rédaction de ce chapitre, je me posais, pour ma famille et moi, cette même question. Nous nous préparions tous à partir en Inde pour un séjour de deux mois. Nous avions choisi de visiter l'Himalaya indien ainsi que le Rajasthan. Il allait faire froid, en décembre, dans l'Himalaya, c'est évident, mais jusqu'à quel point? Choisirions-nous d'opter pour des hôtels un peu plus cher où il y aurait un peu de chauffage dans les chambres ou opterions-nous pour le sac de couchage? Nous comptions passer un mois entier dans la montagne. Et si nous avions voulu pousser notre visite jusque dans les petits villages montagnards, il y aurait eu de bonnes chances qu'aucun hôtel n'ait de chauffage. Il est vrai que nous aurions pu acheter des couvertures sur place. Quatre sacs de couchage représentent une charge supplémentaire importante. Allions-nous les transporter pendant deux mois pour peut-être quatre ou cinq jours d'utilisation ? Quoi choisir ? Comme vous voyez, la question n'est pas simple.

Si vos moyens sont limités, ne prenez pas de risques et apportez tout avec vous, du moins pour les enfants. Sinon, il y aura toujours l'option B qui consistera à acheter ou louer sur place. Mais il y a des risques : celui de ne pas trouver, celui de devoir se contenter de vieux sacs de couchage de location à la propreté douteuse et, finalement, celui de se faire refiler des sacs pas assez chauds pour le climat en montagne.

Il y a aussi l'option du sac de couchage « maison », communément appelé le *meat bag* ou sac à viande. Ces sacs, de la forme et de la grandeur d'un sac de couchage, peuvent être fabriqués assez facilement avec une laine polaire 100, 200 ou 300 recouverte d'un petit nylon et cousue en un simple rectangle sur trois côtés. C'est un compromis de poids et d'espace. Beaucoup plus compacts que les sacs de couchage, ils permettront tout de même de se préserver du froid de façon plus efficace qu'avec de simples couvertures de laine, en gardant la chaleur du corps à l'intérieur d'un sac fermé sur trois côtés. Plusieurs degrés seront ainsi gagnés. Les couvertures de laine que l'on nous fournira sur place demeureront essentielles mais seront un supplément de confort. Ces sacs peuvent aussi être faits d'un simple tissu de coton, et utilisés si on a des doutes quant à la propreté des couvertures et draps fournis par les petits hôtels. Nous ne partons d'ailleurs jamais en voyage sans nos *meat bags* en coton. Ils sont coupés à la grandeur de chacun de nous pour économiser

Inde, Dharamsala, 2004
Victoria, 7 ans

Je suis partie en « trekking » dans les Himalayas pendant trois jours. Il y avait des chiens qui nous suivaient tout le temps. Pendant les nuits, c'est sûr que j'ai eu froid un peu parce que les Himalayas, c'est froid, quand même. Mais il y avait un porteur qui s'appelait Raju qui a pris soin de moi. J'ai été très courageuse et tout le monde le disait.

l'espace dans les bagages. Dans les pays à climat tropical, les petits hôtels, souvent très charmants et pittoresques, n'offrent parfois pas de literie.

De retour de l'Inde, sans avoir apporté nos sacs de couchage, voici mon bilan. Si nous avions eu juste un peu plus d'espace, les sacs de couchage nous auraient drôlement bien servis. Il a fait froid à la montagne et dans les hôtels où nous sommes descendus. Les petites chaufferettes portatives que l'on nous fournissait à l'occasion (unique source de chaleur, même au luxueux *Holiday Inn* de Manali) ne nous ont guère réchauffés. Lors du *trekking* en altitude, j'ai eu vraiment froid la nuit. Les sacs de couchage trois saisons que l'on nous a fournis, malgré le fait qu'ils aient été propres, se sont avérés insuffisants, pour moi en tout cas. Michel, de son côté, a moins souffert que moi du froid et les enfants aussi, parce qu'elles étaient habillées avec tout ce que nous avions et dormaient entre nous. Avec l'expérience, je sais maintenant que nos sacs de couchage nous auraient servi tout au long de notre séjour dans les Himalayas. À chaque hôtel, il fallait demander des couvertures supplémentaires. Même au Rajasthan, dans le désert, lors du safari à dos de dromadaires, les sacs de couchage auraient servi. L'option B, sur laquelle je comptais me replier en cas de problème, acheter ou louer sur place, n'a pas tenu. Il n'y avait rien à louer ou à vendre, à moins de prendre un *trekking* organisé avec une agence. J'avais pourtant contacté des agences et à l'office du tourisme de l'Himachal Pradesh en Inde avant le départ, qui m'avaient assurée du contraire. Comme quoi, avant d'y être allé

Inde, Manali, 2004
Rosemarie, 11 ans

Demain, c'est Noël. Papa et maman ont l'air triste, mais je crois qu'ils sont plutôt déçus. Manali était supposé être super, mais c'est vide et ordinaire. Il neige dehors en ce moment sur les belles montagnes de l'Himalaya. Il fait froid dans la chambre et il n'y a pas d'eau chaude dans la douche. On se demande si cela ne serait pas mieux de partir plus tôt pour Dharamsala. Mais pour l'instant, on va aller déjeuner, car on a tendance à prendre de mauvaises décisions l'estomac vide.

une première fois, il est toujours difficile de savoir à 100 %. C'est ça, l'aventure !

Les pays de montagne comme le Pérou, le Népal ou, encore mieux, la Suisse, disposent généralement de ce genre de matériel spécialisé, souvent laissé sur place par des expéditions achevées. De petites boutiques ou des agences d'expéditions vendent ou louent des sacs de couchage, des manteaux de duvet, des bottes de marche et tout ce qu'il faut pour se garder au chaud. Mais les pays de montagne moins touristiques, tels que le nord de l'Inde, le Tibet ou le Chili, par exemple, n'ont généralement pas ce genre de commerces.

Les cadenas

Un cadenas est bien utile pour fermer une armoire qui n'a pas de clé, un sac de voyage ou une porte de chambre d'hôtel qui n'a pas de serrure. Le prendre de préférence à chiffres, pour ceux qui perdent toujours les clés, à condition d'avoir un peu de mémoire. Un cadenas type « antivol de vélo souple » peut, en plus, vous servir à accrocher votre sac dans les trains ou les bus.

LES QUESTIONS D'ARGENT

Les chèques de voyage

Il fut un temps où le chèque de voyage était roi. Aucune autre option, outre l'argent en espèces, ne s'offrait à nous. Mais cette ère est décidément révolue. Le chèque de voyage est une espèce en voie de disparition. On l'utilise de moins en moins. Là où la carte de crédit et la carte de débit ne sont pas encore honorées, le chèque de voyage demeure l'option idéale, mais c'est vrai dans de moins en moins d'endroits sur la planète. Renseignez-vous sur le pays visité. Si vous avez le choix et que les banques du pays où vous allez acceptent les cartes de débit et de crédit, il est tout de même prudent de se munir de quelques chèques de voyage, une protection supplémentaire en cas de vol ou advenant que les guichets automatiques de la petite ville où vous séjournez n'acceptent pas votre carte étrangère. Sachez que le chèque de voyage en argent américain demeure beaucoup plus facile à changer que celui en argent canadien. Le monde entier reconnaît le dollar américain. Au Vietnam, en 1991, il nous fut impossible de changer nos chèques de voyage canadiens, aucune banque du pays ne les acceptait (sauf dans la capitale et nous avons dû attendre plusieurs heures). Je vous laisse le soin de deviner la situation dans laquelle cela nous a placés…

Les cartes de débit et cartes de crédit

Si le pays où vous vous rendez est passé à l'ère du guichet automatique, la solution carte de débit et carte de crédit est de loin la meilleure. Pas d'attente à la banque pour changer des dollars ou des chèques de voyage, pas de commission à payer à l'institution financière; on entre sa carte dans la petite fente et l'on reçoit le montant demandé en devise du pays. Plus besoin de traîner de grosses sommes d'argent sur nous, l'approvisionnement est si aisé. Vive la technologie moderne! Pour savoir si votre carte de débit sera acceptée, consultez le site Internet www.visa.com, ouvrez la fenêtre *Assistance and tips* et cliquez sur *ATM Locator*. Entrez le nom du pays et les villes (une par une) que vous visiterez. On vous donnera pour chaque ville les adresses des banques où il y a des guichets automatiques qui acceptent les cartes de débit étrangères. Notez que ce n'est pas tous les guichets ATM qui prendront votre carte de débit; seulement ceux qui affichent la mention *PLUS*,

Espagne, Grenade, 2005
Marie-Chantal

J'ai atterri à Malaga hier avec 100 euros dans mes poches, ma carte de débit et ma carte de crédit. À cause des effets du décalage horaire, j'étais debout à 5 h ce matin. Je me suis promenée un peu dans les environs et j'ai trouvé les guichets espagnols qui acceptent les cartes de débit étrangères. Ils sont faciles à repérer avec une grosse affiche ronde et orange sur laquelle il est inscrit « Euro 6000 ». Il y en a partout et les guichets sont à l'extérieur, sur le coin des rues. Nul besoin d'entrer à l'intérieur ou de faire la queue. Je peux faire des retraits en euros quand je veux et où je veux, et les instructions sont disponibles en huit langues! C'est très facile et le taux est le même que lorsque j'ai acheté mes 100 euros à ma banque.

et ce, pour la plupart des cartes de débit du Québec. Cette mention doit aussi se trouver à l'endos de votre carte. Vérifiez la vôtre. Prenez les adresses des banques en note et apportez cette liste avec vous. Vous pourrez ainsi planifier vos retraits d'argent (petits ou gros) selon votre itinéraire.

Les cartes de crédit Visa et MasterCard sont les plus répandues. Viennent ensuite, loin derrière, American Express et Diners Club. Des avances de fonds sur cartes de crédit peuvent être faites dans la plupart des grandes banques. Prenez note que la plupart des cartes de crédit chargent des intérêts à partir de la date de retrait du montant et non 30 jours plus tard. Il peut s'avérer judicieux de déposer une somme d'argent sur votre compte de carte de crédit avant le départ pour vous éviter les intérêts qui sont en général excessifs.

Un petit conseil: ici comme ailleurs, les guichets automatiques «décident» parfois de ne pas nous redonner notre carte. Et si vous êtes en voyage, il peut être assez long, voire presque impossible, de récupérer votre carte. On vous obligera peut-être à retourner dans la capitale et à attendre parfois jusqu'à une semaine pour la retrouver. En prévention, ayez une deuxième carte avec vous. Demandez à votre institution bancaire une carte de débit supplémentaire qui annule la première lorsque vous l'utilisez. De cette façon, en cas de perte ou de vol de la carte principale, vous n'aurez qu'à utiliser la carte supplémentaire le plus rapidement possible pour annuler la carte principale perdue. Plus besoin de téléphoner en catastrophe à votre banque, aux heures d'ouverture du Québec, pour annuler votre carte de débit, ni de faire un détour de

Myanmar, Bagan, 1997
Michel *(Rosemarie, 4 ans, et Victoria, 3 mois)*

Beaucoup d'inquiétude m'habitait ce matin dans l'auto qui nous transportait au Mont Popa, l'inquiétude de manquer d'argent. C'est réglé, du moins le gros du problème. Au moins, nous pourrons rester à Bagan jusqu'au 14. N'eût été de la possibilité de payer avec la carte Visa le prix du vol Bagan-Rangoon, nous aurions eu un sérieux problème de liquidités. Comme au Vietnam en 1992, ici, personne ne prend Visa, même pas l'hôtel où nous sommes descendus et qui est pourtant de première classe.

300 kilomètres pour avoir une carte neuve à la banque centrale de Bangkok (rien à y voir... ça, je peux vous le dire!).

L'argent liquide

Quelle que soit la destination, à part l'Europe, il est toujours bon d'avoir une petite quantité de dollars américains avec soi, histoire de parer à toute éventualité. Le dollar américain est presque toujours la devise la plus couramment utilisée. L'apparition de l'euro a un peu changé la donne mais il demeure que les fameux billets verts peuvent à eux seuls ouvrir des portes qui seraient autrement restées closes, ou arranger un problème apparemment insoluble. Un *backshish* (service rendu en échange d'argent) bien placé peut sauver une situation. Munissez-vous de petites coupures de 5, 10 et 20 $ pour vous faciliter la vie, advenant que vous n'ayez pas ou plus de devises locales.

> ***Vietnam, Hue, 1991***
> ***Marie-Chantal***
>
> *Nous avons beaucoup de difficulté à changer de l'argent. On doit être très prudents avec ce qui nous reste de liquidités. Et c'est difficile ici. Pour entrer à la cité impériale, il est affiché 600 dongs. Il faut ajouter un zéro pour les touristes. Il faut tout négocier, même les prix au restaurant. Ça devient épuisant à la longue. Les mendiants sont très insistants aussi; et quand tu refuses de donner, ils t'insultent ou rient dans ton dos. Pas facile...*

Vous arrivez tard dans la nuit à Nairobi, le guichet automatique est vide ou les bureaux de change sont bondés? Vos dollars américains pourront vous permettre d'attendre à demain pour changer de l'argent. En arrivant, payez le taxi en argent américain et allez vite coucher vos enfants qui sont morts de fatigue.

Les taux de change

Le taux offert par les banques du pays est souvent légèrement inférieur à celui des bureaux de change. Mais cela a tendance à changer, selon le pays visité. Il faut magasiner sur place le meilleur taux et ne jamais oublier de s'enquérir de ce que l'on demande comme commission. N'oubliez pas de prendre votre passeport avec vous, bien qu'il

Chine, Guilin, 1992
Marie-Chantal *(Rosemarie en gestation)*

On a manqué de vigilance aujourd'hui, au marché. Comme nous l'avions fait à quelques reprises déjà, nous avons changé de l'argent au noir. (Note: Ce n'était pas vraiment au noir parce que l'on changeait des F.E.C. pour des yens. En effet, au moment de notre visite, la Chine avait une monnaie spéciale pour les étrangers: les F.E.C. (Foreign Exchange Certificate) et les yens pour les Chinois. C'était bidon, puisque tous les commerçants nous remettaient notre monnaie en yens lorsque nous payions quelque chose avec des F.E.C. Nous nous retrouvions, au bout du compte, avec deux piles d'argent: des F.E.C. et des yens, que nous n'étions pas supposés posséder mais qui nous permettaient d'acheter à de petits marchands.) Donc, un charmant monsieur au sourire très sympa nous a accostés. Très sympa, oui... Monsieur était très pressé, il avait peur de se faire prendre, avons-nous cru. Il nous refile une liasse d'argent avec sur le dessus, des yens chinois, et nous demande de ne pas compter en ce lieu trop public. Quelques minutes plus tard, nous nous sommes rendu compte que l'argent du dessous était de l'argent taïwanais, bien en dessous de la valeur que nous étions supposés avoir. Monsieur sympa avait déjà filé dans les dédales du marché aux fleurs...

ne soit pas toujours exigé. Le marché noir est toujours un peu risqué et il est certain que vous faites affaire avec un groupe d'individus qui trempent dans l'illégalité. Soyez très prudents, l'arnaque est toujours possible, bien que ce ne soit pas toujours le cas. Les hôtels chics acceptent quelquefois de changer des dollars ou des chèques de voyage, mais la commission demandée est rarement à notre avantage. Avec les guichets automatiques et les achats faits par cartes de crédit, c'est votre banque qui fixe le taux, il apparaît au retour sur votre relevé. En général, il est plus avantageux pour votre compte de banque!

Les virements outre-mer

Manquer d'argent à l'étranger n'est pas une très bonne idée. Budgétez en conséquence. Si vous avez besoin d'un virement, comptez qu'il peut y avoir un délai de 12 heures à 4 jours, dépendamment du pays. *Western Union* a des agences reconnues partout dans le monde et fait ce genre de transfert à condition que vous ayez avec vous votre numéro de compte bancaire, l'adresse postale et le numéro de téléphone de votre succursale.

Vietnam, Saigon, 1991
Marie-Chantal

On a passé deux heures à la banque tout à l'heure pour changer de l'argent. Le Vietnam vient de s'ouvrir et tout ce qui concerne les touristes est compliqué et long... On sent qu'ils sont dépassés un petit peu. La patience et le sourire, de notre côté, sont indispensables, sinon on va sauter une coche...
On change 6 300 dongs pour un dollar canadien. La plus grosse coupure est de 5 000 dongs, même pas la valeur d'un dollar. 600 $ représentent environ 750 billets en dongs! Ça n'entre pas dans nos poches! Et avec tous ces zéros, le risque de faire des erreurs de calcul est grand.

Les documents et formalités

Les passeports

Lorsque l'on s'apprête à partir à l'étranger, l'étape des passeports est incontournable. En ce qui a trait aux enfants, la question ne se pose plus, on doit procurer à l'enfant son propre passeport personnel. Il n'est plus possible de simplement le faire inscrire sur celui d'un des deux parents.

L'Organisation de l'Aviation civile Internationale (OACI) recommande maintenant une politique qui exige que chaque personne qui voyage par avion ait son propre passeport. Cette politique a été mise en place afin de combattre le trafic clandestin de millions d'enfants à travers le monde – qui sont souvent vendus en esclavage – pour la prostitution enfantine ou pire. En s'assurant que tous les enfants qui voyagent détiennent leur propre passeport valide, comprenant une photographie et d'autres renseignements signalétiques, on accroît leur protection.

Techniquement, il existe cinq types de passeports canadiens. Le Bureau des passeports délivre annuellement plus de deux millions de documents de voyage, la majorité étant des passeports réguliers. Ce type de passeport représente 98 % de tous les documents de voyage émis par le bureau et il contient 24 pages. Il est remis aux citoyens canadiens qui effectuent occasionnellement des voyages d'agrément ou d'affaires. Si vous prévoyez visiter plus de 10 pays dans les 5 prochaines années, demandez le passeport pour grands voyageurs. Ce dernier contient 48 pages. Certains pays utilisent jusqu'à trois pages dans le passeport : une pour le visa, une pour l'estampe de l'entrée et une autre pour la sortie !

Au moment de l'écriture de ce livre, le droit exigé au Canada, pour l'obtention d'un passeport de 24 pages pour les personnes de 16 ans et plus, est de 85 $. Le droit d'un passeport pour les enfants de moins de 3 ans est de 20 $ et celui des enfants de 3 à 15 ans est de 35 $. La durée de validité du passeport varie selon l'âge de son détenteur, soit trois ans pour les enfants de 3 ans et moins et cinq ans pour tous les citoyens de 4 ans et plus.

Vous ne devriez pas entreprendre un voyage avec un passeport qui expirera durant votre séjour à l'étranger ou peu de temps après votre retour au Canada. De nombreux pays ne vous laisseront pas entrer si votre passeport n'est pas valide pour au moins plusieurs mois après la date de votre arrivée. Nous vous conseillons d'obtenir un nouveau passeport avant de partir afin d'éviter des ennuis.

Attention aux nouvelles spécificités. Depuis le 26 novembre 2001, tout certificat de naissance ou baptistaire du Québec délivré avant le 1er janvier 1994 ne constitue plus une preuve valide de citoyenneté canadienne aux fins d'obtention d'un passeport canadien. Vous devez désormais présenter l'un des documents suivants : un certificat de naissance délivré après le 1er janvier 1994 par le Directeur de l'état civil du Québec ou un certificat de citoyenneté canadienne.

Les visas

Un visa est un document officiel, émis par un pays étranger, qui nous autorise à entrer dans ce pays et à y séjourner. Il spécifie entre autres le temps de séjour permis (cela varie généralement entre deux semaines et six mois, tout dépendant du pays visité) et le nombre d'entrées permises. Par exemple, si vous désirez visiter l'Australie, puis faire un saut en Nouvelle-Zélande pour quelques semaines et revenir en Australie pour la fin de votre voyage, vous devez vous munir d'un visa à entrées multiples qui vous permettra d'entrer, de sortir pour gagner la Nouvelle-Zélande et d'entrer de nouveau en Australie. Mais soyons réalistes, le visa sert principalement à aller chercher quelques dollars de plus dans vos poches. C'est sa principale raison d'exister et il n'est pas près de disparaître.

Certains visas sont gratuits, d'autres payants. Certains doivent être acquis à l'avance au consulat du pays en question, d'autres s'obtiennent directement à la frontière. Certains ont des dates de validité qui courent à partir de l'émission, d'autres ont des dates qui ne commencent à courir qu'une fois le voyageur entré dans le pays. Vous ne pourrez pas tous les obtenir de chez vous avant le départ, bien que ce soit la façon la plus simple de se les procurer. Il faut donc bien étudier son parcours et s'assurer des endroits où vous pourrez vous les procurer pour ne pas perdre un temps précieux en attentes indues que vous auriez pu éviter.

Pour prolonger votre séjour dans le pays visité au-delà de la période indiquée sur le visa qui vous a été octroyé, vous devez faire une demande de prorogation. Ce ne sont pas tous les pays qui accepteront que vous prolongiez votre séjour, mais rares sont ceux qui ne vous accorderont pas au moins deux semaines supplémentaires. Selon le pays visité, comptez plusieurs heures ou même parfois une journée entière pour remplir

Myanmar, Rangoon, 1997
Michel *(Rosemarie, 4 ans, et Victoria, 3 mois)*

Hier fut une journée particulière. Marcher seul à Rangoon autour de la Sule Pagoda et me perdre dans l'administration birmane à la recherche de formulaires, de lettres de recommandation et de signatures fut toute une aventure. Une extension de visa de deux semaines m'a pris la journée. Ce fut une de ces longues journées d'attente et de négociations. Mais j'étais très calme et je pratiquais la méditation active qui consiste à toujours garder un sourire sur son visage. Ça m'a bien servi.

les formalités nécessaires, faire approuver le tout et, bien entendu, acquitter les frais. Dans la majorité des cas, on vous demandera aussi de fournir deux photos format passeport. Un bon conseil : faites-vous tirer le portrait avant de partir. Sur place, il n'est pas toujours aisé de trouver un endroit pour se faire photographier, et surtout, vous pouvez perdre bien du temps à attendre que l'on développe vos photos. Il est également possible que l'on demande à voir votre billet de retour avant d'émettre la prorogation. La réglementation concernant les visas change régulièrement ; aussi est-il préférable de vérifier auprès de votre agence de voyages, de l'ambassade ou du consulat du pays concerné.

Passer la frontière

Lorsque l'on passe une frontière, il est toujours conseillé de se présenter sous son meilleur jour. Après, vous ferez bien ce que vous voudrez. Sans aller jusqu'au port de la cravate, mieux vaut s'éviter tout retard ou emmerdement dû à notre allure trop négligée. Les douaniers et policiers qui contrôlent les frontières sont en général des gens très conservateurs qui entendent peu à rigoler. Ils suspectent davantage les gens qui ont un habillement négligé ou sale. Mieux vaut ne pas leur donner prise à une vérification spontanée qui vous fera rater votre prochain vol ou votre prochain autobus. Ils ont tous les droits, ce sont eux qui vous acceptent dans leur pays.

Évitez absolument de photographier tout poste frontalier ou tout endroit où les passeports et visas sont vérifiés. Vous pourriez avoir de graves problèmes. On rigole de moins en moins avec la sécurité.

Le parent solo

Si vous comptez partir seul à l'étranger avec votre enfant (même aux États-Unis), sans l'autre parent, vous devez, en plus de son passeport personnel, avoir une lettre notariée signée par l'autre parent et spécifiant qu'il vous autorise à sortir du pays avec son enfant. Avec la hausse des enlèvements d'enfants, on ne rigole plus sur ce sujet.

Le Mexique a d'ailleurs une politique très stricte sur la question. À l'aéroport de Dorval, en 1999, on m'a fait attendre 50 minutes avec mes filles dans un bureau pendant que l'on vérifiait ma lettre notariée, qui était supposée faciliter le passage des douanes sans mon conjoint. Nous avons presque manqué notre vol ! Ne faites pas comme moi… arrivez très tôt à l'aéroport si vous voyagez dans ces conditions.

Les enfants qui voyagent seuls

Plus de 60 000 enfants âgés entre 5 et 17 ans voyagent chaque année sur les ailes d'*Air Canada* sans leurs parents ou un adulte qu'ils connaissent. Aux États-Unis seulement, il y en a six fois plus !

> **Dans l'avion vers Chicago, 2005**
> **Rosemarie, 12 ans**
> (échange bilingue)
>
> L'avion vient de décoller et je suis déjà dans les nuages. On dirait que j'ai un gros nuage dans ma tête aussi. D'habitude, ça ne me stresse pas l'avion, mais là, c'est différent parce que papa et maman ne sont pas là. Dans quelques minutes je ne verrai plus Montréal. L'agente de bord est très gentille avec moi, ça me soulage. J'ai hâte de voir Tom et Jessica. À moi, Chicago !

La plupart des compagnies aériennes majeures de ce monde offrent le service d'accompagnement des petits voyageurs. Il est communément appelé UM, pour Unaccompanied Minor. Vous êtes d'ailleurs obligés de prendre ce service si votre enfant a entre 5 et 11 ans et qu'il voyage sans un accompagnateur de 16 ans et plus. Il faut en faire la demande en arrivant au comptoir de votre compagnie aérienne, à l'aéroport. Des frais de 40 à 60 $CA seront exigés par vol, selon la compagnie que vous aurez choisie. On vous demandera aussi une lettre (non notariée) signée par les deux parents et autorisant votre enfant à voyager sans vous, ainsi que le nom, l'adresse et le numéro de téléphone de la personne que vous avez désignée pour l'accueillir à destination. Cette dernière devra fournir une carte d'identité sur laquelle on peut voir son adresse et sa photo pour partir avec votre petit chéri.

Le service est aussi offert aux jeunes entre 12 et 17 ans, mais il n'est pas obligatoire. Il est préférable d'apporter un document qui officialise l'âge de votre adolescent qui approche sa majorité et qui désire prendre le service d'accompagnement. Au-delà de 17 ans, il n'est pas possible d'avoir ce service, sauf pour les voyageurs handicapés physiquement.

États-Unis, Chicago, 2005
Rosemarie, 12 ans *(échange bilingue)*

J'ai dormi au rez-de-chaussée cette nuit. C'était plus confortable pour moi. Jessica m'a fait un massage pour m'aider à dormir. Elle est vraiment gentille. Elle remplace un peu maman et ça me relaxe. Je suis très fatiguée parce que je cherche toujours mes mots en anglais. Maman m'a écrit un courriel et elle me dit que c'est normal que je sois très fatiguée, mes neurones fonctionnent à 200 milles à l'heure!

Un petit voyageur qui prend le service d'accompagnement sera pris en charge dès son arrivée au comptoir de la compagnie aérienne. Son passeport, son billet d'avion, sa carte d'embarquement, sa preuve de paiement pour le service d'accompagnement, les coordonnées de la personne qui l'accueillera à destination et la lettre signée de ses parents, seront dans une enveloppe très bien identifiée que les accompagnateurs de la compagnie aérienne se passeront à chaque changement. On lui remettra aussi une carte qu'il portera au cou (ou une casquette) jusqu'à ce qu'il soit arrivé. Un employé de la compagnie aérienne le conduira jusque dans l'avion, un agent de bord prendra soin de lui pendant le vol et le remettra à un autre employé à destination pour conduire votre enfant à travers les dédales de l'aéroport pour trouver ses bagages et passer les douanes. Ensuite, ce même employé de la compagnie vérifiera l'identité de la personne que vous avez désignée pour accueillir votre trésor… avec un grand sourire et un câlin!

Le permis de conduire international

Si vous prévoyez conduire en pays étranger, le permis de conduire international (PCI) est fortement recommandé. Tant qu'il n'arrive rien, ce petit document est d'une parfaite inutilité, mais advenant un accident, il peut vous épargner bien des ennuis. Dans certains pays, en cas d'accident, le conducteur du véhicule est détenu et interrogé par la police, même s'il n'y a eu qu'un simple accrochage. Souvenez-vous que votre condition de touriste, donc de personne bien nantie, joue parfois en votre défaveur. Pour un policier qui gagne l'équivalent de 50 $CA par mois, la tentation de vous extirper quelques centaines de dollars parce que vous n'avez pas les bons papiers peut parfois être irrésistible.

Le PCI ne peut être utilisé qu'à l'extérieur de l'Amérique du Nord et il est émis au Canada par l'Association Canadienne des Automobilistes (CAA). Ce permis de conduire est valide dans tous les pays signataires de la convention de 1949 de l'ONU sur la circulation routière. Même s'ils ne sont pas signataires, presque tous les pays du monde reconnaissent le PCI et l'acceptent sur leur territoire.

Pour obtenir un PCI, le demandeur doit être âgé de plus de 18 ans, posséder un permis de conduire canadien valide, remplir le formulaire disponible au CAA, fournir deux photos format passeport (vous pouvez vous faire photographier sur place moyennant un supplément de 8 $) et acquitter les frais de 15 $CA (montant exigé à la date d'écriture du livre). Pour plus de renseignements, consultez le site Web www.caa.ca ou téléphonez au CAA de votre localité.

Les précautions en cas de perte ou de vol

Pour ceux qui l'ont vécu, se retrouver à l'étranger sans valises, sans argent et sans passeport est une expérience hautement traumatisante. Surtout si aucune disposition n'a été prise pour faciliter les choses, advenant un problème majeur. Si on est bien préparé, le vol ou l'action de se faire voler devient une expérience désagréable, tout au plus. Cela nous cause quelques soucis et nous fait perdre du temps, mais ne nous traumatise pas.

Pour tous nos voyages, même les plus courts, nous procédons de la façon suivante : nous photocopions la première page de nos passeports et nous inscrivons à l'endos tous les numéros importants : cartes de crédit, chèques de voyage, permis de conduire, assurance maladie, passeports des enfants, police d'assurance voyage, téléphone des personnes à joindre en cas de problèmes majeurs, ainsi que tous les numéros de téléphone pour assistance 24 heures en cas d'urgence causée par une hospitalisation, la perte ou le vol de vos cartes, de vos chèques de voyage ou de vos effets personnels. Absolument tous les numéros importants doivent être en votre possession. Nous photocopions ensuite cette feuille cinq ou six fois, nous en prenons chacun une copie que nous portons en tout temps sur nous et nous cachons les autres un peu partout dans nos bagages.

En prenant ces précautions, advenant un vol ou une perte, il vous restera toujours, quelque part, au moins une copie de tous vos numéros importants. Il vous suffit alors de tout annuler et d'attendre les nouveaux papiers. Ça ne rend pas la chose agréable, mais ça élimine le stress de devoir courir après tous ces numéros et de ne pas savoir où appeler et quoi faire. En une heure et quelques coups de téléphone, vous pouvez au moins vous assurer que vos cartes de crédit et de débit sont annulées, que votre argent est en sécurité et que votre nouveau passeport sera disponible sous peu.

Attention ! Ce n'est pas suffisant d'avoir en votre possession les numéros de vos différentes cartes, il faut avoir aussi les bons numéros de téléphone, pour chaque carte, que vous pourrez composer en cas de perte ou de vol.

La ceinture de taille que l'on glisse sous les vêtements est encore et toujours la meilleure façon de porter argent et documents importants. Ne jamais, jamais laisser un document officiel ou une somme d'argent importante dans une poche ou votre petit sac à dos de jour.

En cas de vol, le rapport de police est souvent exigé par les compagnies d'assurance. Vous devez prendre le temps de faire remplir ce papier qui peut s'avérer essentiel, au retour, si vous songez à être indemnisés.

Les réservations d'hôtel avant le départ

Il est toujours agréable de savoir dans quel hôtel on va descendre à sa descente d'avion. Bien entendu, parfois l'on aime bien attendre pour voir sur place si on appliquera le plan A, B ou C. Mais, par expérience, la plupart du temps, cela s'est retourné contre nous et nous a fait vivre un épisode de stress dont nous aurions préféré nous passer. Considérez absolument réserver si vous comptez débarquer dans une ville inconnue après un long vol de plus de 10 heures, ou si vous arrivez de nuit ou en pleine période de fête ou de carnaval. Les gens voyagent de plus en plus et il n'est plus rare de voir des villes comme Dublin, Dakar ou Delhi avec un taux d'occupation hôtelier frisant les 90 %.

Pour plusieurs pays, particulièrement des pays comme la France et l'Italie, si vous comptez voyager en pleine saison touristique, vous devriez envisager de réserver une bonne partie de votre hébergement avant le départ. Si vous pouvez, sans sourciller, vous voir reléguer aux

Inde, Delhi, 2004
Marie-Chantal *(Rosemarie, 11 ans, et Victoria, 7 ans)*

[...] [Malgré] la fatigue, l'excitation était grande à mon arrivée à Delhi à 23 h 30, heure locale. Sans réservation, nous avons dû parcourir en taxi, avec un chauffeur excédé et pas très sympa, cette immense ville pendant au moins trois heures pour trouver une chambre libre. Nous nous sommes retrouvés à l'Intercontinental à 2 h du matin dans la suite présidentielle avec trois salles de bain. On nous l'a laissée à 350 $ plutôt que 1000 $. C'était pas prévu dans notre budget... mais nous étions épuisés et les filles ne tenaient plus debout. Demain matin, on quitte pour Nainital. On va au moins profiter du buffet déjeuner inclus avant de partir. Bon, allons nous coucher dans... des draps de satin!

« restants », souvent loin des centres d'attractions ou dans une chambre minable sans fenêtres, la chose importe moins. Mais si vous souhaitez séjourner dans tel petit château dont la vue est imprenable ou telle auberge accueillante et admirablement bien située dans tel arrondissement, je vous recommande de réserver plusieurs jours, voire plusieurs semaines à l'avance. Qui plus est, si vous avez prévu un tour de la

Sri Lanka, Hikkaduwa, 2002
Michel *(Rosemarie, 9 ans, et Victoria, 5 ans)*

Nous y voilà, Hikkaduwa, de retour à notre point de départ. Dernière étape probable avant notre retour au Canada dans quelques jours. Étrangement, les enfants sont très heureuses d'être de retour ici. Elles connaissent les lieux et s'y sentent très à l'aise. Elles ont repris leurs aises en 30 minutes. Je crois que, pour elles, ça boucle en quelque sorte le voyage. Une chambre réservée d'avance nous attendait, sinon tout aurait été plein. Il y a foule maintenant.

Toscane (Italie) avec un plan dont vous n'escomptez pas déroger et que, de surcroît, vous voyagez en été, je vous recommande de réserver 70 % de votre hébergement.

Il est aussi parfaitement possible de réserver au fur et à mesure de votre voyage, selon le déroulement des plans. Dans beaucoup de lieux d'hébergement, une réservation effectuée trois ou quatre jours à l'avance par téléphone ou Internet sera amplement suffisante.

La réservation des sièges et du couffin dans l'avion

Pourquoi réserver à l'avance son siège dans l'avion? Tout simplement pour se faciliter la vie à bord et rendre son déplacement plus agréable. Ce n'est pas une obligation, mais un choix judicieux d'emplacement peut influer sur l'humeur et le sourire de tous, surtout sur les longs vols de 8, 10 ou 12 heures. Cette réservation peut être faite plusieurs semaines et quelquefois plusieurs mois à l'avance. Question sièges, les enfants vont parfois apprécier être assis près d'un hublot, certains adultes plus nerveux tout autant.

Il est aussi bien plaisant d'être assis tous ensemble si on voyage en famille. Nous préférons toujours la rangée du milieu avec les deux allées de chaque côté (quatre ou cinq sièges d'affilée dans les gros transporteurs) lors des longs vols. On peut alors permuter si les enfants veulent jouer avec un parent, les séparer s'il y a une dispute, s'asseoir côte à côte pour un jeu spécifique ou pour se faire gratter le dos! Aussi, si vous pouvez avoir la première rangée de la section, face à la cloison, ce qui est souvent appelé dans le jargon aéroportuaire le *bulkhead*, vous aurez plus de facilité à vous lever sans déranger les enfants qui dorment. En avion avec des enfants, on doit se lever très souvent... Cette rangée est d'ailleurs souvent réservée pour les familles.

C'est dans les premières rangées de section que l'on vous placera d'ailleurs si vous réservez un couffin. Ces petits lits d'environ 70 centimètres de long et 40 centimètres de large sont fournis avec un matelas et ils ressemblent à une boîte rectangulaire sans couvercle. Le couffin s'accroche au mur devant vous avec deux points d'ancrage. Ils sont, la plupart du temps, offerts gratuitement pour les bébés de moins de 8, 10 ou 14 mois, selon les compagnies, parce qu'ils n'ont pas tous des ancrages de même résistance. Au lieu de parler d'âge, demandez quel est le poids maximal pour le couffin, ce sera plus précis et sûrement plus sécuritaire.

Lors d'un vol entre Singapour et Helsinki, j'ai vu un agent de bord accepter d'installer un couffin pour un enfant qui approchait certainement 2 ans. Il avait tout simplement vérifié si ses jambes ne dépassaient pas du lit. Je n'aurais pas été très rassurée à la place du parent… En cas de turbulences, on vous demandera de prendre votre enfant dans vos bras… même s'il dort et même si un filet recouvre le couffin. Ce filet de plastique s'attache solidement sur deux côtés. On vous demandera de le laisser en permanence par-dessus votre enfant qui dort (il le protège contre les turbulences soudaines et imprévues) mais ce n'est pas une protection suffisante si l'avion entrait dans une « poche d'air ». Dès que la consigne d'attacher les ceintures de sécurité apparaîtra, vous devrez prendre votre bébé dans vos bras. En route vers le Myanmar, sur un vol de 10 heures sans turbulences, Victoria, du haut de ses 2 mois et demi, a dormi dans sa petite « cage » tout le vol. Je ne la sortais de là que pour l'allaiter et lui faire des risettes. Ça a été très facile !

Pour ceux qui ont de grandes jambes, un siège près de l'allée peut être nécessaire, par contre, pour de jeunes enfants, c'est un peu plus dangereux à cause du va-et-vient des passagers et particulièrement des chariots en métal qui contiennent la nourriture et les rafraîchissements. Attention aux petits bras ou aux petits pieds qui dépassent. Lors d'un déplacement vers Toronto, j'ai vu le coin de métal d'un de ces chariots percuter le genou d'un homme assis à côté de moi près de l'allée. Le cri de douleur de l'homme fut assez explicite. Je suis persuadée que le lendemain, il devait avoir beaucoup de difficulté à marcher. Je crois que pour un jeune enfant, la chose aurait pu être beaucoup plus grave.

Nous privilégions également toujours les sièges situés à l'avant de l'avion par opposition à l'arrière. L'air y est plus sain, la nourriture nous arrive en premier et on est sortis plus rapidement de l'avion à destination.

Voyager pendant la période scolaire

La plupart de nos voyages avec les enfants se sont faits en décembre, janvier et février. Notre voyage en Inde avec les filles, en 2004-2005, s'est étendu sur huit semaines, mais celles-ci n'ont manqué que cinq semaines d'école à cause du long congé des fêtes de Noël et du jour de l'An. Rosemarie était en sixième année du primaire et Victoria, en deuxième.

Lorsque nous planifions de voyager pendant la période scolaire, nous sensibilisons les enseignants environ deux mois à l'avance. Lors d'une rencontre privée, nous expliquons l'aventure que nous nous apprêtons à vivre et nous demandons leur collaboration. Ils nous l'ont toujours donnée. Pour chaque voyage, nous avons reçu beaucoup de soutien de la part des enseignants qui nous ont préparé un dossier avec la matière à couvrir en mathématiques et en français (l'apprentissage et la pratique de l'anglais, si cette matière fait partie du programme scolaire, se fait naturellement pendant le voyage). Nous partons alors avec le matériel proposé, des photocopies des pages des livres d'étude recommandées pour cette période et nous faisons la classe à nos filles sur la route. Michel s'occupe des maths et moi, du français, nos matières fortes respectives ! Nous profitons des matinées tranquilles à l'hôtel ou des déplacements en train ou en autobus pour travailler. En moyenne, nous faisons la classe deux à trois heures tous les deux ou trois jours et réussissons à couvrir la matière et la pratique dans les cahiers. De plus, nos enfants se doivent d'écrire une page tous les jours dans leur journal de bord, racontant leur journée, et lire pendant 15 à 20 minutes tous les soirs avant de dormir.

Au retour, avec une projection de diapositives à l'appui, les filles font un exposé oral d'une heure devant leur classe (cet exposé est souvent noté comme un examen pour remplacer les exposés oraux qu'elles n'ont pas faits à cause de leur absence). Nous prenons environ deux à trois semaines pour les aider à se préparer. En revenant du Sri Lanka, en 2002, Victoria a parlé devant sa classe de maternelle pendant près d'une heure et demie, en terminant avec une dégustation de thé sucré de Ceylan ! Pendant la présentation, elles racontent évidemment leur voyage et elles choisissent quelques thèmes sur lesquels elles vont élaborer, avec démonstrations ou objets à l'appui : mes filles ont parlé, dans leurs classes respectives, du bouddhisme, de la pauvreté, de la réalité des enfants esclaves, de l'exode des Tibétains, du soin des dromadaires, de la fabrication des cigares birmans, de l'art du batik, de la ponte des tortues de mer, des pierres précieuses (spécialité de Victoria !), des victimes du tsunami, du mont Everest, etc.

Au retour de notre voyage en Inde, les filles avaient manqué la presque totalité de la deuxième étape à l'école. Elles sont revenues en classe au début de février et ont fait leurs examens avec les autres enfants. Les notes de leur deuxième bulletin étaient très satisfaisantes et tout à fait semblables à celles du premier bulletin. Nous étions tous très contents de ces résultats et du travail scolaire que nous avions accompli ensemble pendant notre aventure indienne.

Nous faisons très certainement partie de cette catégorie de parents qui croient qu'une grande aventure égale absolument en apprentissage et en expérience de vie les semaines ou les mois d'enseignement scolaire manqués. Nous sommes même prêts à accepter une certaine baisse dans les résultats scolaires de nos enfants pour leur donner la chance de vivre ces moments de vie inoubliables. Et nous devons avouer que les enseignants et directeurs d'école à qui nous avons dû justifier l'absence de nos enfants, nous ont tous dit, sans exception, la même chose, à savoir que l'aventure que nous nous apprêtions à vivre valait le coup, même si un retard scolaire devait être comblé au retour.

Tant que les enfants sont en âge de fréquenter l'école primaire, que leur absence ne dépasse pas une dizaine de semaines (la durée d'une étape) et qu'ils étudient sur la route, nous croyons qu'il n'y a pas de problèmes. Avec l'entrée au secondaire, cependant, les choses peuvent changer. C'est du moins ce que l'on nous dit. L'apprentissage est plus exigeant et l'enfant, s'il a pris trop de retard, peut éprouver de grandes difficultés à réintégrer le programme après une longue absence. Il faut aussi discuter avec plus de monde. Les enseignants sont plus nombreux à convaincre, la collaboration n'ira peut-être pas toujours de soi et la matière est définitivement plus ardue à enseigner pour les parents. Certains directeurs d'école vont refuser une absence prolongée. Vous devrez être plus persuasifs ou attendre le congé estival pour partir avec vos adolescents.

Tout prévoir pour demeurer en bonne santé !

L'examen médical

Une personne bien informée en vaut deux, une personne bien informée et bien préparée en vaut trois. Plus on est de fous, plus on rit ! Et, croyez-moi, côté santé, on aime mieux en rire qu'en pleurer !

Toute la famille devrait passer un examen médical avant d'entreprendre une grande aventure. Vous devriez tous, dans un deuxième temps, faire une visite chez le dentiste. Croyez-moi, vous ne voulez pas avoir mal aux dents en voyage. Prévention, prévention, prévention !

Les premiers soins

Il existe plusieurs sortes de pansements en vente dans nos pharmacies. Pour les petits bobos, nous utilisons des pansements autocollants en tissu flexible (de type *Elastoplast* ou *Band Aid*). Nous apportons aussi de la maison des compresses stériles pour nettoyer ou couvrir une plaie. Nous n'apportons que les compresses de grand format, que nous coupons en deux au besoin. N'oubliez pas, donc, d'apporter un petit ciseau et du ruban adhésif pour les tenir en place sur la peau. N'oubliez pas d'apporter également quelques pansements ophtalmiques, un bandage élastique avec les attaches, un tube d'onguent antibiotique (de type *Polysporin*), une petite bouteille de peroxyde et de l'iode.

Les antibiotiques

Un antibiotique est une substance qui altère le fonctionnement normal des bactéries (rappelons que les bactéries sont des organismes vivants). Les antibiotiques servent à traiter différentes infections bactériennes – des infections potentiellement mortelles comme la méningite, aux problèmes plus répandus comme l'acné, la cystite et l'infection streptococcique de la gorge. Cela dit, les antibiotiques ne contribuent pas à guérir des maladies causées par un virus comme le rhume ou la grippe.

Nous nous munissons toujours de deux ordonnances d'antibiotiques à large spectre avant de partir. Un antibiotique qui couvre les infections pour la partie supérieure du corps (otite, sinusite, laryngite, pharyngite, bronchite, etc.) et un autre qui soigne la partie inférieure (cystite et

Inde, Rishikesh, 2004
Marie-Chantal (Rosemarie, 11 ans, et Victoria, 7 ans)

De Choukori on s'est dirigés vers Rishikesh, où nous sommes en ce moment. Nous avons pris 20 heures de voiture pour nous rendre, par une route complètement défoncée, à flanc de montagne. On a fait ça en deux jours avec notre chauffeur, Mohinder. C'est magnifique de voir Rosemarie découvrir le mouvement hippie à Rishikesh. Cette ville, centre planétaire du yoga, de la méditation et des faux gourous, est remplie de hippies!!! Rosemarie, notre chère préado, est très attirée par les vêtements «freak» que portent les «westerners». Hier soir, peu de temps après notre arrivée, nous avons assisté en plein air à des chants religieux, mantras et prières dédiés à Shiva, qui flottait sur le Gange. C'était très beau! Rishikesh est tout de même exceptionnel par sa spiritualité. On sent qu'il y a ici une réelle recherche vers cet autre chose... Nous sommes tous en très bonne santé. On mange indien... ça va bien.

maladies reliées aux intestins). Nous consulterons un médecin sur place avant de donner quoi que ce soit à notre enfant, pour confirmer nos doutes.

Si vous vous savez fragiles face à une sorte d'infection, comme par exemple les cystites, prévoyez un antibiotique spécifiquement pour ce problème.

Les capsules de yogourt

Avant de partir et pendant le voyage, il est possible, avec les capsules de yogourt, de préparer, normaliser et stabiliser les flores intestinales de toute la famille. La flore intestinale est une barrière de protection et si elle est fragilisée par des bactéries que vous avez contractées dans l'eau ou par la nourriture (et c'est assez fréquent en voyage) ou par la prise d'antibiotiques, elle laissera des maladies plus graves pénétrer dans votre organisme. Une flore intestinale en santé rend les intestins beaucoup moins vulnérables aux diarrhées et à toutes sortes de maladies comme la polio, qui ont l'intestin pour site de développement.

Les capsules de yogourt doivent habituellement se conserver au frigo, mais la marque *Adrien Gagnon* propose des capsules de yogourt « Formule Voyage » qui n'ont pas besoin d'être réfrigérées. Le produit est par contre plus cher. Je vous conseille d'apporter ce produit pour la prévention sur la route, mais pour la semaine avant le départ, vous pouvez vous procurer des capsules moins chères à conserver au frigo. Dans chaque capsule, il y a des milliards d'organismes vivants (ou culture bactérienne) bénéfiques pour notre système intestinal.

Posologie

Pour tous les voyageurs de plus de 2 ans, je vous recommande de prendre trois capsules par jour après les repas, pendant toute la semaine précédant le départ. Ensuite, pendant tout votre séjour, prenez tous une capsule par jour, après avoir mangé :

- pour les enfants âgés entre 2 et 6 ans : capsules contenant 1 milliard d'organismes ;
- pour les enfants âgés entre 7 et 15 ans : capsules contenant 2 milliards d'organismes ;
- pour les 15 ans et plus : capsules contenant de 2 à 4 milliards d'organismes.

Le charbon végétal activé

Pour réagir rapidement contre les intoxications dues aux aliments ou à un produit chimique, je vous recommande d'avoir dans vos bagages du charbon végétal activé. C'est probablement ce que l'on donnera à votre enfant s'il va à l'hôpital, mais plus ce produit est administré rapidement, plus il est efficace. Le charbon végétal activé en capsule est vendu en pharmacie dans la section des produits naturels, en concentration 170 mg.

> **Inde, Nainital, 2004**
> **Victoria, 7 ans**
>
> *Aujourd'hui c'est le 13 décembre et je suis malade. J'ai vomi toute la nuit et maintenant, c'est ma sœur. Même si je suis malade, j'aimerais manger une poutine, pas du « aloo gobi ».*

C'est un produit de la nature qui a la propriété d'absorber, dans l'estomac, les médicaments, les additifs alimentaires, les gaz, les détergents et les solvants organiques, et qui est ensuite évacué par l'intestin. Il est aussi très efficace contre les empoisonnements alimentaires de tous genres et soulage les personnes atteintes de gastro-entérite ou de gastrite.

Selon l'Institut national de santé publique du Québec (INSPQ), le charbon végétal activé peut réduire les effets de l'absorption d'une substance toxique jusqu'à 75 % s'il est administré moins d'une heure après son ingestion.

Les allergies soudaines

Aucun membre de ma famille n'a d'allergies. Toutefois, j'ai toujours apporté dans notre trousse médicale une petite bouteille de *Benadryl*. Ce médicament réduit très rapidement les symptômes d'allergies de toutes sortes. Les enfants sont curieux et touchent à d'innombrables choses pendant leur voyage. Les réactions allergiques cutanées ne sont pas choses rares. Une petite dose de *Benadryl* diminue les enflures inquiétantes dues à des piqûres d'insectes ou à un contact avec certains végétaux, animaux ou coraux venimeux. Si le *Benadryl* a fait disparaître les symptômes, vous éviterez une visite chez le médecin et vous serez bien contents!

Les médicaments contre la diarrhée

Si vous ou votre enfant souffrez de diarrhée en voyage sans qu'il y ait d'autres symptômes inquiétants, il n'y a pas grand-chose à faire, sauf ajuster l'alimentation pour réduire les inconforts (voir chap. 4, «La diarrhée», p. 247). Pour un voyage de un mois, il n'est pas rare d'avoir deux ou trois épisodes de diarrhée, mais vous pouvez réduire ce nombre si vous avez pris des capsules de yogourt. En cas de diarrhée, donc, mieux vaut avoir les bons remèdes dans votre trousse. Procurez-vous *Imodium* pour les personnes de 12 ans et plus. *Imodium* n'est pas disponible en version pour enfants, mais vous pouvez couper en 2 la dose adulte pour les enfants âgés entre 7 et 11 ans. Apportez *Kaopectate* (malheureusement disponible en liquide seulement, donc plus lourd dans les bagages…) pour les bambins de moins de 7 ans.

Les comprimés à croquer *Pepto Bismol* peuvent aussi soulager plusieurs inconforts reliés à la diarrhée. La bouteille rose est facilement reconnaissable et les comprimés sont bons pour toute la famille aux doses indiquées sur la bouteille. Les enfants âgés entre 2 et 9 ans peuvent prendre un demi-comprimé à croquer au lieu du *Pepto Bismol* liquide recommandé sur l'emballage. La bouteille du *Pepto Bismol* liquide est plus lourde et plus volumineuse pour les bagages.

Si votre enfant présente des symptômes de déshydratation parce qu'il perd beaucoup de fluide dû à une diarrhée, il faudra l'aider à se réhydrater. Apportez avec vous des sachets *Gastrolyte* en poudre. Vous n'avez qu'à verser 1 sachet dans 250 ml d'eau. Assurez-vous d'avoir dans vos bagages une tasse à mesurer en plastique pour les posologies des médicaments comme le *Gastrolyte.*

Les seringues

Nous apportons toujours deux seringues stériles avec nous (avec des aiguilles pour utilisation sous-cutanée et intramusculaire) dans notre trousse de premiers soins. Quoi qu'il arrive, nous aurons toujours la possibilité de les utiliser advenant un cas où nous ne faisons pas confiance à celle proposée par le médecin traitant.

Les médicaments spécifiques

Vous devez prendre des médicaments particuliers pour des raisons médicales ? Assurez-vous d'en avoir une provision suffisante pour tout le voyage. Ayez avec vous l'ordonnance du médecin en cas de questions aux douanes ou ailleurs. Il n'est pas bête de diviser les médicaments spécifiques en deux portions et de les placer dans deux valises ou sacs à dos différents. De cette façon, vous ne serez pas pris au dépourvu, advenant la perte ou le vol d'un bagage. Si vous et vos enfants êtes sujets aux infections vaginales, à l'asthme, aux feux sauvages, au psoriasis ou autres... pensez à apporter, en prévention, les médicaments appropriés.

La trousse médicale du voyageur

Une trousse de premiers soins adaptée pour les besoins des enfants et les vôtres fait partie des éléments essentiels de vos bagages. Ne partez pas sans elle ! Vous pouvez commencer à la composer à partir d'une trousse offerte en magasin, en la complétant de tous les produits que vous jugerez appropriés. Assurez-vous que vous connaissez le mode d'emploi de chaque médicament que vous emporterez et qu'un médecin vous a renseignés sur le dosage approprié selon l'âge spécifique et le poids de votre enfant. N'hésitez pas non plus à adapter les suggestions faites plus bas à vos propres besoins. Nous-mêmes, nous n'apportons pas tous les items suggérés dans la liste, nous adaptons notre trousse médicale à chaque voyage. Si, par exemple vous avez un estomac de fer et ne souffrez jamais de maux gastriques d'aucune sorte, oubliez les capsules de yogourt. Si vous voyagez en Europe, tout près des grands centres, vous n'avez évidemment pas besoin de seringues, de pansements pour les grandes blessures ou d'un tissu pour faire une attelle. Vous vous rendrez à la clinique la plus proche et on s'occupera bien de vous ou de vos enfants. Nous avons tous nos forces et nos faiblesses et nous ne voyageons pas tous dans les mêmes conditions : ajustez-vous en conséquence.

Par contre, je vous suggère fortement d'apporter les médicaments auxquels vous faites confiance pour soulager un rhume. Nous avons tous dans notre pharmacie un sirop, des suppositoires ou un médicament naturel que nous utilisons pour contrer les petites maladies de nos enfants. Même si vous partez dans un pays chaud, personne n'est à l'abri d'un rhume, d'une otite, d'une toux qui nous empêche de dormir, d'un mal de gorge ou d'un nez bouché.

Suggestions d'items composant la trousse médicale :

- 1 antibiotique à large spectre pour les infections de la gorge et des poumons (pour adultes et pour enfants) ;
- 1 antibiotique à large spectre pour les infections gastro-intestinales (pour adultes et pour enfants) ;
- sirop ou comprimés pour contrer les allergies de toutes sortes (de type *Benadryl*) ;
- capsules de yogourt ;
- charbon végétal activé, 170 mg ;
- sachets de remplacement des électrolytes (de type *Gastrolyte* ou *Pédialyte*, et compter trois sachets par semaine de voyage) ;
- comprimés ou suppositoires de *Gravol* (pour adultes et pour enfants) ;
- comprimés d'acétaminophène (de type *Tylenol* ou *Tempra*, pour adultes et pour enfants) ;
- comprimés antidouleur (de type *Tylenol*, 500 mg, pour adultes seulement) ;

- comprimés pour contrer les malaises en haute altitude (de type *Diamox*);
- comprimés pour stopper la diarrhée (de type *Imodium* ou *Kaopectate*, pour les enfants de moins de 7 ans);
- comprimés à croquer pour contrer les reflux gastriques (de type *Pepto Bismol*);
- médicaments pour soulager rhume, toux et nez bouché;
- tube de crème antidouleur pour la bouche (de type *Oragel*);
- petite bouteille de peroxyde;
- petite bouteille de mercurochrome;
- tube d'onguent antibiotique (de type *Polysporin*);
- 2 seringues (avec des aiguilles de différentes grosseurs);
- 1 seringue d'adrénaline (de type *ÉpiPen*);
- bande élastique avec les attaches;
- tissu triangulaire en coton (pour faire une attelle);
- boîtes de sutures cutanées autocollantes (de type *Steri-Strip*);
- 12 compresses stériles grand format;
- rouleau de diachylon (pour coller les compresses sur la peau);
- 10 grands pansements et 8 petits (de type *Elastoplast* ou *Band Aid*);
- 2 pansements ophtalmiques;
- pansements autocollants pour les ampoules (de type *Moleskine*);
- 12 cotons-tiges (de type *Q-tips*);
- 10 à 20 serviettes antiseptiques enveloppées individuellement (benzalkonium chloride);
- détersif pour la peau (de type *Hibitane*);
- désinfectant pour les mains (de type *Purell*);
- 2 épingles de sûreté;
- petits ciseaux;
- 1 thermomètre;
- 1 paire de gants chirurgicaux;
- 1 aiguille (pour retirer les échardes);
- 1 pince à sourcils (pour retirer les corps étrangers);

- 1 lampe de poche avec piles ;
- 1 tasse à mesurer en plastique ou une bouteille graduée en millilitres ;
- médicaments spécifiques.

L'homéopathie

Depuis la naissance de ma fille aînée, j'utilise l'homéopathie pour guérir ou prévenir différentes maladies et je traîne toujours, en voyage, une petite pharmacie homéopathique. Les granules homéopathiques nous ont trop souvent bien servi en voyage pour que je n'en parle pas dans ce livre. Que ce soit pour contrecarrer les effets de l'altitude ou d'une piqûre d'insecte, pour prévenir les infections intestinales ou pour arrêter les symptômes d'un rhume, l'homéopathie nous a souvent évité bien des angoisses et des visites chez le médecin parce que le soulagement est rapide. Bien adaptée aux organismes délicats, l'homéopathie peut être utilisée même pour les tout petits bébés.

Procurez-vous des tubes de granules dans la dissolution 9 ch. Dans les cas plus aigus ou en début de maladie, donnez une granule aux heures à votre enfant et dites-lui de la faire fondre sous sa langue. Les granules ont un goût sucré et je ne connais pas d'enfants qui ne les aiment pas. S'il est déjà malade depuis quelques jours, donnez-lui une granule trois à quatre fois par jour, jusqu'à la disparition des symptômes. Donnez toujours les granules loin de tout repas, boisson ou brossage de dents (au moins 30 minutes) et ne les touchez pas avec les doigts ; servez-vous plutôt du petit capuchon qui ferme le tube.

Il est aussi possible de prendre des granules homéopathiques en prévention. À ce moment-là, la dissolution 30 ch est plus appropriée.

Posologie des médicaments 30 ch pour la prévention

Cocaïnum : Réduit les effets secondaires reliés à l'altitude. Prendre une granule tous les jours pendant la semaine avant l'ascension et durant les premières journées d'inconfort.

Cocculus indicus : Aide à rattraper le décalage horaire. Les trois journées avant le départ, prendre une granule deux fois par jour, et ensuite, dans l'avion, une granule toutes les deux heures de vol.

Coffea cruda : Réduit le trop-plein d'excitation avant de prendre l'avion. Donnez à votre enfant une granule toutes les deux heures en commençant six heures avant de prendre l'avion et pendant toute la durée du vol (à moins qu'il ne dorme).

Ledum palustre: Prévient les symptômes dus aux piqûres d'insectes. Administrez une granule tous les trois jours pendant la durée du séjour.

Metallum album: Prévient et aide à se remettre d'une diarrhée. Prendre une granule tous les trois jours en commençant deux semaines avant le départ et pendant tout le voyage d'une durée maximale de deux mois.

Tabacum: Réduit les inconforts de la nausée dans les transports. Donnez au sujet plus sensible une granule une heure avant le départ et une autre juste avant de prendre le transport en question.

Dans tous ces cas, la posologie homéopathique est la même pour les adultes et les enfants. Pour en savoir plus sur l'homéopathie et comment mieux vous préparer, consultez un homéopathe certifié au moins un mois avant le départ.

La pharmacie homéopathique

La pharmacie homéopathique du voyageur devrait être composée d'environ une dizaine de tubes de granules 9 ch, ainsi que de deux onguents: *Arnica*, pour les contusions et *Apis*, pour les piqûres d'insectes.

Voici les granules que je vous suggère. À vous de voir celles qui sont les plus appropriées selon le type de voyage que vous vous apprêtez à faire. Les marques *Boiron* et *Dolisos* sont les plus connues.

- *Aconitum napellus*

  Prendre ce médicament au début de toute maladie qui survient brutalement. Après 48 heures, donner une médication plus reliée aux symptômes.

- *Apis mellifica*

  Piqûres d'insectes (à donner en urgence), éruption rosée de la peau, urticaire, allergie au soleil, genou enflé et raide, muqueuse rosée.

- *Arnica montana*

  Traumatismes des muscles et des capillaires, ecchymoses, hémorragies.

- *Belladona*

  Fièvre avec face rouge et chaude, soif pendant la fièvre, otite, laryngite aiguë.

- *Chamomilla vulgaris*

  Irritabilité, colère, sensibilité à la douleur, caprices, toux pendant le sommeil, transpiration chaude, insomnie, douleur dentaire.

- *China*

  Perte de liquides vitaux, diarrhée sans douleur, épuisante, mal de tête avec pulsation battante, sensation de tête lourde, face pâle.

- *Cocaïnum*

  Effets secondaires dus à l'altitude.

- *Cocculus indicus*

  Mal des transports, effets secondaires dus au décalage horaire, nausées à la vue du mouvement, en circulant, ou à la nourriture.

- *Coffea cruda*

  Hyperactivité de l'esprit, agitation, peur de la mort à cause de la douleur, insomnie avec abondance d'idées, excitation joyeuse.

- *Colocyntis*

  Coliques, douleur qui oblige à se plier en deux, diarrhée, faux besoin d'aller à la selle, colique hépatique, douleur abdominale qui se rend dans le dos, amélioration avec le contact de la chaleur ou une boisson chaude, ou couché sur le ventre ou penché en avant.

- *Colubrina* (*Nux vomica*)

  Irritabilité, suite de colères, troubles digestifs, besoin de desserrer les vêtements après repas, crampes violentes, nez congestionné la nuit, nausées, crise de foie.

- *Eupatorium perfoliatum*

  Symptômes de la fièvre dengue, fièvre avec douleur osseuse, sensation de meurtrissure généralisée, vomissements bilieux, douleurs des globes oculaires.

- *Ipeca*

  Nausées avec beaucoup de salive à avaler, forte sensibilité à la chaleur et au froid, nausées continuelles non améliorées par les vomissements, vomissements muqueux et alimentaires, sensation d'estomac relâché, chatouillements dans le larynx.

- *Ledum palustre*

  Prévention des piqûres d'insectes, traitement de plaies lacérées, plaies par objet pointu, morsures d'animaux, échardes, traumatismes du globe oculaire, gonflement articulaire.

- *Metalum album* (*Arsenicum album*)

  Intoxication alimentaire, infection intestinale, diarrhée avec odeur fétide, selles brûlantes, gastro-entérite, vomissements violents et acides, inflammation de la peau avec mauvaise odeur, avec sécrétions, maladies graves, prévient la malaria en région endémique.

- *Pyrogenium*

  Médicament de maladie infectieuse avec courbatures, fièvre intense, expectoration et transpiration, abcès dentaire, intoxication alimentaire.

- *Rhus toxicodendron*

  Raideur ou douleur musculaire due à l'effort, au torticolis, au rhumatisme.

- *Opium*

  Stupeur, inconscience, indifférence, yeux demi-ouverts, occlusion intestinale.

À noter: *Cocaïnum* et *Opium* ne sont disponibles que par l'intermédiaire d'un homéopathe. Toutes les autres granules sont disponibles dans la plupart des pharmacies, au comptoir des prescriptions.

Les produits et procédés de désinfection de l'eau

L'eau ne doit jamais être considérée comme potable, même dans les grandes villes modernes, même dans les grands hôtels. À part l'Amérique du Nord, je ne connais pas d'endroits au monde où l'on peut boire l'eau directement du robinet. Dans certains pays ou régions, l'approvisionnement en eau potable peut s'avérer problématique. Dans les années 1980, en Inde, il n'était pas encore possible de se procurer de l'eau embouteillée et c'était tout un défi pour nos estomacs nord-américains. En 1995, lors de notre voyage en Inde et au Népal avec Rosemarie (3 ans), nous pouvions trouver des bouteilles d'eau partout mais nous avions lu que cette eau n'était pas sûre, puisque l'absence de contrôle gouvernemental laissait la voie libre à quelques compagnies sans scrupules d'utiliser l'eau du robinet sans la désinfecter avant de l'embouteiller. Certains commerçants remplissaient même de vieilles bouteilles trouvées dans les dépotoirs avec l'eau du robinet et la revendaient par la suite. Comme nous en étions à notre premier voyage avec un enfant et que nous savions moins à quoi nous attendre, nous avons apporté avec nous une pompe de marque *PUR* avec filtre à charbon actif. Tous les matins, nous avions la routine de filtrer l'eau embouteillée achetée la veille, que nous allions boire dans la journée. C'est seulement ainsi que nous nous sentions en parfaite sécurité. Faites ce qui vous semblera le mieux pour vous. Cela dit, inspectez bien les bouteilles d'eau que vous achèterez en voyage : le sceau est-il brisé ? La bouteille semble-t-elle vieille ? En cas de doute, abstenez-vous.

Si on ne trouve pas de bouteilles d'eau scellées, ce qui est de plus en plus rare sur la planète, il faudra trouver des moyens pour la stériliser.

Les principaux moyens dont vous disposez pour traiter votre eau sont l'ébullition, la filtration et la purification chimique.

L'ébullition

Le moyen le plus sûr reste l'ébullition. Efficace contre bactéries, virus et parasites, elle tue tous les agents pathogènes connus. Mais il n'est pas toujours aisé, sur place, de trouver où faire bouillir son eau pendant cinq minutes à gros bouillons ; cette méthode est plus appropriée pour le camping, équipés d'un poêle au propane, ou si vous séjournez dans une maison de location avec cuisinette. Par contre, vous pouvez trouver, dans les boutiques spécialisées dans le voyage ou le plein air, de petits éléments électriques qui, par immersion, font bouillir l'eau dans une tasse. Ce petit gadget est très intéressant, à condition d'avoir le transformateur de tension approprié et la prise adaptatrice qui entre dans les prises murales du pays où vous allez. En altitude, n'oubliez pas que l'eau bout à une température plus basse et que les germes ont donc plus de chances de résister.

La filtration

La simple filtration ne permet pas d'éliminer tous les virus. Par conséquent, lorsqu'on traite des eaux non potables, on recommande que la filtration soit faite de concert avec la purification chimique. Pour ce faire, des pompes portatives avec filtres en fibre de verre ou en céramique avec des résines libérant de l'iode sont offertes dans les commerces spécialisés dans le plein air. Certains de ces dispositifs libérant de l'iode contiennent en plus un filtre à charbon actif pour éliminer l'excédent d'iode dans l'eau. Avec ce procédé, l'eau peut être consommée immédiatement. En pratique, un bon filtre affiche une porosité absolue entre 0,2 et 0,4 µ, et présente une bonne qualité générale de fabrication. Au Canada, on trouve plusieurs bonnes marques comme : *PUR*, *MSR*, *Katadyn* et *SweatWater*. Certains fabricants proposent des modèles de pompes dont le filtre est un dérivé de fibres de verre/carton, et ceux-ci feront l'affaire pour 90 % des utilisateurs. Ces pompes coûtent souvent moins cher et ont une durée de vie de plusieurs centaines de litres. Le filtre verre/carton doit être changé plus fréquemment (à un coût non négligeable) que celui de la pompe avec filtre de céramique, qui est nettement supérieur, mais beaucoup plus cher. Il faut se rappeler que plus l'eau est sale, plus vous devrez changer le filtre souvent (ou le laver, selon le cas).

La purification chimique

Le plus efficace et de loin le plus simple est la teinture d'iode 2 %. Laissez tomber 8 gouttes de teinture d'iode 2 % dans un litre d'eau, brassez et laissez reposer 30 minutes avant de la consommer si l'eau est à température modérée, et 60 minutes si elle est très froide. L'ajout d'un peu de jus d'orange ou de cristaux de saveur aide à masquer le goût de l'iode. Vous pouvez aussi ajouter deux gouttes d'iode 2 % à l'eau que vous avez fait bouillir pour vous assurer d'une protection supplémentaire. Il existe cependant une contre-indication importante : l'iode ne devrait pas être utilisé pour la désinfection quotidienne à long terme (plus de deux mois) parce qu'il est physiologiquement actif et son ingestion prolongée présente un risque pour la thyroïde. Cette méthode de désinfection est à éviter absolument pour les femmes enceintes et les personnes qui ont un problème thyroïdien.

Voici d'autres produits à base d'iode, tout aussi efficaces :

- solution topique d'iode à 2 % = 8 gouttes par litre ;
- solution de *Lugol* à 5 % = 4 gouttes par litre ;
- povidone-iodine : *Betadine* à 10 % = 4 gouttes par litre.

À noter : L'iode doit être conservé dans un contenant opaque parce qu'il perd ses propriétés s'il est exposé à la lumière sur une période prolongée.

Il existe aussi des produits purifiants à base de chlore. Ils sont moins efficaces que l'iode, mais ils ont l'avantage de pouvoir être utilisés sur une plus longue période. Les produits suivants sont vendus dans les boutiques de plein air et la posologie est écrite sur la boîte :

- le DCCNa : *Aquatabs* ;
- l'hypochlorite de sodium : *Drinkwell Chlore* ;
- l'hypochlorite de calcium : *Micropur forte* ;
- la chloramine T : *Hydroclonazone* (moins efficace que les précédents).

De deux à trois gouttes d'eau de Javel à usage ménager, sans parfum, qui contient entre 4 et 5 % d'hypochlorite de sodium, pour chaque litre d'eau égale l'efficacité du chlore. Comme pour l'iode, il faut brasser puis laisser cette eau reposer pendant 30 minutes avant d'en boire.

Vous devriez toujours avoir un purifiant chimique dans vos bagages, même si on vous assure que les bouteilles d'eau sont en vente partout. Si vous êtes en pleine savane africaine et que vous manquez d'eau, vous pourrez vous dépanner en remplissant votre bouteille avec l'eau d'un robinet et y ajouter votre purifiant chimique. De plus, ils sont de faible coût.

En résumé, il faut choisir un moyen de désinfection adapté à la durée de son voyage, au choix du pays visité et au type d'activités auxquelles on s'adonnera durant le périple. Cela dit, et au risque de me répéter, il y a maintenant des bouteilles d'eau sécuritaires vendues dans le commerce presque partout sur la planète et des fabricants de bouteilles d'eau qui respectent beaucoup plus les normes gouvernementales de leur pays. Un bon livre guide sur le pays que vous désirez visiter vous renseignera sur ce sujet.

Les antimoustiques

Si vous voyagez sur la côte est des États-Unis (du Maine à la Caroline du Nord) vous risquez de contracter, par une piqûre de moustique, la bactérie de la maladie de Lyme. Vous visitez New York ? C'est au virus du Nil occidental que vous vous exposez. Le virus de Saint-Louis, quant à lui, est aussi transmis par un moustique que l'on trouve principalement en Floride. Il cause de la paralysie et il est mortel dans environ 50 % des cas. À prime abord, ces virus sont tout aussi effrayants que ceux de la malaria, de la fièvre jaune ou de la fièvre dengue, toutes transmises par des insectes piqueurs. La différence majeure, c'est le degré de risque. Et celui-ci est bien plus grand dans les zones tropicales, en Afrique et en Asie du Sud-Est.

L'insectifuge Deet est considéré comme le plus efficace. Le Deet repousse les insectes piqueurs en troublant momentanément les informations que ces moustiques obtiennent avec leurs antennes. Ce genre d'étourdissement les éloigne de nous et les garde loin. L'usage du Deet pendant un voyage dans des pays à climat chaud ou tropical, appliqué directement sur la peau, plusieurs fois par jour, est d'une importance primordiale, car le vaccin pour prévenir la fièvre jaune ou les pilules préventives contre la malaria sont loin de faire tout le travail.

Pour plus d'efficacité contre les moustiques, il est préférable de choisir un produit contenant entre 20 et 35 % de Deet, que l'on appliquera plusieurs fois par jour. Les médecins des cliniques santé-voyage recommandent le répulsif *Ultrathon* 31,58 % Deet, distribué par *3M*. Ce produit est vendu dans les pharmacies qui se spécialisent dans le voyage. Disponible en crème dans un petit contenant de 60 ml, l'*Ultrathon* 31,58 % Deet est un produit dans lequel le Deet est lié à un polymère qui aide à garder l'insectifuge à la surface de la peau, un peu à la façon d'une pellicule de cellophane. Si vous utilisez un autre produit à base de Deet, ne dépassez pas la concentration à plus de 10 % pour vos enfants de moins de 12 ans et n'appliquez jamais de Deet sur la peau d'un bébé de moins de 6 mois. Les produits à base de Deet (sauf l'*Ultrathon*) passent par les pores de la peau et peuvent empoisonner le sang d'un enfant en quelques semaines d'utilisation.

La moustiquaire

Pour la nuit, dans tous les pays à risque (là où la malaria, la fièvre jaune et la fièvre dengue existent), surtout si vous voyagez avec des enfants, ne vous posez même pas la question : emportez avec vous des moustiquaires. Ce sont de drôles de petites tentes faites de coton à fromage, que l'on suspend au-dessus du lit et qui empêchent systématiquement tous les moustiques de pénétrer. Deux grandes moustiquaires se compressent dans un petit sac pas plus gros qu'une trousse de toilette, et ne pèsent presque rien. Vous pouvez vous en procurer déjà imprégnées de perméthrine dans les cliniques santé-voyage ainsi que dans certaines pharmacies spécialisées dans le voyage.

Les hôtels ou les *guest houses* de classe moyenne (*middle range*) ou supérieure (*top range*) fournissent généralement les moustiquaires. Vous aurez besoin des vôtres si vous vous aventurez hors des sentiers battus, dans les petites huttes à bon marché sur la plage ou encore chez l'habitant. Ne prenez pas de chances, apportez-en pour tout le monde.

La perméthrine pour des vêtements antimoustiques !

La perméthrine est un insecticide puissant qui tue presque instantanément les insectes qui s'approchent de la moustiquaire ou des vêtements qui en sont imprégnés. Elle est efficace contre de multiples insectes piqueurs et rampants comme les tiques, les poux et les puces de lit. Mais ne l'appliquez pas directement sur votre peau… de grâce ! Faites plutôt tremper, avant le départ, tous les vêtements de la famille (sauf les sous-vêtements) : chapeaux, casquettes, bas, t-shirts, pantalons et moustiquaires, pendant environ une heure.

Utilisez 15 ml ou 1 once de :

- perméthrine 75 % dans 8 litres d'eau ;
- perméthrine 54 % dans 6 litres d'eau (concentration la plus courante) ;
- perméthrine 25 % dans 3 litres d'eau ;
- perméthrine 10 % dans 1 litre d'eau.

Après la « trempette », mettez des gants de caoutchouc et tordez chaque vêtement pour ensuite les étendre à plat sur des serviettes pour les faire sécher. Il n'est pas conseillé de les suspendre, car la solution se retrouverait dans le bas des vêtements. N'utilisez pas non plus la sécheuse, car la chaleur peut faire dégager des vapeurs nocives pendant le séchage. Lorsque tout est sec, la perméthrine n'est plus dangereuse pour la peau, même celle des bébés. Après environ cinq lavages, le produit aura complètement disparu.

Le problème avec la perméthrine, c'est qu'elle est très difficile à trouver. Au Canada, la perméthrine n'est pas homologuée, donc non offerte en vente libre… Seuls les grands voyageurs (une de vos connaissances, peut-être…) en auront rapporté d'ailleurs pour faire tremper leurs vêtements pour un éventuel voyage. Si vous n'en trouvez pas, il vous sera toujours possible d'en acheter à destination et de faire le trempage dans le bain de votre chambre d'hôtel. Il est aussi possible d'en faire venir des États-Unis par le site Internet www.travmed.com. Ils offrent deux produits à base de perméthrine : *Fite Bite* en aérosol (moins efficace et durable, mais plus facile à utiliser) et *Everglades Outdoor* en liquide pour le trempage des vêtements. La quantité d'eau à utiliser avec ce produit est indiquée sur la bouteille. Ils vendent également l'*Ultrathon* 31,58 % Deet, si vous n'en trouvez pas en pharmacie, ainsi que des moustiquaires et des pompes pour la filtration de l'eau. Le site donne aussi beaucoup de conseils santé pour les futurs voyageurs.

Finalement, si vous utilisez le Deet sur la peau exposée et que vos vêtements sont traités à la perméthrine, vous serez, selon l'armée américaine, protégés à 99,9 % contre les piqûres d'insectes. C'est pas mal !

Les vitamines

Pendant le mois qui précède le départ pour un long voyage, nous prenons tous des suppléments vitaminiques en ampoules ou en comprimés. Nous le faisons instinctivement comme pour renforcer notre système face aux changements et aux difficultés qu'il aura à vivre. Nous prenons aussi des oligoéléments (cuivre, or, argent) pour rendre notre système immunitaire plus fort. Pendant le voyage, il nous arrive occasionnellement de prendre des suppléments alimentaires en capsule, lorsque la nourriture disponible est peu variée sur une longue période. J'en apporte toujours dans la trousse médicale.

L'alimentation des bébés voyageurs

Dans l'avion

Les transporteurs ont des politiques très différentes concernant l'alimentation des petits enfants à bord des avions. Il est impossible de généraliser. Certains fournissent un plateau repas seulement aux enfants ayant un siège individuel, alors que d'autres prévoient les repas de tous les enfants de 6 mois et plus, qu'ils aient un siège ou non. Sur réservation, certains transporteurs fournissent les petits pots (viande, fruits, légumes), les céréales et les biscuits pour bébé, et le magnifique bavoir à l'effigie de la compagnie aérienne! Par contre, jamais de lait maternisé n'est offert à bord. À vous de prévoir.

Si vous apportez de la maison le lait et les purées de votre bébé à bord de l'avion, vous pouvez demander à un agent de bord de les réchauffer dans un bol d'eau chaude. Notez qu'il n'y a jamais de four à micro-onde dans les avions. Ce service est toujours offert aimablement par les agents de bord, à condition que vous ne le demandiez pas au moment où ils servent les repas des passagers. Prévoyez aussi apporter son plat et ses couverts.

Il est aussi possible de réserver à l'avance un repas spécial pour un enfant de plus de 2 ans. Certaines compagnies offrent de jolis menus composés de pâtes arc-en-ciel sauce rosée, légumes en purée, crudités colorées avec trempette au cheddar et de délicieux doigts de poulet au miel. D'autres ne proposeront que des hamburgers réchauffés et des macaronis au faux fromage chimiquement modifié... Renseignez-vous.

L'allaitement

Même si vous allaitez à temps plein, il est préférable de parer au pire en emportant avec vous biberons, tétines et préparation en poudre pour nourrissons. Si maman ne peut plus allaiter parce qu'elle est malade, parce que sa production de lait diminue radicalement ou si l'allaitement tourne au cauchemar, vous aurez avec vous tout l'équipement nécessaire pour passer à la bouteille. Et même si cela ne devait être que pour vous rassurer, il aurait sa raison d'être. N'oubliez pas non plus d'apporter des compresses d'allaitement. Même si vous n'en utilisez pas en ce moment, la chaleur ou tout simplement les changements d'horaire inhérents au voyage peuvent provoquer des écoulements de lait involontaires. Vous serez contentes de les avoir apportées au lieu d'utiliser des papiers mouchoirs...

Les préparations pour nourrissons

Ne comptez pas trouver, en voyage, LA marque de préparation pour nourrissons que vous donnez à votre bébé et à laquelle il est habitué. D'un pays à l'autre, même en Europe, les marques et les qualités changent. Apportez avec vous la préparation pour nourrissons en poudre pour votre bébé. Je ne vous conseille pas les formules liquides, car elles sont beaucoup plus lourdes et aussi, parce qu'elles risquent de ne pas passer les douanes, même si les contenants sont scellés.

J'ai déjà été témoin, il y a quelques années, d'une altercation entre une femme suédoise et un douanier belge ; elle tentait de le convaincre, dans un français approximatif, de ne pas lui retirer le lait en conserve pour son bébé de 3 mois. Il ne lui en a laissé qu'une boîte (pour le prochain boire) en prétextant que les conserves ne passaient pas habituellement les douanes et que le lait belge pour les bébés était aussi bon que le lait suédois… La jeune maman était très découragée, et pour cause. Avec la préparation en poudre, vous n'aurez aucun problème aux douanes et vous trouverez de l'eau embouteillée partout. N'oubliez pas d'apporter la petite mesurette !

Le lait

Un jeune enfant de plus de 2 ans n'a pas besoin de boire de lait pour demeurer en santé pendant un voyage, même si l'aventure se poursuit sur plusieurs mois. Le fromage et les yogourts sont suffisants pour apporter le minimum de calcium nécessaire. Mais si votre enfant ne prend aucun autre produit laitier que le lait ou s'il est encore au biberon, vous devrez apporter de la maison du lait en poudre (de type *Carnation*) que vous mélangerez avec de l'eau. Vérifiez bien les quantités nécessaires pour ne pas en manquer. Pour un enfant qui prend plusieurs biberons par jour, il serait prudent de l'habituer au goût du lait en poudre quelques semaines avant le départ.

Les purées de bébé

Dans la plupart des grandes villes de ce monde, vous trouverez sur la route des petits pots de purées pour bébé de marque *Heinz*, et d'autres sortes locales. Pour parer à l'éventualité que vous n'en trouviez pas, il faudra apporter des petits pots de la maison pour tous ses repas, si votre enfant ne mange que des aliments en purée très lisse.

Si bébé commence à manger des purées avec des morceaux, apportez un petit pot par jour de voyage et vous comblerez les autres repas en écrasant à la fourchette des légumes bouillis et des fruits frais que vous

Indonésie, île de Bali, Ubud, 1992
Michel *(Rosemarie en gestation)*

Bali, l'île de la beauté. Jamais je n'ai rencontré chez un peuple un goût si développé pour le beau. Il y a une telle recherche de l'esthétisme ici! Tout semble avoir été décoré avec amour. C'est partout pareil, chaque hôtel, chaque petite terrasse, chaque petit resto a son charme. On se sent bien sur cette île, ça respire le beau. Comment ne pas adorer ce lieu unique, lorsqu'en plus d'une nature magnifique: volcan, rizières, cavernes, l'île est habitée par un peuple souriant et merveilleusement amical. En vérité, un petit coin de paradis.

commanderez au restaurant avec votre repas, ou avec des petits pots que vous trouverez peut-être dans les commerces sur place. Les bébés qui naissent dans les pays en voie de développement sont nourris au sein jusqu'à 6 mois, et passent ensuite aux aliments écrasés à la fourchette par leur maman. Les petits pots sont achetés par les étrangers et les familles bien nanties seulement, à cause de leur prix à l'occidentale. Le prix d'un petit pot de purée acheté en Afrique est le même que chez nous.

L'immunisation

Une décision personnelle

Quoi qu'on en pense, l'immunisation est un sujet délicat et bien personnel. Certains n'ont aucun doute et aucune réserve face aux vaccins. Ils n'auront donc aucune arrière-pensée lorsque le médecin de la clinique des voyageurs leur prescrira la pléthore de vaccins indispensables, selon lui, pour les protéger une fois à destination. Nous ne faisons pas partie de ce nombre et nous avons toujours été très suspicieux face aux vaccins eux-mêmes et aux médecins qui les prescrivent à tout vent. Nos enfants n'ont reçu aucun vaccin avant l'âge de 2 ans. Victoria n'avait reçu aucun vaccin pour son premier voyage au Myanmar. Elle n'avait que 2 mois et demi. Rosemarie n'en avait pas reçu non plus pour son initiatique voyage au Népal à l'âge de 3 ans. Nous avions plutôt opté pour la prévention pendant le voyage. Bien des médecins nous ont traités d'inconscients, bien des homéopathes et chiropraticiens nous ont félicités.

Plus vous lirez sur le sujet, plus vous vous rendrez compte qu'il y a des zones d'ombre et que, finalement, tout n'est pas que miracle de la médecine moderne. La vaccination comporte des dangers et ils sont biens réels. La décision de faire vacciner peut alors se prendre lorsque l'on pèse les pour et les contre : les dangers qu'encourt votre enfant si vous ne le faites pas vacciner contre ceux qu'il encourt par la vaccination. C'est là que cela se joue. Gardons aussi en tête que, la vaccination étant une affaire de très gros sous, l'objectivité des professionnels médicaux s'en trouve quelquefois faussée.

Avec les années, les vaccins évoluent et se perfectionnent. Avec les années, en se renseignant, en lisant beaucoup, nous avons souscrit à certains vaccins. À vous de faire vos choix.

Vous devriez tout au moins consulter une clinique santé-voyage ou un médecin de famille, 6 à 10 mois avant le départ, afin de disposer du temps voulu pour recevoir, s'il y a lieu, les vaccins requis à intervalles satisfaisants. Il est bien entendu préférable de faire vacciner votre enfant lorsque celui-ci est en pleine forme et non pas au moment où il couve quelque chose et que son système immunitaire est déjà sollicité.

L'immunisation que l'on vous proposera pour vos enfants avant de partir en voyage doit tenir compte de son âge, de son poids, de sa santé physique ainsi que de la durée du périple, des régions visitées et du climat du ou des pays que vous parcourrez. Un médecin, un infirmier ou un pharmacien spécialisé en santé-voyage vous éclairera sur le sujet et vous aidera à faire les choix qui vous conviennent. Avec lui, vous établirez un calendrier de vaccination en fonction de vos besoins spécifiques. Les vaccins les plus administrés au Canada sont ceux qui préviennent diphtérie, coqueluche, tétanos, rougeole, oreillons, rubéole, poliomyélite et influenza de type B. Pour les voyageurs, on vérifiera s'ils ont eu les vaccins courants et on leur en suggérera d'autres.

Le choléra

Le vaccin contre le choléra n'est pas obligatoire et est déconseillé à cause des effets secondaires qu'il produit et de sa faible efficacité. En outre, si le vaccin contre le choléra est relativement inefficace, la prise de l'antibiotique doxycycline peut réduire les risques de contracter cette maladie. Les gens qui voyagent à Madagascar peuvent s'attendre à devoir traverser des barrages sanitaires où les responsables s'opposent au passage des gens s'ils refusent de prendre la doxycycline qui leur est offerte gratuitement.

Il est possible de contracter le choléra en Russie, en Chine, en Inde, au Brésil, au Pérou, en Bolivie, au Mexique, au Moyen-Orient et sur le continent africain.

La diphtérie

La diphtérie sévit surtout dans les pays nouvellement indépendants de l'ancienne Union soviétique. Depuis la fin des années 1970, au Canada, l'incidence de la diphtérie est demeurée faible : 1 cas pour 1 000 000.

C'est la vaccination massive dans les années 1950 qui est responsable de l'éradication presque totale de la diphtérie au Canada. Le vaccin pour les enfants est toujours combiné avec le vaccin antitétanique (DT) et peut être combiné avec l'anticoqueluche (DTC) et l'antipolio (DTC Sabin), sur votre demande. Trois doses sont nécessaires pour une protection optimale. Mes filles ont reçu le DT Sabin et tous ses rappels vers l'âge de 4 ans. J'ai demandé que l'on enlève l'anticoqueluche parce que je le jugeais dangereux, à ce moment-là.

La fièvre jaune

La fièvre jaune n'est présente qu'en Afrique et en Amérique du Sud. Vous ne pourrez pas entrer dans certains pays de ces deux continents sans un certificat de vaccination contre la fièvre jaune, exigé par le règlement sanitaire de l'Organisation mondiale de la Santé (OMS). De plus, quelque 102 pays qui ne sont pas touchés par la fièvre jaune demandent une preuve de vaccination aux voyageurs qui ont transité par des pays où la fièvre jaune est endémique.

Le vaccin « vivant » contre la fièvre jaune, à dose unique, est sécuritaire, efficace et recommandé pour les personnes âgées de 9 mois et plus. La personne vaccinée est protégée à partir du dixième jour suivant la vaccination et est immunisée pour une période de 10 ans ou plus. On ne recommande pas la vaccination des femmes enceintes, des personnes allergiques aux œufs ou de celles souffrant d'immunodépression. Ce vaccin provoque des effets secondaires bénins (fatigue, douleurs musculaires, faible fièvre, maux de tête) dans moins de 5 % des cas.

Au Canada, ce vaccin n'est offert que dans les centres de vaccination contre la fièvre jaune.

La fièvre typhoïde

Il existe plusieurs formes de vaccins contre la typhoïde, dont des vaccins oraux pour ceux que les injections rebutent. On peut se servir à cette fin d'un vaccin inactivé parentéral, Vityphium, ou d'un vaccin vivant atténué oral, Ty21A. Ils sont offerts sous forme de gélules ou en poudre. Les différents vaccins contre la typhoïde offrent un degré raisonnable de protection qui varie de 70 à 90 %. Aucun d'entre eux ne peut garantir une protection totale contre l'infection. Le vaccin contre la fièvre typhoïde a une durée de trois ou quatre ans et il est toujours conseillé par les médecins pour les voyageurs qui visitent un pays où l'assainissement de l'eau est inexistant.

Pour nos enfants, nous avons opté pour le vaccin en poudre que l'on mélange avec un peu d'eau (le produit n'était pas offert en gélules à ce moment-là), administré par la bouche. Mais le goût s'est avéré tellement dégueulasse que nos filles ont admis par la suite que, tout compte fait, elles auraient préféré l'injection.

Tous les pays en voie de développement connaissent un fort taux de fièvre typhoïde. Le risque est encore plus élevé en Inde, au Pakistan, en Afghanistan, ainsi que dans toute l'Asie du Sud-Est et l'Indonésie.

L'hépatite A

Le Mexique, l'Amérique centrale, l'Amérique du Sud, plusieurs zones des Caraïbes, l'Asie (sauf le Japon), l'Europe de l'Est, le Moyen-Orient, le bassin méditerranéen et toute l'Afrique sont les endroits de ce monde les plus à risque pour contracter l'hépatite A.

Il existe deux vaccins homologués au Canada contre l'hépatite A et ils sont recommandés pour les personnes à risque seulement; et les voyageurs en font partie. Il est aussi possible d'avoir un vaccin associé : le Twinrix Junior, contre l'hépatite A et B, pour les enfants de 1 à 18 ans.

La durée de la protection est inconnue, mais des recherches semblent indiquer que les taux protecteurs d'anticorps pourraient persister au moins 20 ans. Des immunoglobulines (IG), c'est-à-dire des anticorps provenant d'une personne immunisée, peuvent être utilisées dans le cas des nourrissons de moins de 1 an et des sujets pour qui le vaccin est contre-indiqué. Les IG confèrent une protection pour une période de quatre à six mois et les personnes qui font un séjour prolongé dans un pays en développement pourraient avoir besoin de doses additionnelles.

L'hépatite B

La vaccination contre l'hépatite B n'est efficace qu'à 90 % et provoque des effets secondaires (de la simple nausée à la sclérose en plaque) dans 1 cas sur 1 000. Afin d'avoir une protection complète contre l'hépatite B, la première injection du vaccin doit être suivie d'une deuxième un mois plus tard et d'une troisième cinq mois plus tard.

L'hépatite B peut se retrouver dans tous les pays, puisqu'elle se transmet par contact sexuel et par le sang.

La méningite

La méningite (bactérienne) méningococcique, la forme la plus mortelle de la maladie, se retrouve dans les pays africains du sud et de la région saharienne, ainsi qu'au Brésil, en Arabie saoudite, en Inde et au Népal. Il n'est pas nécessaire d'être vacciné si l'on ne prévoit pas avoir de rapports étroits avec la population locale (ex.: aide humanitaire, enseignement, etc.).

Il y a plusieurs sortes de vaccins contre cette maladie, mais aucun n'est efficace à 100 %. Cela varie plutôt entre 50 et 80 %. Pour être vaccinés contre la forme de méningite la plus courante dans le pays que vous allez visiter, il faut consulter un médecin bien informé.

Le paludisme (ou malaria)

Il n'existe pas de vaccin contre le paludisme parce que l'on n'a pas encore découvert comment stimuler le système immunitaire pour qu'il produise des anticorps contre cette maladie. Si vous prévoyez visiter un pays où cette maladie est endémique, on vous proposera de prendre de

Inde, Rishikesh, 2004
Victoria, 7 ans (lettre à Papi et Mamie)

Bonjour Papi et Mamie. Je ne sais pas si vous pouvez m'envoyer ça par la poste, dans une petite boîte à lunch, un bon POGO et une POUTINE! Et ma sœur en voudrait bien aussi. Vous auriez dû venir avec nous. J'espère que Papi a pelleté tout l'entour de la maison. À chaque jour j'entends Beep beep beep! Tout le monde klaxonne, en Inde, et je me bouche les oreilles. Et aussi, tous les jours, je vois des vaches. J'ai vu les Himalayas très proches et c'était super beau. C'était tout blanc parce qu'il y avait de la neige. Vous me manquez tellement.

faibles doses du médicament que vous recevriez si vous aviez contracté la maladie. Les médicaments proposés ne guérissent pas toujours la maladie et ils ne peuvent pas la prévenir dans tous les cas non plus. Mais la majorité des gens qui contractent la malaria à l'étranger ont généralement négligé de prendre tous les comprimés recommandés.

Les médicaments prophylactiques contre la malaria doivent être pris pendant quelques semaines avant le départ, pendant le voyage et au retour à la maison. La malaria a une période d'incubation relativement longue et apparaît généralement après le retour à la maison, sauf si le séjour à l'étranger se prolonge au-delà de deux mois.

Ces médicaments, comme tout médicament, ont des effets secondaires potentiels, et certains sont contre-indiqués à cause de problèmes de santé particuliers. L'évaluation personnelle des risques par un professionnel de la santé permettra au voyageur d'obtenir le traitement antipaludéen approprié. Chacun de ces médicaments a une posologie particulière qui doit être appliquée à la lettre.

Lors de nos neuf voyages en Asie, nous n'avons jamais pris de médicaments antipaludéens. Comme nous vous l'avons mentionné plus haut, ces médicaments ne fournissent qu'une protection incomplète et ont des effets secondaires importants. Nous choisissons la prévention

Le paludisme dans le monde*			
	Niveau de risque		
	Faible	**Modéré**	**Très important**
Afrique	Algérie, îles du Cap-Vert, Égypte (Fayoum), île Maurice, Libye, Maroc	Afrique du Sud (Transvaal, Natal), Botswana, Burkina Faso, Côte d'Ivoire, Gambie, Ghana, Guinée, Guinée-Bissau, Libéria, Madagascar, Mali, Mauritanie, Namibie, Niger, Sénégal, Sierra Leone, Somalie, Tchad, Togo	Angola, Bénin, Burundi, Cameroun, Comores, Congo, Djibouti, Érythrée, Éthiopie, Gabon, Guinée équatoriale, Kenya, Malawi, Mayotte, Mozambique, Nigeria, Ouganda, République centrafricaine, Rwanda, Sao Tomé et Principe, Soudan, Swaziland, Tanzanie, République démocratique du Congo, Zambie, Zimbabwe
Amérique	Argentine (le nord), Belize, Bolivie (le sud), Costa Rica, El Salvador, Guatemala, Haïti, Honduras, Mexique (Chiapas), Nicaragua, Panama, Paraguay (l'est), Pérou (l'ouest), République dominicaine, Venezuela (sauf l'Amazonie)	Colombie (sauf l'Amazonie), Équateur	Bolivie (le nord), Brésil (l'Amazonie), Colombie (l'Amazonie), Venezuela (l'Amazonie), Guyana, Guyane française (sur les fleuves), Pérou (l'est), Surinam
Asie	Azerbaïdjan, Chine (le nord-est), Tadjikistan, Thaïlande (le centre et le sud)	Bhoutan (sauf l'Himalaya), Inde (sauf l'Himalaya), Népal (sauf l'Himalaya), Pakistan, Afghanistan, Philippines, Sri Lanka, Malaisie	Bangladesh, Cambodge, Chine (Yunnan et Hainan), Laos, Myanmar, Thaïlande (les zones frontalières du nord), Vietnam
Moyen-Orient	Iran (le nord-ouest), Irak, Syrie, Turquie (l'est)	Arabie saoudite (l'ouest), Émirats arabes unis, Iran (le sud-est), Oman, Yémen	
Europe	Arménie		
Océanie			îles Salomon, Indonésie, Papouasie-Nouvelle-Guinée, Vanuatu

* Les données citées changent avec les années. Elles sont exactes au moment de la publication de ce livre.

en utilisant des moustiquaires, des chasse-moustiques et des vêtements longs, plutôt que de soumettre nos jeunes enfants à ces médicaments. Certains médecins ne prendront pas en considération la saison dans le pays que vous vous apprêtez à visiter. Ils le prescrivent systématiquement à tous les voyageurs qui visiteront un pays du tiers-monde. Au Népal, avec Rosemarie qui avait 3 ans, nous n'avons pas pris de remèdes pour prévenir la malaria, même si le médecin nous le conseillait fortement. Nous savions que nous serions au Népal en hiver et que nous allions à la montagne où il ferait entre –5 et 10 °C. En altitude, avec cette température, les moustiques sont totalement inexistants.

La poliomyélite

Comme il n'existe pas de traitement, la prévention constitue la seule option. L'administration du vaccin et de ses deux rappels confère à l'enfant une protection à vie.

Il existe deux types de vaccins pour la prévention de la polio : d'abord, le vaccin antipoliomyélitique inactivé (VAI) Salk est une injection du virus mort. Il est extrêmement sécuritaire et offre une grande protection, mais celle-ci ne dure pas nécessairement toute la vie. Le vaccin antipoliomyélitique oral (VAO) Sabin est administré par la bouche et formulé à partir du virus vivant de chacun des trois types de poliovirus. On a rapporté quelques rares cas d'effets secondaires associés à l'administration du vaccin oral VAO mais son immunité dure plus longtemps que le VAI.

Tout enfant ou adulte non vacciné devrait recevoir l'immunisation complète contre la polio (VAO ou VAI) avant d'entreprendre un voyage dans les régions où cette maladie est présente. Les enfants ayant reçu la série de vaccins sont protégés s'ils voyagent dans une région à risque. Les adultes qui sont vaccinés (c'est-à-dire ceux qui ont reçu la série de vaccins lorsqu'ils étaient enfants) doivent recevoir une seule injection de rappel s'ils se rendent dans les régions où la polio est endémique.

Selon l'OMS, l'on signale la présence du poliovirus en Afghanistan, presque partout en Afrique du Nord et de l'Est, en Indonésie, en Inde, au Pakistan, au Yémen et en Arabie saoudite.

La rage

Le vaccin sur cellules diploïdes humaines VCDH *Imovax Rage Aventis Pasteur SA* est le seul vaccin contre la rage offert au Canada. Les anticorps neutralisants, qui se développent de 7 à 10 jours après l'administration de la dose initiale, persistent pendant au moins 2 ans. L'immunisation pré-exposition n'élimine pas la nécessité de bien parer la plaie et d'administrer une immunisation postexposition, c'est-à-dire après la morsure d'un animal infecté. Le vaccin comporte plusieurs effets secondaires comme de la fièvre et des vomissements.

La rage est endémique au Mexique, en Amérique centrale, en Inde, au Pakistan et en Afghanistan. Il est aussi possible de rencontrer la maladie dans toute l'Afrique, au Moyen-Orient, en Chine, dans toute l'Asie du Sud-Est et en Amérique du Sud.

Nous n'avons jamais été vaccinés contre la rage, même en visite dans les pays où elle est endémique. Comme les cas de morsures sont assez rares et que les effets secondaires dus au vaccin sont nombreux et très désagréables, cette immunisation est très rarement proposée par les médecins.

Petite halte poétique entre la rage et le tétanos…

Sri Lanka, Nuwara Eliya, 2002
Michel *(Rosemarie, 9 ans, et Victoria, 5 ans)*

La grande tortue remonte des profondeurs pour venir pondre
ses œufs.
Le bel éléphant traverse la jungle en quête de nourriture.
La feuille vert lime de frangipanier soupire d'aise sous la pluie.
Et toi, les yeux tournés vers le ciel, tu regardes la nuit.
L'arbre à thé s'accroche aux pentes arides des collines escarpées.
La terre fait un tour sur elle-même.
Et toi, tu regardes les gros flocons blancs tourbillonner dans l'azur.
Et ce faisant, malgré toi,
Tu participes à faire tourner la grande roue de la vie.
Comment pourrait-il en être autrement?
Tout l'univers habite en toi.

Le tétanos

Le vaccin contre le tétanos est l'un des plus sécuritaires et sans effets secondaires. Parce que les germes du tétanos se trouvent absolument partout, le meilleur moyen de prévenir la maladie est de se faire vacciner. Le vaccin prévient le tétanos chez plus de 90 % des personnes ayant reçu le nombre de doses recommandées.

La vaccination comprend une série de trois injections et elle est toujours combinée avec le vaccin antidiphtérie, pour les enfants. Pour maintenir un niveau de protection élevé, une injection de rappel est nécessaire tous les 10 ans et peut être administrée à n'importe quel âge. Le tétanos peut se contracter n'importe où sur la planète.

L'ASSURANCE VOYAGE

Elle est absolument indispensable. Ne comptez pas sur votre régime provincial d'assurance maladie pour régler intégralement la note si un membre de la famille tombe malade ou est blessé dans un pays étranger. Au mieux, ce régime couvrira seulement une partie, souvent très faible, des frais que vous encourrez. L'excédent devra sortir de votre poche. Lorsque l'on voyage à l'étranger avec des enfants, la sagesse exige de contracter, pour chaque voyageur, enfant et adulte, une assurance complémentaire qui le couvrira entièrement, quel que soit l'incident. La Régie de l'assurance maladie du Québec le recommande d'ailleurs fortement.

Avant de magasiner une assurance voyage, vérifiez si vous n'en détenez pas déjà une, soit dans un régime collectif d'assurance maladie chez votre employeur, par vos cartes de crédit ou par d'autres programmes ou groupes auxquels vous adhérez. Par exemple, souvent l'assurance annulation est incluse dans l'achat de votre billet si vous portez le montant total de l'achat sur votre compte de carte de crédit.

Les forfaits d'assurance voyage sont assez standards entre les différentes compagnies comme la *Croix Bleue*, la *Standard Life* ou autres. Cependant, il ne s'agit pas ici de chercher le rabais du siècle, mais de choisir ce qui vous conviendra le mieux, et de ne pas payer pour ce dont vous n'aurez pas besoin. Voici quelques points à vérifier lorsque vous contractez une assurance voyage ou en relisant la protection offerte par votre régime collectif.

- Les compagnies d'assurances québécoises incluent automatiquement l'assistance sans frais dans leur contrat. Les compagnies européennes et américaines ne l'incluent pas nécessairement. Si vous choisissez une compagnie d'assurances étrangère, vérifiez si votre police comprend l'accès à une ligne téléphonique d'urgence que vous pouvez utiliser de n'importe où dans le monde, et ce, 24 heures sur 24.
- Regardez sur la police s'il est bien spécifié qu'elle couvre les frais des professionnels de la santé, de l'hospitalisation, des médicaments, d'un accouchement prématuré (si une femme part en voyage enceinte), d'un transfert d'hôpital, de l'évacuation médicale si le patient a besoin d'être rapatrié au Canada, du salaire et de tous les frais d'une infirmière ou d'un médecin qui serait mandaté pour accompagner le rapatrié.
- Assurez-vous que le paiement pour les soins prodigués à l'étranger puisse être acquitté directement sur place par la compagnie d'assurances ou que la compagnie prévoit des avances de fonds en espèces si l'hôpital les exige.

Ayez avec vous toutes les précisions concernant vos assurances : numéros de téléphone sans frais (1 800 xxx-xxxx), numéro de la police, détails des services couverts. Laissez aussi à un parent ou un ami à la maison toute l'information nécessaire pour que celui-ci puisse appeler votre assureur en votre nom en cas de problème.

Si vous recevez des soins à l'étranger, demandez au médecin ou à l'hôpital de vous remettre une facture détaillée des traitements et autres services reçus, et des médicaments prescrits et achetés. Sinon, attendez-vous à de longues heures de marchandage avec votre compagnie d'assurances. En général, celles-ci exigent les reçus originaux des ordonnances ou des services reçus.

Précaution indispensable : si vous avez des problèmes de santé importants avant votre départ (problèmes cardiaques, de diabète, etc.) informez-en votre assureur. Autant les régimes d'assurances privés que le régime public ne couvrent les frais assurés que dans la mesure où ils sont déboursés soit pour un accident, soit pour une maladie « subite, inattendue et urgente». Une récidive ou une aggravation d'une affection présente et non déclarée avant le départ pourrait fort bien être considérée par ces régimes comme n'étant pas subite et inattendue et entraîner un refus total de paiement. C'est ruineux!

Une assurance qui couvre l'annulation d'un vol ou du voyage au complet est aussi souhaitable. Avec des enfants, tout peut arriver. Devoir reporter de deux jours un départ pour cause d'une fièvre passagère est pour le moins possible. Une assurance pour le vol ou la perte de bagages, appareils photo, argent… est aussi recommandée.

Les préparatifs

La préparation mentale

Son importance

L'enfant, davantage encore que l'adulte, a besoin de se préparer intérieurement avant de partir en voyage. Plus le voyage sera long et la culture du pays visité différente de ce que l'enfant connaît, plus la préparation est importante. Il doit être informé et tenu au courant que le grand départ s'en vient, qu'il quittera ses amis pour une certaine période de temps, que grand-maman et grand-papa ne viendront pas avec lui, qu'il sera dans un autre pays, loin de sa maison et de son lit.

Tout ce processus de cheminement intérieur se fait en nous, adultes, plus ou moins consciemment, par l'entreprise de la préparation technique du voyage: bagages, passeports, listes des choses à ne pas oublier, trouver la personne qui viendra arroser nos plantes... Mais l'enfant ne participe pas beaucoup à ces préparatifs, alors nous devons prendre du temps pour lui expliquer ce qui s'en vient. Les enfants, il est vrai, ont une formidable capacité d'adaptation, mais ne les surestimons pas. Les préparer à l'aventure qui s'en

> **Mexique,**
> **Tuxtla Gutierrez, 2000**
> **Michel** *(Rosemarie, 7 ans, et Victoria, 3 ans)*
>
> *Le voyage commence à peine, on est encore à se placer, à s'adapter. Les enfants n'ont pas encore trouvé leur rythme de croisière. Tout ça devrait se placer d'ici les prochains jours. Il faut se donner du temps.*

vient s'inscrit dans une dynamique de respect de l'individu et d'un désir que l'enfant s'adapte en douceur plutôt qu'il soit confronté à un choc culturel violent. Bien sûr, il est presque impossible de préparer un bébé de 1 an à un départ, mais à partir de 2 ans et demi, l'enfant peut comprendre assez pour que l'on se donne la peine de le préparer.

Expliquer l'aventure qui s'en vient

Les albums de photos peuvent être une très bonne façon d'aider l'enfant à visualiser le pays qu'il s'apprête à visiter. Vous pouvez aussi lui demander de choisir, parmi tout ce qu'il voit, la photo qu'il aime le plus et lui indiquer, si la chose s'avère possible, qu'il ira voir ce lieu en vrai.

Demandez à l'enfant de se choisir quelques jouets qu'il désire emporter avec lui. Mettez-les de côté quelques semaines avant le départ, dans une valise où il pourra venir les voir. Il serait aussi préférable que l'enfant ne joue plus avec les jouets choisis ; ceux-ci pourront être redécouverts en voyage.

Demandez à l'enfant de préparer ses bagages avec vous ; cette étape de la préparation est très importante. Laissez-le choisir ses vêtements préférés, et laissez la valise à un endroit où l'enfant peut ajouter au jour le jour des choses qu'il désire emporter avec lui. Il sera toujours temps de couper à la fin si la valise est remplie de ses 40 toutous préférés, mais pendant ce temps, l'enfant garde en tête qu'il quitte sa maison et il se prépare à sa façon.

> ***Canada, Lorraine, 2004***
> ***Rosemarie, 11 ans*** *(la veille du départ en Inde)*
>
> *On part demain. Ce soir, tout le monde est sur les nerfs et Victoria est impossible. Je suis « décompressive » au maximum. Mais je crois que lorsqu'on sera à l'aéroport, tout reviendra calme. Je vais m'ennuyer de tout le monde que j'aime. Tout laisser pour aller en Inde, c'est tellement loin. Je n'arrive pas à y croire. Je me sens très énervée.*

Faites jouer de la musique locale du pays que vous comptez visiter dans les semaines précédant le départ. Une petite visite dans un restaurant où l'enfant pourra goûter à la cuisine du pays qu'il visitera bientôt est aussi une excellente idée.

Enfin, si vous le pouvez et que l'enfant est assez vieux, enseignez-lui quelques mots dans la langue du pays visité; l'enfant pourra communiquer plus facilement par la suite. Être capable de dire « bonjour », « merci » et « quel est ton nom » dans la langue du pays est toujours une excellente idée. Le concept même d'une autre langue peut être extrêmement flou pour un enfant qui n'a jamais côtoyé quelqu'un d'une autre langue que la sienne. Avant chaque départ, nous avons toujours pris soin d'afficher une petite liste de mots et de phrases clés sur le frigo. Plusieurs semaines durant, nous nous exerçons, le matin en déjeunant, à énumérer les quelques mots que nous avons mémorisés. Le jeu se corse par l'addition d'une nouvelle phrase ou d'un nouveau mot.

À la grâce de Dieu !

À la grâce de Dieu signifie « Puisse la grâce de l'énergie de la vie nous protéger, sachant maintenant que nous avons fait tout ce qui était en notre pouvoir pour nous préparer au meilleur de notre connaissance. » Ça demande une certaine foi en la vie, mais c'est la même foi que celle

Canada, Montréal, 1995
Michel *(Rosemarie, 3 ans)*

J'ai hâte de partir pour qu'enfin prennent fin les interminables préparatifs. Ils furent particulièrement longs cette fois-ci. Partir si loin, pour une première fois avec un si jeune enfant est une entreprise plus importante que je ne l'avais d'abord envisagé. C'est un départ qui nous demande tout notre sang-froid. J'ai confiance, nous sommes prêts, tout ira bien. Je n'ai pas eu beaucoup le temps d'imaginer de quoi sera faite cette aventure. J'ai une image qui s'impose, cependant : celle de Rosemarie qui court et qui joue sur une place publique. Je suis adossé à un vieux temple de pierre et je la regarde. Elle va vers les gens, elle joue, elle explore et puis revient vers moi pour s'assurer que je suis toujours là. Rien n'arrive pour rien. Si nous avons des choses à aller vivre au Népal, elle a aussi des choses à aller vivre au Népal.

qui nous pousse à investir à la Bourse, dans une affaire qui nous semble intéressante ou qui nous entraîne à tenter une expérience nouvelle, où l'inconnu joue un rôle important. Dans l'aventure d'un voyage surviennent des moments où la pression, face à l'inconnu, devient dure à supporter. Les commentaires des proches qui ne comprennent pas notre vision peuvent faire beaucoup de tort et créer une profonde insécurité.

Une fois revenus de notre voyage au Tibet, une fois rassurés sur la santé de l'enfant à naître, nous avons tous deux poussé de profonds soupirs de soulagement. Nous pouvions entendre d'ici les commentaires des proches qui n'auraient pas manqué de me dire: « Était-ce vraiment nécessaire de visiter le Tibet alors que tu étais enceinte de six mois? Vous avez couru après… » Merci, mon Dieu!

Étape préparatifs : La liste de rappel

Votre préparation est terminée.

Selon notre expérience, voici les étapes d'une préparation lente, intelligente et sans stress.

De 10 à 6 mois avant le départ

- Prendre rendez-vous à la clinique du voyageur et début des vaccins, s'il y a lieu.
- Magasiner les vêtements spécifiques dont chacun de vous aura besoin en voyage. (Exemple: Il est plus facile de trouver en magasin une paire de sandales en plastique en été qu'au mois de novembre, un mois avant le départ… Prévoyez à l'avance, selon la saison.)
- Renouveler les passeports, s'il y a lieu.

Trois à deux mois avant le départ

- Payer les billets d'avion et contracter les assurances voyage.
- Se renseigner sur les visas et se les procurer, s'il y a lieu.
- Se procurer un permis de conduire international, s'il y a lieu.
- Prendre rendez-vous pour un examen médical.
- Prendre rendez-vous chez le dentiste.
- Monter la trousse médicale de la famille.

- Se procurer les antibiotiques et les médicaments spécifiques.
- Apprendre quelques mots dans la langue du pays.
- Commencer à expliquer à l'enfant l'aventure qui s'en vient.
- Rencontrer l'enseignant de l'enfant, discuter de l'absence qui s'en vient et lui demander de préparer une liste de la matière à couvrir pendant le voyage.
- Préparer une liste de chaque item que vous voulez emporter et de chaque item que vous devez vous procurer avant le départ.
- Choisir et se procurer de la lecture pour toute la famille.
- Trouver et discuter avec les personnes ressources qui s'occuperont de votre maison (arroser les plantes, ramasser le courrier, déneiger, prendre soin de votre animal de compagnie, etc.).
- Finaliser le calendrier du voyage (commencé dans l'étape planification).

Un mois à la veille du départ

- Compléter la trousse médicale.
- Confirmer la réservation des billets d'avion.
- Réserver les sièges dans l'avion et le couffin de bébé, s'il y a lieu.
- Monter le cartable de devoirs suivant les recommandations de l'enseignant.
- Faire le trempage de tous les vêtements à la perméthrine pour des vêtements antimoustiques, au besoin.
- Se procurer les chèques de voyage, cartes de débit ou de crédit, etc.
- Réserver l'hôtel pour l'arrivée.
- Préparer les sacs à dos (ou valises) pour toute la famille.
- Préparer avec l'enfant son sac de jouets.
- Prendre des vitamines, au besoin.
- Commencer à prendre des capsules de yogourt, au besoin.
- Se procurer la nourriture non périssable pour les transports.
- Se procurer les aliments et le lait pour bébé, s'il y a lieu.

Chapitre 3 Le voyage

L'adaptation

Le choc culturel

Le choc culturel n'est pas quelque chose qui doit être pris à la légère. Il peut engendrer de vives réactions de la part d'un enfant. Lorsque tous ses repères ont disparu, de sa chambre à coucher à la nourriture, en passant par les odeurs et la couleur de la peau des gens, un enfant peut, avec raison, se sentir vulnérable et souffrir d'insécurité. L'attention des parents est alors essentielle. Donnez-lui le temps de s'habituer et de faire connaissance avec son nouvel environnement. N'outrepassez pas ses capacités. Indiana Jones a 40 ans, pas 5…

En cas de sentiment de panique intérieure, il ne faut pas hésiter à repousser une visite ou un départ pour une prochaine étape. Comme Michel l'a déjà dit, au téléphone, à sa petite sœur qui voyageait seule en Grèce, à 20 ans, alors qu'elle avait un coup de cafard, « Regarde le pays à travers la fenêtre de la chambre de ton hôtel jusqu'à ce que tu sois prête à sortir. Rien ne presse. Tu es très courageuse d'être là où tu es.

Sois indulgente envers toi-même». La meilleure façon de diminuer les effets du stress, face au choc culturel, est d'adapter votre rythme à votre état et tant pis si vous n'avez pas le temps de tout voir. Diminuez votre stress en vous appropriant l'endroit où vous êtes. Cela se fait en créant une routine, c'est-à-dire en retournant plusieurs fois au même restaurant que vous aimez, en fréquentant plus d'une fois les lieux que vous appréciez. Si vous restez assez longtemps à la même place, vous finirez alors par bien connaître les lieux et les gens, et après quelques jours vous serez prêts à agrandir votre territoire.

Inde, Darjeeling, 1990
Marie-Chantal

Déjà la moitié du voyage de passée. Nous sommes en Inde et au Népal depuis presque cinq semaines. J'ai pris beaucoup de temps à m'adapter, je trouve. Au moins trois semaines à me sentir vulnérable et mal à l'aise. C'est long. Je ne voulais pas être un fardeau pour Michel. Je me surestimais un peu, je crois. Avant de partir, j'étais sûre que ce voyage allait me changer. Je crois que je voulais absolument changer. En réalité, je ne crois pas revenir transformée de cette expérience, mais une chose est certaine, j'en saurai beaucoup plus sur moi, mes limites et mes peurs, et aussi sur Michel. Nous sommes ensemble depuis six mois seulement. J'ai déjà l'impression que ça fait beaucoup plus de temps. Ce voyage initiatique est un bon moyen de savoir si nous sommes faits pour vivre ensemble… avant d'aller vivre en appartement.

Certaines personnes seront plus sensibles que d'autres au choc culturel. Sachez d'abord très bien où vous allez mettre les pieds (culture et peuple), déterminez clairement vos attentes, et acceptez vos limites. Soyez indulgents envers vous-mêmes, sinon vous finirez par en perdre l'appétit et le sommeil. Ces recommandations peuvent sembler insignifiantes et superflues lorsqu'on les lit assis dans son salon, mais combien de voyageurs sont rentrés écœurés d'un voyage parce qu'ils s'étaient trompés dans le choix de leur destination et étaient partis vers quelque chose de trop difficile pour eux. Comme pour toute autre chose,

Chine, Yangshuo, 1992
Marie-Chantal
(Rosemarie en gestation)

Nous sommes installés dans ce magnifique petit village depuis maintenant six jours. Tous les matins, nous allons déjeuner au resto Green et déjà on sent que l'on fait partie des habitués de la place. Après, on va écrire au petit temple en haut de la colline. La vue y est époustouflante. Ça me fait énormément de bien d'avoir une routine. Ça fait du bien de ne pas toujours être « à l'aventure » et de visiter, visiter, visiter… J'ai l'impression d'être en vacances dans mon voyage!

voyager, ça s'apprend. Avec l'expérience, vous pourrez éventuellement pousser plus loin vos limites et aller vers des destinations plus exotiques. Donnez-vous le temps.

La sollicitation mentale

Pour nous, adultes, qui rêvons de voyages et de pays exotiques, il peut s'avérer difficile de comprendre que notre enfant, à un certain moment, en ait assez fait et en ait assez vu. Un enfant trop sollicité mentalement finira par en perdre le sommeil et l'appétit. Il nous indique de cette façon que nous devons ralentir et peut-être nous refermer pour un jour ou deux sur notre cellule familiale. L'étape suivante, si on ne respecte pas ces avertissements, c'est que l'enfant tombera malade. Croyez-moi, quand on est à l'étranger, mieux vaut prévenir que guérir.

Myanmar, lac Inle, 1997
***Michel** (Rosemarie, 4 ans, et Victoria, 3 mois)*

Aujourd'hui, on ne fait rien, on ne visite rien, on reste dans la chambre et on se repose. Notre vie au Myanmar est très exigeante pour Rosemarie. La stimulation, l'agitation des journées bien remplies, c'est beaucoup, on s'en rend bien compte. Elle dort mal la nuit lorsqu'elle est trop fatiguée. Son sommeil est agité, elle parle en dormant et bouge beaucoup. Vigilance, vigilance.

Inde, Jodhpur, 2005
Marie-Chantal *(Rosemarie, 11 ans, et Victoria, 7 ans)*

Les Indiens sont très sympas la plupart du temps. Ils aiment rire et ils sont taquins. Michel, avec son humour, encourage souvent les situations drôles. Il dit tout le temps qu'il a trois femmes, qu'il est pauvre et fait pitié. Les Indiens le trouvent bien drôle. Ce sont des gens qui entendent à rire, ils aiment blaguer. L'humour rend aussi les négociations plus relaxes des deux côtés. On a toujours tant de choses à négocier, des fois… je suis bien exaspérée.

Le contact avec les gens

Les visages, les sourires, les caresses feront partie des souvenirs les plus importants que votre enfant rapportera à la maison. Les cavernes bouddhistes d'Ajanta en Inde, même si elles ont été taillées dans le roc en 300 av. J.-C., ne lui feront probablement pas un très grand effet, mais le vieux monsieur à la longue barbe blanche qui déchire les billets à l'entrée du temple, lui, peut marquer votre enfant.

Au Népal, Rosemarie a baptisé une vieille dame qui nous a vendu un collier la « gentille sorcière ». Ce qualificatif exprime bien la façon dont l'enfant percevait cette femme âgée aux longs cheveux gris et aux dents…particulières.

Myanmar, Rangoon, 1997
Rosemarie, 5 ans
(elle dicte et j'écris pour elle)

Quand on est allés au Shwedagon, les gens voulaient tous me prendre et ils étaient très impressionnés de ma peau, de mes yeux et de mes cheveux. Mais ils n'étaient pas très impressionnés de les cheveux à papa parce qu'ils étaient noirs comme eux. Mais quand même, ils étaient très impressionnés de les yeux à papa. Mais quand même ils savaient qu'on n'était pas des Birmans.

Il faut laisser du temps à l'enfant pour prendre contact avec les gens du pays. Le rythme que l'on s'impose doit favoriser les rencontres et les coups du hasard. Il sera toujours temps de revenir visiter le temple, mais la magie d'une rencontre est passagère et ne se commande pas.

Nous devons aussi parfois savoir protéger nos enfants d'une trop grande sollicitude de la part des gens. Dans certains pays, l'enfant est quasiment une propriété publique. Nous devons être prêts à intervenir lorsque nous sentons que notre enfant n'en peut plus de se faire pincer la joue ou de se faire demander son nom. Nous avons dû apprendre à nos enfants à dire « non » aux étrangers qui s'avançaient pour venir les toucher. Les gens souriaient alors un peu, impressionnés de voir une petite fille de 3 ans leur dire bien fort un « non », mais respectaient la plupart du temps le choix de l'enfant.

Inde, Bimtal, 2005
Michel *(Rosemarie, 11 ans, et Victoria, 7 ans)*

La visite de Vaijanti et de sa famille avec toute l'équipe de Vision Mondiale fut une journée inoubliable. Vaijanti est la petite fille que nous parrainons du Québec avec l'organisme. L'équipe de World Vision fut très accueillante. Nous avons vécu un moment unique grâce à eux. Monsieur Sadhou, le directeur, nous a d'abord fait visiter les bureaux de World Vision à Bimtal et, de là, nous sommes partis en camion et puis à pied à travers les montagnes et les forêts de pins pour gagner le petit village de Vaijanti où aucune route carrossable ne se rend. Notre grosse poche de cadeaux pour la famille, apportée du Canada, est montée à dos d'âne. Il y avait plus d'une heure de marche en montagne pour arriver jusqu'au village. Il y a eu un dîner, tout le monde ensemble réunis sur le balcon où on avait préalablement posé des tapis sur le sol. Les plats ont été déposés en face de nous. Même les voisins avaient aidé à la préparation de la nourriture. Nul besoin de dire que tout le village était au courant de notre venue. Une fois le dîner bien entamé, le père et la mère se sont joints à nous. L'atmosphère était à la fête et malgré la grande timidité de Vaijanti, nous avons réussi à communiquer. Monsieur Sadhou faisait la traduction.

Les enfants du pays

Les enfants du pays sont une source de joie et la porte d'entrée idéale pour connaître les gens et les familles des endroits visités. Ce sont souvent ces petits êtres qui chercheront le plus à entrer en contact avec vos enfants. Favorisez ces rapports, ils sont tellement enrichissants. Accordez-vous du temps pour ces rencontres que l'on ne peut prémé-diter. Pour nous, la façon idéale consistait toujours à s'asseoir au soleil dans un parc ou, encore mieux, quelque part sur une place publique et à laisser aller les enfants. Immanquablement, elles se liaient d'amitié avec quelqu'un et nous le ramenaient pour nous le présenter. Les parents, qui surveillent de loin, s'approchent alors tranquillement et c'est ainsi que l'on engage la conversation. Il est toujours surprenant de constater à quel point la différence de langue ne nuit pas aux contacts entre enfants. Ceux-ci ne se formalisent pas de ce genre de détails et trouvent toutes sortes de façons de se faire comprendre.

LES TRANSPORTS

À quand la « téléportation » ?

Se déplacer avec des enfants n'est jamais une chose facile et agréable. On prend une grande respiration et on plonge. On attend que ça passe, que ça se termine. On pense à ce qui nous attend: la mer, les temples mayas, la montagne, les ruines de Pompéi, les champs de coquelicots… Mais, comme pour bien des choses, il est possible, avec une bonne préparation, d'atténuer les effets indésirables d'un long déplacement.

> **Mexique, Palenque, 2000**
> **Rosemarie, 7 ans**
>
> *Aujourd'hui nous sommes partis de San Cristobal à 9 heures. Nous sommes restés dans l'autobus pendant cinq heures. J'ai trouvé ça très long. Je n'ai pas du tout aimé et en plus, j'ai attrapé des puces.*

En attendant que la « téléportation » nous emmène là où l'on veut en une minute, essayons de minimiser les désagréments des longs transports. Règle numéro 1… être bien reposé et, règle numéro 2… avoir les mains libres ! Il ne faut pas avoir trop de bagages qui occupent mains et bras afin d'être en mesure de tenir ou prendre les enfants. Le petit sac à dos est idéal pour ce type de déplacement. Vous y déposez des serviettes humides, un sous-vêtement et un pantalon de rechange pour les petits accidents, des couches et des biberons pour les plus petits, un petit sac de plastique pour disposer des déchets et autres souillures, un jeu, un livre et un cahier à colorier pour occuper le ou les enfants, et… un peu de nourriture et quelques boissons.

L'avion

Prendre l'avion est, en soi, un désagrément. Un mal presque impossible à contourner si l'on choisit de visiter un pays autre que le sien. Cela se traduit par de longues heures d'attente assis dans un siège minuscule sans pouvoir se lever ou faire grand-chose, de nombreux déplacements pour se rendre du guichet à la porte d'embarquement et au restaurant de l'aéroport, sans compter les heures que vous aurez à tuer en attente de votre prochain vol de 13 heures vers Sidney. Cependant, malgré les nombreux inconvénients et le service qui se détériore sans cesse, l'avion demeure le moyen de transport le plus rapide et, quoi qu'on en pense, un des plus sécuritaires. Voici néanmoins quelques précautions à prendre lors d'un long vol en avion.

Les changements de pression dans la cabine, spécialement au décollage et à l'atterrissage, peuvent s'avérer très douloureux pour les tympans, spécialement ceux des enfants ou des petits bébés. Comme pour la plongée sous-marine, il suffit de rééquilibrer ses tympans. La gomme à mâcher peut s'avérer un excellent moyen de parer à ce désagrément : mastiquer débloque naturellement les tympans. Vous pouvez aussi boire et, enfin, boucher votre nez et souffler doucement par les narines. Un enfant de plus de 5 ans peut apprendre à le faire. L'idéal, pour les très jeunes enfants, c'est de leur donner le biberon. Si ce n'est pas le moment de prendre son lait, donnez-lui de l'eau ou du jus. La déglutition évitera que la pression lui écrase les tympans. N'attendez pas qu'il ait mal aux oreilles pour lui donner le biberon, sinon il se mettra à pleurer et ne voudra plus rien savoir de boire quoi que ce soit. Un enfant de moins de 2 ans ne comprendra pas que le fait de déglutir ou de bâiller peut le soulager ; il sera tout simplement désemparé et vous aussi. Et finalement, ne bouchez jamais les oreilles de votre enfant avec vos mains ou de la ouate, vous augmenterez ainsi la pression.

La déshydratation est un des inconvénients majeurs des longs vols. Le taux d'humidité est habituellement en dessous de 20 % dans un avion, c'est comparable aux régions les plus arides de la Terre. La déshydratation, en plus de la fatigue générale, peut conduire aux saignements de nez, à la formation d'une thrombose et à d'autres problèmes. Buvez, buvez, buvez ! Au moins un demi-litre d'eau ou de jus à l'heure pour les ados et les adultes, et 300 ml (1 tasse ou 8 onces) pour les enfants. Souvenez-vous que si vous avez envie de faire des excès, la caféine et l'alcool déshydratent.

Marcher quelques minutes dans l'avion toutes les deux ou trois heures est une excellente idée. En plus de délier le corps, ce petit exercice diminue la fatigue et réduit les risques de thrombose. Une thrombose peut se former dans une jambe après une trop longue période de station assise avec les jambes repliées. Si vous avez des problèmes de haute pression ou que vos jambes ont tendance à enfler au niveau des chevilles, vous êtes considérés un peu plus à risque que la moyenne des gens. Alors marchez un peu, ça ne vous tuera pas. Pour ceux qui sont sujets aux maux de cœur et aux vomissements dus au mal des transports, essayez de choisir un siège vis-à-vis des ailes, c'est l'endroit le plus stable de l'avion.

Rosemarie a 2 ans et 10 mois. Elle fait son premier voyage avec nous en novembre 1995. Elle découvre la folie indienne à Delhi sur le dos de son père.

Chacun son porte-bébé ! J'ai pris cette photo en bas du grand escalier qui mène au célèbre Monkey Temple (Swayambunath) de Katmandou.

Autour du grand stupa de Swayambunath, deux mondes s'observent…

Rosemarie crée un véritable rassemblement, dans une petite rue de Backtapur, au Népal, avec ce petit chien dans les bras. Elle est aux anges !

Surnommée la « gentille sorcière » par notre fille, cette charmante vieille dame de Backtapur a passé un après-midi ensoleillé avec nous.

Demander la charité avec une petite fille aux yeux bleus à côté de soi… attire bien l'attention des passants !

Les drapeaux de prières népalais colorent les Himalayas depuis toujours. Le Thamserku, d'une hauteur de 6 623 mètres, envahi l'arrière plan.

Du haut de ses trois mois, Victoria fait dodo dans son kangourou, pendant que sa sœur découvre le village de Bagan, au Myanmar.

Nous visitons la fabuleuse plaine de Bagan avec ses stupas et ses temples dans cette charrette. Cela me permet d'allaiter Victoria à l'ombre et de changer sa couche… à l'abri des regards !

Rosemarie pose pour nous sur le toit d'un temple, à Bagan. Elle a 4 ans et demi.

Tout près du village du Chamula, au Chiapas, petite halte avec les gars de la place !

Les magnifiques ruines de Palenque, au Mexique… Que c'est haut ! Victoria a 3 ans, Michel la porte sur son dos et Rosemarie monte toute seule comme une grande de… 7 ans et demi !

Grâce à nos filles, nous avons appris à voyager autrement.

Mes parents sont venus nous rejoindre à Tulum, sur la Riviera Maya au Mexique, pendant une semaine. Quel bonheur !

Victoria avait 5 ans lorsque nous avons visité le Sri Lanka, en 2002. Elle regarde ici les offrandes laissées par les croyants devant cette magnifique statue du Bouddha, à Anuradhapura.

Les animaux fascinent toujours les enfants. Près des ruines doublement millénaires d'Anuradhapura, les singes ne veulent plus nous laisser partir… ou… je crois que ce sont plutôt les filles qui ne veulent plus s'en aller!

À 9 ans, Rosemarie réalise un grand rêve : conduire son propre éléphant dans la jungle cinghalaise !

Victoria devant le grand troupeau d'éléphants orphelins de Pinnewala, au Sri Lanka, à trois heures de route de Colombo. Fascinant…

La plage de Tangalle, au sud du Sri Lanka, est magnifiquement vierge, les vagues sont fortes et la nuit… des mamans tortues viennent pondre près des palmiers.

Rosemarie ressemble à une vraie princesse cinghalaise dans son joli sari de soie…

Pas très loin du Gange, à Rishikesh, les filles ont fait une belle rencontre!

Nous parrainons Vaijanti depuis quelques années avec Vision Mondiale. Nous leur avons rendu visite, à elle et à sa famille, en décembre 2004, dans son village du nord de l'Inde. Une rencontre très émouvante.

Dernière journée avec notre chauffeur Mohinder. Les filles se sont beaucoup attachées à lui. Après 12 jours passés ensemble, nous avons tous pleuré lors de la séparation, à Rishikesh…

Près d'une école de garçons en Himachal Pradesh, en Inde, les filles ont reçu des demandes en mariage !

Nous avons «trekké» pendant trois jours dans les Himalayas indiennes avec nos filles, à la fin de décembre 2004. Raju et son équipe nous accompagnaient, ainsi que nos amis australiens Jula (avec un manteau rouge) et son fils Ché, 14 ans (à gauche de Michel).

Victoria et moi, à 3200 mètres d'altitude, dans les neiges éternelles du nord de l'Inde…

Nos filles ont 7 et 12 ans. Elles examinent les gousses fraîches de curry devant une boutique d'une rue de Bikaner, en Inde.

Les fidèles du temple Deshnok, dans le désert de Thar, protègent et nourrissent les milliers de rats de la défunte Karni Mata depuis le XVe siècle. Les maîtres des lieux sont très… habitués aux êtres humains. Les filles se sont approchées de leur bol de lait de chamelle…

Le désert de Thar nous a accueillis pendant trois jours. Nous avons parcouru la frontière indo-pakistanaise avec six dromadaires et leurs chameliers. Pour les filles, ça a été le moment le plus mémorable de notre voyage en Inde.

De petits bergers avec leurs troupeaux de moutons et de chèvres sont venus à notre rencontre, dans le désert du Rajasthan. Les enfants se reconnaissent et s'attirent.

Petit matin frisquet dans le désert de Thar. Nos amis australiens, Jula et Ché, étaient avec nous pour cette grande aventure.

Dans la grande forteresse de Jaisalmer, au Rajasthan, nous avons fait de belles et exotiques rencontres !

En fin de journée, Victoria pose devant la forteresse de Jaisalmer. À partir du XVIIe siècle, les habitants ont commencé à sortir du fort et à construire des *havelis* (maisons de riches marchands) avec de la pierre de sable et du beurre de chamelle, les seuls matériaux disponibles en plein désert. L'odeur de beurre est omniprésente.

Trois filles perdues dans une boutique indienne… en Inde!

Nous avons traversé la province du Gujarat, en Inde, dans cette camionnette, avec deux très sympathiques voyageurs du Maine. Nous avons passé une agréable semaine avec Lauren et James, rencontrés entre Jaisalmer et Jodhpur.

Miss Rosemarie, 12 ans, prend le thé en faisant ses devoirs de maths près du lac, à Pushkar. Elle porte le vêtement traditionnel des jeunes filles indiennes : la *punjabi dress*. Ses amis de sixième année n'étudient pas dans le même décor... ça c'est sûr !

Victoria voit enfin le Taj Mahal, à Agra, le 30 janvier 2005. Elle a 7 ans.

Les vêtements portés dans l'avion devraient idéalement être souples et amples. Évitez à tout prix, pour vous et vos enfants, les jeans ou les vêtements ajustés. Prévoyez des gilets de laine ou des polaires pour la nuit si vous avez un long vol. L'air climatisé peut s'avérer une nuisance si on est trop légèrement vêtu et qu'il ne reste plus de ces petites couvertures qu'on prête dans l'avion. C'est bien connu, dans l'avion, à cause de la pression, nos extrémités enflent. Prévoyez de bonnes paires de bas propres, ainsi, vous pourrez tous vous déchausser et vous mettre plus à l'aise. Pour bébé, n'oubliez pas un « kit » complet de rechange. On ne sait jamais ce qui peut advenir.

Après avoir passé plusieurs heures assis dans votre siège, il est néfaste pour votre dos de vous lever brusquement et d'attraper à bout de bras vos effets personnels qui sont dans le compartiment placé au-dessus de votre tête. Prenez 30 secondes pour vous étirer, votre dos ne s'en portera que mieux.

L'embarquement prioritaire

L'embarquement prioritaire peut être considéré pour diverses raisons. Ce n'est pas toujours la meilleure option parce que vous devrez rester assis dans l'avion 30 minutes de plus, le temps que l'avion se remplisse. Mais si, par exemple, vous voyagez avec de très jeunes enfants, qu'ils dorment dans vos bras, que vous avez beaucoup de bagages à mains

Mexique, Tuxtla Gutierrez, 2000
Marie-Chantal *(Rosemarie, 7 ans, et Victoria, 3 ans)*

En arrivant à l'aéroport de Mexico, pour notre transit, il y avait une file d'un kilomètre pour passer les douanes… Les filles étaient très agitées à cause de la fatigue et Michel et moi bien découragés devant l'attente que nous devions leur faire subir encore une fois. Un préposé nous a tout de suite repérés et nous a fait passer devant tout le monde! J'étais un peu mal à l'aise, mais le douanier nous a rassurés en nous expliquant qu'il faisait toujours passer les familles avec de jeunes enfants d'abord, quelle que soit la longueur de la ligne. Quel bonheur!

et une poussette, que vous êtes fatigués parce que vous êtes en transit et qu'à votre heure à vous il est 4 h du matin, ce peut être une bonne idée. N'ayez pas peur de fendre la foule des voyageurs pressés avec vos enfants. Les agents de la compagnie d'aviation vont vous assister et prioriser votre embarquement.

Les bébés en avion

Avec un jeune enfant (entre 8 et 24 mois), ça se complique encore d'un cran en avion. Il ne comprend pas vraiment ce qu'il fait là et pourquoi on l'oblige à subir cette dure épreuve alors, en retour, il vous en fera baver. Si on parle d'épreuve pour l'enfant on peut, à juste titre, employer le mot « torture » pour les parents. Pour un long vol, vous aurez à déployer des montagnes d'efforts pour l'amuser, le distraire, le garder assis et attaché, l'empêcher de crier, de pleurer, etc. Même les repas sont une épreuve. L'empêcher de renverser son verre de jus en se retournant relève de l'exploit. Beaucoup de plaisir en perspective, n'est-ce pas ? Restez calmes, faites de votre mieux et essayez d'oublier vos voisins pour ne pas trop « paranoïer ».

Si votre enfant de moins de 2 ans n'a pas son siège à lui, cela veut dire qu'il est assis sur vous. Certaines compagnies vous offriront pour votre petit une mini ceinture de sécurité qui s'accroche à la vôtre. L'agent de bord vous expliquera comment l'utiliser. Les compagnies d'aviation canadiennes, quant à elles, n'ont pas de ceintures de sécurité adaptées. Les bras de l'adulte qui tient l'enfant sont tout aussi sécuritaires en cas de turbulences ou d'accident. N'attachez jamais votre enfant avec vous à l'intérieur de votre ceinture. S'il arrivait un accident votre enfant se ferait écraser entre vous et la ceinture…

Nous avons toujours prévu biberons et nourriture en avion pour nos filles lorsqu'elles étaient toutes petites. Mais il y a des transporteurs qui offrent la nourriture pour les bébés. Renseignez-vous (voir chap. 2, « Dans l'avion », page 133).

Vers 3 ans, les choses se calment un peu et vers 4 et 5 ans, avec une bonne préparation, ça devient presque agréable. On peut parler de petits compagnons de voyage. Ils voient le repas comme une activité agréable et le film, la musique et leurs jouets arrivent à les tenir occupés.

Myanmar, Rangoon, 1997

Michel *(Rosemarie, 4 ans, et Victoria, 3 mois)*

Le soleil n'est pas encore levé, mais nous, on est tous bien réveillés. Hier soir, nous nous sommes couchés vers 18 heures, sans même souper. Rosemarie et moi dormions littéralement debout. On a cru, un moment, avoir assez d'énergie pour sortir se promener, mais nous n'en avons pas été capables. Il est 5 h 23, Rosemarie dessine dans son journal et Victoria est couchée dans un grand lit blanc, au frais, les cuisses à l'air. Le transport Montréal-Rangoon, bien qu'affreusement long, s'est tout de même déroulé sans retard, sans crise aucune et dans les meilleures conditions. Rosemarie est une grande voyageuse. Encore une fois, elle a su se montrer raisonnable et d'une patience angélique. C'est si loin, le Canada ! J'ai de la difficulté à croire que nous sommes au Myanmar. Je regardais Victoria dans le bain, tout à l'heure, et j'étais stupéfait de voir cette si petite fille ici, avec nous, si loin de sa maison. La belle piscine de l'hôtel fait du bien à tout le monde. Ce fut une très bonne décision de débarquer ici. L'hôtel est un peu cher pour nos moyens, mais elle permet à tout le monde d'arriver en douceur.

En terminant, la majorité des aéroports disposent de salles pour allaiter et changer son enfant, de même que d'une aire de jeu où l'enfant peut se dégourdir un peu. Soyez extrêmement vigilants concernant la surveillance de votre enfant dans les aéroports. Ne le quittez jamais des yeux. Arrivez tôt pour avoir du temps devant vous pour remplir les formalités sans avoir besoin de presser toute la famille. Passer d'une porte d'embarquement à une autre peut prendre le double du temps avec des enfants fatigués. En transit ou entre deux vols, certains aéroports disposent d'un service de location de chambres à la demi-journée. Vous avez cinq ou six heures d'attente entre deux vols, et il est, selon votre heure au point de départ, 3 h du matin ? Peut-être qu'une pause dans une chambre de l'hôtel adjacent à l'aéroport peut adoucir le déplacement.

Le train

Le train est souvent un mode de transport idéal pour les déplacements en famille. D'abord, parce qu'on peut se lever, marcher et se dégourdir les jambes, ensuite, parce que le train est, la plupart du temps, un lieu unique de rencontre et d'échange avec les habitants d'un pays. Vous risquez fort d'y rencontrer des familles, de lier des amitiés et, en prime, d'avoir du bon temps. Le train n'est habituellement pas le moyen de transport le plus rapide, mais il est décidément agréable et tellement pittoresque.

Sri Lanka,
Polonnaruwa, 2002
Victoria, 5 ans
(elle dicte et j'écris pour elle)

J'ai beaucoup aimé prendre le train mais c'était très long et j'étais très fatiguée et dans le taxi après, je dormais même si papa me brassait. Dans le train, Rosemarie et moi on prenait les places à côté des fenêtres. J'espère que dans l'avion, j'aurai la place près du «bibelot»!

Dans la plupart des pays d'Asie, le train est une expérience incontournable. On peut choisir

Inde, Dharamsala, 2005
***Michel** (Rosemarie, 11 ans, et Victoria, 7 ans)*

Ça sera toute une aventure, les 20 heures de train de demain. J'ai bien hâte à ce qui nous attend. Les trains indiens sont toujours tellement pleins de surprises et... d'Indiens. On quitte l'Himalaya pour le Rajasthan. La montagne pour le désert. Jula et son fils Ché (14 ans), nos deux amis australiens, nous accompagneront. Nous avions acheté six billets pour nous quatre, histoire d'avoir de la place, ils prendront ces deux billets supplémentaires. Leur présence est très agréable pour l'énergie de la famille et Rosemarie aime beaucoup Ché. Aujourd'hui nous devons changer de l'argent, régler la note de l'hôtel, puisque nous partons très tôt demain, en plus de nous approvisionner en eau, en fruits et en noix. Il faut aussi prévoir des vêtements chauds pour la nuit dans le train.

entre trois classes différentes, dépendamment du confort souhaité, en plus des couchettes, pour un voyage de nuit. Les retards sont fréquents mais vous n'êtes pas à une heure près. Les trains européens sont, en contrepartie, d'une très grande efficacité. Ils sont luxueux et ponctuels. Assez cher, mais bien plus agréables que l'avion.

Au chapitre 1, sous la section «Le prix à payer» (page 33), j'ai mentionné que certaines classes sans réservation, qui prônent le mode premier arrivé premier assis, ne convenaient plus à notre famille. À vous de voir. Michel a déjà fait 14 heures sur le toit d'un train indien qui montait au Cachemire, mais c'était au temps béni de son célibat!

L'autobus

Partout dans le monde, même dans les coins les plus reculés, l'autobus est LE mode de transport. Plusieurs compagnies se font concurrence, aussi, les prix sont-ils en général très abordables. L'autobus va plus vite que le train et est plus fiable, question horaire. (J'exclus ici les trains d'Europe et d'Amérique du Nord). On peut choisir entre plusieurs classes: de luxe, première et deuxième classe, et l'autobus local, sans réservation, assis parfois sur un banc de bois. Les autobus long-courriers en Asie ou en Amérique du Sud sont comparables à ceux que nous avons ici. On y est confortables et on peut aisément y passer la nuit avec les enfants pendant que l'on se rend à la prochaine étape. Il y a des toilettes à bord et souvent, on servira un petit lunch aux passagers.

Méfiez-vous de l'air climatisé (symbole de luxe occidental) qui peut être une nuisance lors de longs déplacements de nuit. Prévoyez des vêtements chauds: des bas, des souliers, des gilets à capuchon ou un chapeau, et même une couverture pour couvrir les enfants.

Mexique, Tulum, 2000
Michel (Rosemarie, 7 ans, et Victoria, 3 ans)

Le trajet Palenque-Tulum s'est fait sans heurts. Les enfants ont dormi durant presque tout le trajet. Nous avons quitté Palenque à 20 h et 14 heures plus tard, l'autobus nous laissait au terminus de Tulum. Mon souper d'hier soir était avarié. Il a provoqué une formidable diarrhée. Heureusement qu'il y avait des toilettes dans l'autobus…

Sri Lanka, Anuradhapura, 2002
Michel *(Rosemarie, 9 ans, et Victoria, 5 ans)*

Une suite de coïncidences nous a ramené Vimale, le chauffeur que nous avions en tête. Notre jeune et si gentil conducteur de tuk tuk aurait tellement voulu avoir le contrat de nous conduire pendant neuf jours à travers le nord du Sri Lanka. Son manque d'expérience a joué contre lui. Le chauffeur (Vimale) que nous avons choisi opère sa petite minivan depuis 20 ans et il sera à même de beaucoup mieux nous conseiller que Niranjan, qui en aurait été à sa première expérience sur les grandes routes. J'avais eu un très bon feeling avec cet homme de 50 ans lorsqu'il nous avait cueillis à la gare d'Anuradhapura. Il était calme et il nous avait tout de suite demandé un prix juste pour la course jusqu'à l'hôtel. Il m'avait donné rendez-vous le lendemain soir pour discuter de prix et de trajet, mais je ne l'avais pas revu. J'ai appris par la suite que sa grande fille de 15 ans faisait son entrée dans sa vie de femme et qu'il avait été retenu par la cérémonie qui avait entouré cet heureux événement. Le temps pressait pour trouver un bon chauffeur et je n'avais pas confiance en notre conducteur de tuk tuk. J'avais confiance en l'homme, mais pas en l'expérience de ce jeune garçon de 24 ans. Pour parcourir les routes du Sri Lanka pendant neuf jours, avec deux enfants de surcroît, je voulais quelqu'un d'expérience. Et, comme par magie, Vimale est réapparu hier après-midi, alors que nous parcourions la ville en tuk tuk. Il est intéressant de voir, de sentir, d'être attentif aux signes qui placent les bonnes personnes sur notre chemin. C'est vraiment fantastique de regarder la vie opérer devant soi et de répondre positivement aux bons signes et aux bonnes personnes.

La voiture avec chauffeur

Ça peut sembler un peu snobinard sur les bords et absolument antisocial dans un contexte nord-américain, mais dans plusieurs pays d'Asie, en Inde particulièrement, c'est quelque chose de courant et les chauffeurs se bousculent pour vous proposer leurs services. Évidemment, les prix ne sont pas ceux d'ici. La voiture avec chauffeur peut s'avérer des plus agréable : un plaisir qui nous simplifie la vie et nous permet de voir du pays tout en respectant le rythme de notre famille. Avec un chauffeur, vous pouvez arrêter où bon vous semble, visiter à votre rythme et vous n'avez jamais à chercher votre chemin. Si vous avez la chance de tomber sur un bon père de famille, celui-ci prendra soin de vous, respectera vos exigences et facilitera les contacts avec les gens du pays.

La location d'une voiture avec chauffeur se fait à la journée et même à la demi-journée. Pour une excursion de plusieurs jours, on s'entend *a priori* sur le trajet et la destination finale, la ville où l'on veut être reconduits et, ensuite, on discute du prix. Durant ce genre de voyage, le chauffeur est là lorsque vous en manifestez le besoin et il se volatilise quand vous n'en avez pas besoin. Il peut être utile pour suggérer des hôtels ou de bons petits restaurants peu chers, fréquentés par la popu-

Sri Lanka, Nuwara Eliya, 2002
Michel *(Rosemarie, 9 ans, et Victoria, 5 ans)*

Nous voici donc, en ce jour du 31 décembre 2002, installés dans un magnifique hôtel – c'est une ancienne factorerie de thé rénovée et transformée en hôtel. La vue de notre chambre sur les plantations de thé est magnifique! On doit ce séjour ici à un magistral coup de tête. En effet, rien ne nous laissait croire, en quittant notre petit «guest house» à Ella, ce matin, que nous nous retrouverions ici le soir venu. Toutes nos affaires sont d'ailleurs restées à Ella. Nous n'avons même pas une brosse à dent. Mais après avoir visité le superbe site de Horton's Plain, alors que nous nous dirigions vers cet hôtel dans l'unique but d'y casser la croûte et de repartir ensuite, j'ai eu l'idée un peu folle de m'informer s'il y avait des chambres de libres. Dans ce superbe hôtel, gagnant d'un prix pour la qualité de sa transformation de factorerie de thé en hôtel, je me disais que nos chances devaient être bien minces. Coup du hasard, il restait une chambre assez grande pour nous accueillir tous. Non seulement cela nous évitait le long trajet de retour (près de trois heures) jusqu'à Ella, mais l'assurance d'un bon souper et d'un joyeux party du Nouvel An nous était très agréable. Marie-Chantal fut enchantée par ma proposition. Bien entendu, c'est la liberté qu'offre le transport avec chauffeur qui nous a rendu possible ce revirement soudain.

lation locale. Les agences de voyages locales ou les agences de tourisme d'aventure offrent souvent ce service.

Les prix peuvent varier considérablement d'un pays à l'autre et d'une saison à l'autre. Il faut se renseigner et calculer les prix. Avec ou sans chauffeur ? Est-ce que j'ai réellement envie de conduire ici ? Est-ce qu'il y a des cartes routières pour que je puisse bien m'orienter ? Le prix avec chauffeur est-il beaucoup plus élevé ? Ai-je envie d'avoir un étranger avec nous dans la voiture pendant 5 ou 10 jours ?

La voiture de location

Dans toute l'Europe, la location d'auto est très répandue et il n'est plus nécessaire de vanter cette façon de voyager. Les cartes routières sont très bien faites, la signalisation est claire (renseignez-vous, toutefois, dans un bureau d'information touristique si certains panneaux de signalisation vous sont inconnus) et les indications si présentes sur les routes que l'on peut se débrouiller sans trop de problèmes. Entre les villes, ça va bien. Si vous voulez voir le paysage, les campagnes et être complètement libres de vos horaires et déplacements, c'est formidable. C'est à l'intérieur des villes européennes qu'il est plus difficile de se retrouver. Souvent, vous devrez laisser votre voiture de location dans un stationnement 24 heures si vous êtes dans des villes comme Paris, Séville, Florence ou Athènes, et payer entre 25 et 40 $ par jour, en plus de votre location journalière, évidemment. Vous n'y êtes pas obligés, bien sûr, mais vous réaliserez sur place qu'il est beaucoup plus aisé de circuler à pied, en métro ou en taxi, et qu'il est très difficile, voire impossible, de stationner dans les rues.

Dans d'autres parties du monde, la conduite à la campagne peut être très compliquée. Les indications, les numéros des routes et les noms de rue sont parfois écrits dans un alphabet indéchiffrable ou une langue incompréhensible pour nous, et ça, c'est quand il y en a ! Imaginez maintenant dans les villes… Tenter de conduire son propre véhicule dans un pays comme la Bolivie, où les indications et les cartes routières sont pratiquement inexistantes, n'est pas une sinécure, surtout avec deux enfants qui ont faim, qui n'en peuvent plus et qui pleurent sur la banquette arrière.

Si vous décidez de louer une voiture, préférez une compagnie reconnue internationalement. Inspectez la voiture avant de partir et demandez que l'on note sur le contrat les rayures déjà existantes sur la carrosserie. Vérifiez l'état de la roue de secours et de ses accessoires et examinez scrupuleusement les assurances qui accompagnent le véhicule. Assurez-vous qu'il y ait sur le contrat d'assurance :

- une assurance responsabilité civile pour les dommages à autrui ;
- une assurance pour vos propres dommages matériels ;
- un numéro d'urgence en cas de pépin, et essayez-le avant de partir pour vérifier qu'il s'agit du bon numéro.

On vous donnera le choix entre une compacte ou une familiale. La compacte offre évidemment l'avantage d'être petite. Sa location sera aussi moins chère, elle sera plus facile à conduire et à stationner dans les villes et sera plus économique en essence. En revanche, si vous êtes plus de deux passagers, vos bagages n'entreront pas dans le coffre arrière, souvent minuscule, et c'est assez important. Si vous vous arrêtez en route pour manger, visiter un lieu ou prendre du temps à la plage, vous n'aurez pas envie de laisser vos valises ou sacs à dos à la vue, sur la banquette arrière. Les plaques d'immatriculation des voitures louées sont très souvent reconnaissables par les voleurs. Inutile de les tenter encore plus. Les meilleurs trucs: ne laissez à la vue aucun bagage qui montre que vous êtes des touristes et laissez traîner dans la voiture un journal dans la langue du pays…

La conduite à gauche, dans certains pays, peut être éprouvante. Si c'est la première fois, optez pour une automatique, vous aurez besoin de toute votre concentration dans les carrefours et les ronds-points. Pas besoin d'en rajouter en essayant de changer de vitesse avec la main gauche !

Les avantages de la voiture louée sont sensiblement les mêmes que ceux de la voiture avec chauffeur. Un des désavantages, cependant, peut être de devoir revenir au point de location initial, quoiqu'il soit quelquefois possible de s'arranger autrement.

Lors d'un voyage de plusieurs semaines, il peut être agréable de faire deux semaines en voiture, pour ensuite rejoindre en train une ville plus éloignée ou une petite plage paradisiaque, où une voiture louée ne vous servirait à rien. La planification et l'expérience de votre rythme personnel en famille vous renseigneront là-dessus.

Le siège d'auto

Dans la majorité des pays, le siège d'auto pour enfant n'est pas obligatoire comme au Québec. Parfois, des frais s'appliquent pour la location d'un siège d'auto et d'autres fois, ils n'en ont tout simplement pas. Dans plusieurs pays d'Europe, vous pouvez réserver une voiture de location, mais pas le siège d'auto pour enfant. Il faudra espérer qu'il y en ait un disponible lorsque vous prendrez possession du véhicule. Aussi bien prendre un billet de loterie ! En Asie, nous n'avons jamais trouvé de sièges d'auto pour enfant et nous avons choisi de ne pas les apporter de la maison. Même les ceintures de sécurité faisaient parfois défaut. Nos enfants voyagent de la façon la plus sécuritaire possible, selon les circonstances.

Si vous savez que vous ferez beaucoup de voiture et que vous êtes très inconfortables à l'idée que votre enfant voyage sans siège d'auto, apportez le sien de la maison.

Les transports locaux

Les déplacements journaliers peuvent aisément se faire en empruntant les transports locaux. Nous avons souvent emprunté le transport en commun (autobus, *tuk tuk*, *rickshaw*, *collectivos*, etc.) pour nous rendre visiter un site ou un temple à quelques kilomètres. Une heure d'autobus, même bondé de gens, peut s'avérer une partie de plaisir pour les enfants. C'est une excellente façon de faire des rencontres et les gens sont presque toujours heureux de nous voir emprunter leur mode de transport. Souvenez-vous, en famille, avec des enfants, on jouit d'un statut un peu spécial auprès des habitants. Ceux-ci peuvent se montrer particulièrement avenants, pour peu que l'on soit ouverts. Les transports locaux ont entre autres l'avantage de ne coûter presque rien. En fin de journée, dans la majeure partie des cas, à moins que le retour soit court et que les enfants soient en forme, on choisit de rentrer en taxi. Le matin, les enfants sont frais et reposés, idéal alors pour ce genre de transport. C'est autre chose après une longue journée de visite au soleil.

Le mal des transports

C'est connu, les enfants sont plus sujets que les adultes au mal des transports. Ce mal embarrassant et salissant qui inclut, notamment, le mal de mer, le mal de l'air, le « mal de voiture », le « mal de train », le mal de l'espace, rend les déplacements beaucoup plus insécurisants pour les parents. Mais à part les problèmes de logistique que cela occasionne, le mal des transports n'est pas, à proprement parler, grave et digne d'inquiétude.

Santé Canada nous dit que « [l]e mal des transports est une réaction normale de l'organisme à la perception du mouvement, lorsque les divers récepteurs (visuels, vestibulaires et propriocepteurs) sont en conflit quant à l'interprétation des mouvements du corps ». Voilà… on comprend déjà beaucoup mieux le phénomène, n'est-ce pas ?

Les symptômes varient en fonction de la susceptibilité naturelle de l'enfant, du mode de transport que vous empruntez et du genre de vol ou de trajet routier que vous subissez. Plus il y a de mouvements : turbulences, virages serrés, descentes et montées rapides, plus le sujet est soumis à rude épreuve. Le bateau est de loin le moyen de transport le plus susceptible d'occasionner le mal des transports, suivi de l'avion, de la voiture et du train. Des facteurs comme la présence d'odeurs, de vapeurs, de fumée, de monoxyde de carbone ou une ventilation inadéquate ont aussi pour effet d'augmenter les malaises ou d'accélérer leur apparition.

Le premier symptôme est généralement un inconfort dans la partie supérieure de l'abdomen, suivi de la nausée et d'un malaise croissant. L'enfant commence à suer. Les symptômes s'aggravent rapidement et, en règle générale, les vomissements suivent de près.

Le mal des transports touche rarement les enfants de moins de 2 ans. Il semble plus répandu chez les enfants de 3 à 12 ans, et diminue graduellement avec l'âge. Le mal des transports atteint davantage la

Inde, Dharamsala, 2004
Rosemarie, 11 ans

J'ai été malade pendant les deux premières heures dans le camion qui nous amenait ici. La route tournait et tournait et je n'en pouvais plus. J'ai vomi au moins cinq fois et après je me suis endormie. À Dharamsala, maman aime ça énormément, elle réalise un rêve d'être ici. Elle aime beaucoup les Tibétains et moi aussi. Ici c'est une ville de réfugiés et c'est très différent de l'Inde. Notre chambre est super belle. Les murs sont remplis de belles peintures d'arbres et d'oiseaux. Les couvre-lits sont verts avec des fleurs. C'est vraiment beau!

femme que l'homme et est plus fréquent durant les règles et la grossesse. La plupart des symptômes associés au mal des transports se résolvent spontanément après cessation du stimulus ou adaptation à celui-ci.

Voici quelques mesures pour parer le plus efficacement possible au mal des transports:

- réduire l'exposition aux mouvements au minimum en se plaçant au milieu de l'avion ou du bateau, où le mouvement est minimal;
- s'installer en position semi-couchée;
- réduire au minimum les mouvements de la tête et du corps;
- limiter l'activité visuelle, c'est-à-dire fixer le regard sur l'horizon ou tout autre objet stable à l'extérieur du véhicule;
- éviter de fixer un objet en mouvement;
- éviter de lire;
- à l'intérieur ou dans une cabine fermée, sans fenêtre, fermer les yeux;
- si on contrôle son moyen de transport, essayer de réduire ou d'éviter autant que possible les accélérations et décélérations, les virages rapides et autres mouvements du véhicule;
- si possible, améliorer la ventilation.

Quant à l'alimentation, il est recommandé de réduire la quantité d'aliments ingérés en une fois, de consommer souvent de petites portions. Et, bien entendu, munissez-vous de petites serviettes humides, d'un sac et d'une serviette en tissu pour éponger au cas où il y aurait débordement.

Les médicaments contre le mal des transports ne doivent jamais être administrés aux bébés ni aux jeunes enfants. À dose trop élevée, ils risquent en effet d'entraîner une grande agitation, voire des convulsions. Il est toujours préférable de consulter un médecin avant de prendre un médicament contre le mal des transports, en particulier pour les enfants et les femmes enceintes. Par contre, l'homéopathie peut s'avérer très efficace (voir chap. 2, « La pharmacie homéopathique », page 125).

Mexique,
Tuxtla Gutierrez, 2000
Michel *(Rosemarie, 7 ans, et Victoria, 3 ans)*

Nous avons atterri hier. Les déplacements en avion, une des parties les moins agréables des voyages, se sont très bien déroulés. La journée a quand même commencé à 6 h du matin pour se terminer à 17 h 30, alors que nous marchions sur la piste d'atterrissage du petit aéroport de Tuxtla Gutierrez dans l'air humide d'une fin de journée. Le soleil brillait encore et les enfants, autant que nous, savouraient leur arrivée. Aujourd'hui commence notre exploration du Mexique.

La nourriture et les transports

Dans les transports, il est toujours bon de prévoir un petit quelque chose à se mettre sous la dent. Ça occupe, ça fait patienter et ça nous permet quelquefois de nous rendre à destination sans avoir à nous arrêter.

Il est préférable d'avoir sous la main des aliments faciles à digérer, pas trop juteux ou collants, qui n'ont pas besoin d'être réfrigérés mais qui sont tout de même soutenants ! Les fruits comme la pomme et la banane (pas trop mûre) sont idéaux et se conservent assez bien, même s'ils sont compressés dans un sac. Attention, la banane trop mûre risque d'éclater si elle est compressée ou si elle subit un changement de pression dans la cabine d'un avion. C'est arrivé à mon frère alors qu'il était en direction du Mexique avec sa conjointe et ses deux enfants. Ils sentaient tous la banane à un kilomètre à la ronde ! Les clémentines sont aussi une bonne idée, car elles sont faciles à peler et ne coulent pas trop. Il faut savoir que certains pays ont des règles très strictes concernant l'importation de fruits. Ceux-ci devront donc être consommés avant de passer la frontière, autrement, ils seront confisqués aux douanes. Cela vaut aussi pour la frontière canadienne, au retour. Les fruits séchés, les noix et les amandes enrobées de yogourt ont l'avantage d'être très soutenants et peuvent remplacer un repas complet. Les barres à croquer de type *Barres tendres* et *Croque-nature*, et les boîtes de jus jetables peuvent compléter votre sac à dos pour les petites fringales. N'oubliez pas non plus la bouteille d'eau.

Confinés dans leurs sièges ou bien attachés avec les ceintures de sécurité, les enfants qui font de longs déplacements en train, en avion ou en voiture trouvent souvent le temps bien long. Manger, comme écouter de la musique ou lire des histoires, devient une activité, un moyen de passer le temps. Mais trop manger peut aussi donner la nausée et trop boire nous oblige à arrêter ou à aller à la toilette souvent.

J'ai encore en tête l'image très forte de cette petite famille japonaise en voyage en Thaïlande, assise, comme nous, au gros soleil sur le pont d'un bateau qui nous amenait, ainsi que d'autres touristes du continent, sur l'île de Kho Phi Phi. Nous n'avions pas d'enfant, à l'époque, mais nous comprenions, en voyant la scène, que ça ne semblait pas une bonne idée pour les parents de laisser leurs enfants (4 et 6 ans) manger sans restriction chips, chocolat et bonbons de toutes sortes. Nous nous faisions le commentaire à nous-mêmes, nous disant que si nous mangions la même chose qu'eux, sur un bateau qui tangue et, de surcroît, sous le soleil de midi, nous serions probablement malades. Et comme de fait, les deux enfants ont tout vomi, partout, 20 minutes avant d'accoster.

Lorsque l'on voyage en voiture, il est préférable de s'arrêter pour manger. Que ce soit à une halte routière, à une aire de pique-nique ou au restaurant, cet arrêt est aussi l'occasion de se dégourdir les jambes et de faire sortir le trop-plein d'énergie que les enfants accumulent lorsqu'ils sont longtemps inactifs.

Des jeux pour les transports

L'intérêt de se munir d'une réserve de jeux pour les transports de longue et de moyenne durée s'inscrit dans l'élaboration proactive d'une stratégie visant à assurer une certaine harmonie ou une harmonie certaine lors desdits transports. Est-ce assez clair? Faites-vous une fleur: avant d'entreprendre un long déplacement, prenez le temps de rassembler les jeux ou jouets qui occuperont le mieux et le plus longtemps vos enfants. Choisissez bien et selon l'âge de votre enfant, mais aussi faites preuve d'ouverture et d'originalité. Vous êtes contre le *Game Boy*, vous avez le droit. Mais une fois n'est pas coutume; soyez indulgents pour l'enfant qui devra rester assis 8, 10 ou 14 heures sur son siège.

Inde, en route vers Bikaner, 2005
Rosemarie, 11 ans

Aujourd'hui je suis en train. C'est trop «cool»! On peut soulever la banquette et faire un lit à deux étages! On a quitté les montagnes de neige et demain matin on se réveillera dans le désert du Rajasthan. Avant qu'il fasse trop noir dans le wagon je vais écrire une carte postale à ma classe et j'aimerais bien continuer Les trois mousquetaires. J'aime beaucoup ce livre.

Idéalement, les jeux ou jouets pour les transports seront incassables, silencieux, multiusages et compacts. Voici quelques suggestions: des livres-cassettes (ou CD), un baladeur, un *Game Boy*, un jeu de cartes, un petit coffret où il y a jeux d'échec, de dames, de backgammon. Il y a aussi les albums de jeux d'esprit, de labyrinthes ou à colorier, un petit roman ou un livre d'images. Pour les plus jeunes, pensez à des petites poupées avec les vêtements interchangeables et quelques petits animaux en plastique avec leurs accessoires. N'oubliez pas non plus un coffre avec des crayons de toutes les couleurs, des ciseaux et un taille-crayon. Interrogez aussi votre enfant sur ce qu'il désire emporter avec lui; il a son mot à dire.

Chaque fois que nous partons en voyage, les filles préparent elles-mêmes leur sac à jouets individuel. C'est un sac qui ressemble à une petite trousse de toilette avec fermeture éclair qui contient souvent d'autres petits sacs avec une multitude de petits bonhommes et accessoires de toutes sortes pour se créer un monde sur le rebord de la fenêtre d'une chambre d'hôtel.

Le décalage horaire

Le décalage horaire est au voyage ce que la fièvre est à la malaria. C'est un phénomène qui dérègle notre horloge biologique et nous donne cette désagréable impression de lendemain de veille. Se retrouver jeudi alors qu'il est vendredi mais que nous nous croyons mercredi est un exercice fort irritant pour nos systèmes digestif et nerveux. Maux de tête, insomnie, manque d'appétit, trouble digestif, difficulté à éliminer, voilà le lot. Notre système est en mesure de gérer avec assez de facilité quelques heures de décalage, mais davantage le poussera à ses limites. Question d'éviter que notre langue prenne la texture d'une vieille semelle de botte ou que notre peau se détache comme celle d'une momie égyptienne, voici quelques précautions à prendre avant, pendant et après le passage de plusieurs fuseaux horaires.

Inde, Delhi, 1995
Michel *(Rosemarie, 2 ans et 10 mois)*

Nous voici dans l'avion en route pour Katmandou. Nous avons décollé de Delhi à l'heure prévue. Un début de voyage éprouvant. Rosemarie s'est réveillée, la nuit passée, à 3 h du matin, dans une sorte de délire produit, il nous semble, par le sédatif (pourtant prescrit par son pédiatre) que nous lui avions donné pour l'aider à rattraper le décalage horaire. J'ai dû la sortir dehors, à l'air libre, pour qu'elle reprenne enfin ses sens. Elle ne savait plus du tout où elle était, la pauvre petite. Aussitôt à l'extérieur, le calme est revenu. Et nous voilà, main dans la main, en pleine nuit, père et fille, à nous promener dans les rues désertes de Delhi. Et en marchant, je pensais en moi-même: « À quoi d'autre pouvais-je m'attendre? Traverser le monde en avion avec une petite fille de 2 ans et demi n'est pas une balade au parc. Arriver aux Indes, par-dessus le marché, et avoir à changer d'hôtel deux fois en deux jours par manque de place (nous aurions donc dû réserver!) n'aide pas non plus. » Ce soir, nous dormirons à Katmandou, une ville que j'adore. Plus de plan qui tienne, sinon que celui d'aller à notre rythme et de savourer cette aventure du mieux qu'on peut.

Avant

Le sommeil est la première victime du décalage horaire. Ajustez le cycle de sommeil de la famille quelques jours à l'avance. Vous voyagez vers l'ouest? Couchez-vous une heure ou deux plus tard, quelques jours avant votre départ. Et le contraire prévaut si vous voyagez en direction est. Évitez aussi les fastes soupers d'adieu bien arrosés de vin rouge la veille d'un départ ou les repas de restauration rapide. Soyez indulgents envers votre appareil digestif, il s'apprête à faire un grand saut... Mieux vaut lui faciliter la tâche, il vous le rendra bien. Quelques jours avant un long vol, favorisez la nourriture saine et facilement digestible. Efforcez-vous de vous reposer pendant les deux derniers jours précédant le départ et d'imposer des siestes à tous. Autrement dit, organisez-vous pour que tout soit prêt, souvenez-vous que vous devrez vous occuper d'une tierce personne qui sera bien plus que vous à la merci du décalage horaire. Alors pas de courses de dernière minute pour récupérer ou acheter un item que l'on a oublié. Gardez le calme, reposez-vous. Idéalement, deux jours avant le départ, il ne devrait pas rester autre chose à faire que de placer les sacs à dos dans le coffre de l'auto.

Pendant

Bien des symptômes du décalage horaire sont causés par les inconvénients mentionnés précédemment concernant les avions: la pressurisation, l'air sec de la cabine et la déshydratation. Il est conseillé de boire constamment pendant le trajet dans les airs (voir chap. 3, «L'avion», page 159). Il faut aussi se lever et marcher fréquemment pour faire circuler le sang. Il ne s'agit pas de courir un marathon, mais de se lever et de marcher dans l'allée de l'avion toutes les deux ou trois heures, ce qui permet aux membres de se délier. Et finalement, évitez l'alcool. L'alcool, en plus de déshydrater le corps, perturbe le sommeil, favorise les migraines et la léthargie.

Ajustez votre montre à l'heure de votre destination. Vous pourrez ainsi commencer à manger et à dormir à l'heure de «là-bas». Pas facile à faire, me direz-vous, lorsqu'on est à la merci de l'horaire des repas de la compagnie aérienne. Ne mangez que si vous avez faim. La gastronomie aérienne: surgelé-décongelé-réchauffé, a un petit goût de pensez-y bien. En cas de doute, s'abstenir. Pour les très longs vols, essayez de prévoir une escale. Dites-vous bien que, de toute façon, il faudra récupérer la fatigue.

Inde, Nainital, 2004
Marie-Chantal *(Rosemarie, 11 ans, et Victoria, 7 ans)*

Pauvre Victoria! Le décalage horaire est une chose ardue! Pour la garder éveillée, nous avons fait une partie de «serpents et échelles». Lorsque ce n'était pas son tour, elle restait assise les yeux fermés… elle dormait! Elle a même failli tomber face première sur la table! Lorsque c'était à elle de jouer, on la prévenait et elle riait de constater qu'elle était totalement incapable de rester éveillée entre les tours! Elle s'est endormie complètement à 18 h 15, une demi-heure plus tard qu'hier, en chuchotant un «enfin!» de soulagement. Quant à Rosemarie, grâce à un film de Kung Fu à la télé, elle a résisté jusqu'à 20 h. Ça va de mieux en mieux.

Après

Une fois rendus à l'hôtel et bien installés, faites de l'exercice physique et des étirements. Encouragez les enfants à faire de même. Cela favorise une adaptation plus rapide au nouvel environnement. Allez vous baigner si l'hôtel où vous êtes descendus a une piscine. Exposez-vous au soleil. Non seulement pour échanger votre teint vert olive pour le teint tropical, mais aussi pour régulariser les rythmes circadiens. Le thalamus bien nourri de lumière avisera le cerveau de vous mettre en état d'éveil.

Vous n'en pouvez vraiment plus? Vos yeux se ferment, les enfants dorment debout? Il est préférable de faire de courtes siestes

Sri Lanka, Hikkaduwa, 2002
Michel *(Rosemarie, 9 ans, et Victoria, 5 ans)*

C'est notre sixième matin. Les enfants ont complètement rattrapé le décalage horaire (12 heures avec Montréal), nous aussi. N'empêche que le matin, à 6 h 30, nous sommes tous éveillés et prêts à aller marcher sur la plage. C'est d'ailleurs la première chose que nous faisons en nous levant. La mer est magnifique. Le ciel, chargé d'humidité, tout en bleu-gris avec les nuages au loin, est très apaisant.

de 30 minutes et de s'offrir une bonne première nuit de sommeil. Et rappelez-vous: il faut environ une journée de récupération pour deux fuseaux horaires franchis. Pour les enfants, c'est parfois un peu plus long...

Sur la route... Comment voyager avec des enfants?

La planification de la journée

Vous débarquez dans un charmant petit village où vous prévoyez passer trois ou quatre jours? Bien! Maintenant, de quoi seront remplies ces journées? La planification d'une journée de visite est plus difficile qu'il n'y paraît. Il faut s'informer des distances, choisir un mode de transport, évaluer la température en fonction de la période de la journée où nous souhaitons visiter le site, voir quel est l'intérêt de l'enfant pour cette visite, évaluer son niveau de fatigue en fonction de la journée précédente, des difficultés de la journée à venir et enfin, prévoir un plan B: «Pour le bien de tous, devons-nous opter pour une journée repos, dessin, piscine à l'hôtel, ou sommes-nous tous disponibles et en pleine forme pour une longue visite des tunnels de Cuchi, qui sont situés à plusieurs kilomètres hors de la ville de Saigon?» Choisir de visiter un site très exposé sous le soleil de midi alors qu'il fait 35 °C n'est certainement pas idéal. Il faut privilégier tôt le matin ou la fin de l'après-midi, vers 16 h. «Irons-nous en autobus local ou en taxi?» Plus d'une fois nous avons choisi de nous rendre visiter un lieu en empruntant les transports locaux (on rencontre beaucoup de gens et ça brasse à souhait pour les enfants) pour revenir en taxi en fin de journée, alors que les enfants sont plus fatigués, comme les parents. Cette façon de faire nous a toujours bien réussi. Et c'est sans compter l'économie de sous que permet le transport en commun.

Il est souvent souhaitable de s'informer la veille de tous les détails concernant la journée du lendemain. Il est très désagréable d'arriver à la gare à 9 h 05 pour se faire dire que l'autobus que l'on veut prendre vient juste de quitter et que l'on devra attendre à 11 h pour prendre le prochain. On essaie de ne pas programmer l'une derrière l'autre deux grosses journées de visites impliquant des déplacements et beaucoup de logistique, et la journée précédant la sortie, en se promenant dans la ville, on passe vérifier les petits détails d'horaire et de transport. On fait aussi le plein de fruits, d'eau et de « grignotines » pour nous soutenir si on ne trouve pas de restaurants. On se couche tôt pour être en forme le lendemain.

Il faut lire beaucoup et passer dans les petites agences de voyages locales pour bien identifier les points forts du lieu que l'on veut visiter et vérifier si l'excursion plaira à tous. Ces agences ont souvent de belles photos pour appuyer leurs arguments de vente. Il est bon de voir leurs prix, également. Quelquefois, il peut vous en coûter plus cher d'y aller par vos propres moyens et vous aurez alors à passer par d'innombrables transferts : du train à l'autobus et vice versa.

La préparation est la base de tout. Identifiez les « incontournables » de la ville où vous séjournerez, prévoyez un nombre de jour « x » pour les couvrir et insérez quelques jours de repos à l'intérieur de l'horaire. En identifiant les choses que vous voulez voir, évaluez celles qui se font en une demi-journée, et celles qui nécessitent une journée entière et un transport. Si vous avez bien fait cette préparation, il est alors facile, advenant un imprévu, de se replier sur une activité plus simple comme le tour à cheval ou la visite du temple au coin de la rue. Les enfants sont maussades, ils ne sont pas à leur meilleur, vous saviez déjà que vous vouliez parcourir la ville en carriole et que vous teniez à voir ce temple ? Vous avez tout de suite une option B plus facilement réalisable à leur proposer.

Vietnam, Da Nang, 1991
Michel

J'ai la tête chaude d'avoir trop réfléchi. Voici notre situation. Le visa que l'on nous a émis à Bangkok nous donne droit de séjourner uniquement dans les villes de Saigon et de Hanoi. Pour visiter d'autres villes, il faut demander un permis spécial. La police émet ces permis mais exige que tu prennes un guide avec toi et le problème, c'est que ça coûte cher. Mais il y a autre chose : c'est que je désire acheter des bicyclettes pour pédaler de la ville de Da Nang, à travers les montagnes, jusqu'à la ville de

Hue. Une distance de 130 kilomètres. Mais voilà, c'est interdit. La police ne veut pas nous émettre de permis pour ce genre d'aventure. Cela ne se fait pas. Pas encore, du moins. Il ne nous reste d'autre choix que de tenter d'y aller incognito en espérant ne pas être interceptés par ces policiers pathétiques.
Mais il y a le pays qui m'inquiète, le Vietnam. Je ne sais pas à quoi m'attendre si je pars à l'aventure. C'est déjà tellement spécial, ici, dans les grandes villes, je n'ose même pas m'imaginer dans un petit village. Il va falloir se loger et manger. Cependant, les gens ont peur de nous. Nous sommes en pays communiste, ils n'ont pas revu de Blancs depuis la fin de la guerre. Et si on part à vélo, est-il mieux, alors, d'aller se chercher un permis pour Da Nang (permis que nous devrions avoir mais que nous n'avons même pas) ou simplement partir sans permis aucun? Si on nous arrête, vaut-il mieux avoir au moins un permis pour la ville de Da Nang ou si ça ne changera rien? Et que peut-il vraiment nous arriver si on se fait prendre par la police? Expulsion du pays? Amende? Probable, mais c'est sans conséquences graves. Je ne cache pas que je suis nerveux.

Quelques heures plus tard…

Nous sommes retournés au poste de police de Da Nang. Avant d'entrer dans le poste de police, ma pensée était la suivante: «Le pire que l'on risque, en se renseignant, c'est qu'ils vérifient nos papiers et nous contraignent, une fois sur place, constatant que nous n'avons pas de permis, à acheter le dit permis et donc, par le fait même, un tour organisé avec un guide pour la journée. Ça nous coûtera pas mal de dollars mais au moins, ce faisant, on sonde le pouls de la rigidité administrative et si on a de la chance on obtient le permis de bicyclette pour Hue.» Voici comment les choses se sont passées. Nous entrons au poste vers 11 h 10. L'officier en charge n'est pas là, on parle à un fonctionnaire qui ne vérifie même pas nos papiers. Pour Da

Nang, il faut un permis. Pour visiter à l'extérieur de la ville, il faut un permis et un guide. Et pour le trip à bicyclette, on oublie ça, il ne peut en être question. « On ne peut assurer votre protection si vous ne prenez pas de guide. Le guide est responsable de vous ». Les agents ont peur qu'il nous arrive quelque chose et ils ne veulent surtout pas être responsables. La police a peur d'avoir des problèmes avec les touristes, les gens ont peur des touristes parce qu'ils ont peur d'avoir des problèmes avec la police s'il arrive quelque chose au touriste, bref, tout le monde a peur du touriste. On découvre le Vietnam et on commence à saisir la bureaucratie communiste. Voici donc mon idée sur le « trip à bicycle » de 130 kilomètres entre Da Nang et Hue: Allons-y et voyons ce qui va arriver!

Le lendemain…

Tout est fin prêt pour le grand départ demain. Espérons que les bicycles tiendront le coup. Ce n'est pas très fort côté qualité. Nous avons même établi un plan de défense au cas où on serait arrêtés par ces barrages de policiers postés un peu partout à la sortie des villes. Cet après-midi, nous sommes allés marcher sur une magnifique plage située à huit kilomètres de Da Nang. Nous y sommes allés à bicyclette. Ça m'a rassuré sur ce que risque d'être le « trip » jusqu'à Hue. Nous étions déguisés et ma blonde aux cheveux blonds, coiffée de son chapeau vietnamien, est presque passée inaperçue. C'est un merveilleux moyen de transport, on voit beaucoup et on passe beaucoup plus incognito qu'à pied. Demain, on quitte. Si ça marche, on sera probablement les deux premiers étrangers à avoir fait Da Nang–Hue à bicyclette!

Des activités pour les enfants

Du simple point de vue d'un enfant, les trésors de la Grèce ancienne ou les œuvres religieuses de l'Italie du XVIe siècle ne sont pas des incitatifs assez puissants pour abandonner la piscine de l'hôtel et traverser la ville afin d'aller à leur découverte. Mais cela n'empêche rien, il y a beaucoup à faire et beaucoup à voir, en voyage, pour un enfant. Et pour aller voir l'incroyable caverne de Goa Lawah pleine de chauves-souris (Bali) ou le très particulier temple Deshnok rempli de rats (Inde), l'enfant sera prêt, croyez-moi, à traverser la ville. Encore faut-il que les parents proposent ces choses de façon attrayante et les mettent au programme. Si on y regarde de près et du point de vue approprié, mille et une choses sont susceptibles de plaire à votre enfant en voyage.

L'orphelinat Pinnewala pour éléphants au Sri Lanka et le zoo de Singapour sont des merveilles. Nos filles ont adoré aussi l'excursion en plein milieu de la nuit pour observer les mamans tortues pondre sur la plage (Sri Lanka), la ferme d'élevage des dromadaires (Inde), faire un safari dans le désert de Thar en dromadaire et dormir à la belle étoile (Inde), vendre des légumes avec les marchands ambulants de Katmandou (Népal), se promener en mobylette sur l'île de Diu (Inde), le détour en auto pour voir le porc-épic apprivoisé (Sri Lanka), jouer et courir dans les catacombes de Palenque (Mexique), la ferme de protection des tortues de mer (Sri Lanka), faire un *trekking* dans les Himalayas enneigées (Inde), conduire leur propre éléphant (Sri Lanka), se promener en charrette dans la plaine de Bagan (Myanmar), voir le varan qui engouffre des poissons entiers (Sri Lanka), manger des bonbons dans les rues bondées de Oaxaca, à Noël (Mexique), participer au culte de Shiva au coucher du soleil à Rishikesh (Inde), nourrir les

Mexique, Tulum, 2000
Rosemarie, 7 ans

Hier je suis allée me baigner avec des dauphins. C'était le rêve de ma vie. Aussi, j'ai pu prendre le dauphin dans mes bras, sa peau était comme du caoutchouc. Les dauphins sont très intelligents et très bien élevés. Maman et Mamie sont venues dans le bassin avec moi pour voir les dauphins mais pas Victoria parce qu'elle est trop petite. Elle est restée avec papa et Papi.

Mexique, San Cristobal de las Casas, 2001
Rosemarie, 7 ans

Ce matin, on est allés voir les temples mayas. Je ne voulais pas y aller mais rendus là-bas, j'ai trouvé un jeu amusant à faire avec ma sœur. C'était des temples abandonnés et on faisait semblant qu'on était perdues. Victoria riait tout le temps et elle avait envie de pipi. Après, j'ai mangé des tortas avec papa et on est allés voir la fête foraine au village. Il y avait plein de beaux colliers qu'on pouvait acheter.

singes du temple d'Anuradhapura (Sri Lanka), ouvrir les filets de pêche avec les pêcheurs au petit matin et découvrir toutes sortes d'espèces d'animaux marins (Myanmar), et toutes les plages que nous avons visitées, même si, à nos yeux, certaines n'étaient pas si jolies que ça… Comme vous le voyez, c'est très souvent relié aux animaux. En arrivant à Delhi à l'âge de 2 ans et demi, Rosemarie a fait la moue pendant plusieurs heures parce qu'elle voulait voir une vache blanche et bossue comme dans le livre guide. Son sourire est revenu aussitôt qu'elle en a vu une passer à côté d'elle dans une ruelle de la capitale indienne alors que l'éléphant et les singes, un peu plus loin, ne lui ont fait aucun effet ! C'est bien pour dire…

Beaucoup de ces visites seront pourtant repoussées du revers de la main parce que considérées comme non intéressantes, trop touristiques ou simplement banales. Banales pour vous et moi, mais la petite fête foraine de quartier avec manèges, musique et bonbons mexicains peut s'avérer une merveille pour notre enfant. Soyez ouverts. Ne considérez pas les choses sous un angle unique et selon votre seul point de vue. La visite de la petite manufacture de cigares du coin peut même s'avérer des plus amusantes. Au Myanmar, Rosemarie s'est assise avec un groupe de femmes qui roulaient les petits cigares birmans, nommés *cherrots,* et elle a passé un magnifique deux heures à couper les bouts en trop et à essayer de rouler son propre cigare. Elle a bien fait rire son entourage.

Expliquer l'horaire de la journée

L'enfant, comme nous, a besoin de se préparer avant une sortie. Il a besoin de connaître le programme de la journée, spécialement si c'est une journée qui va s'avérer difficile pour lui. Établissez l'horaire de ce que vous allez faire, discutez-en avec lui, assurez-vous qu'il a bien compris et respectez-le par la suite. Attention aux parents qui changent d'idée souvent en cours de route. C'est de l'abus de pouvoir et l'enfant perd confiance, par la suite. « Nous allons commencer par aller visiter la grotte aux mille bouddhas que papa et moi voulons voir, ensuite ce sera à ton tour et nous irons faire une grande balade en bateau sur la rivière. »

> **Myanmar, Rangoon, 1997**
> **Rosemarie, 4 ans**
> (elle dicte et j'écris pour elle)
>
> Ce que j'ai trouvé le plus difficile, c'est que je suis allée au temple (Shwedagon) et qu'il faisait très, très chaud. Il faut avoir le temps de s'habituer à ce pays. Mon papa s'est fâché au temple et j'étais triste comme une belle fleur. Puis, la nuit tomba, c'était très difficile la nuit.

C'est la technique du « chacun son tour ». Bien se faire comprendre favorise une discipline naturelle chez l'enfant. L'enfant sent qu'il exerce un contrôle sur les événements, qu'il décide lui aussi et ça, ça fait toute la différence. Dans la planification de votre journée, faites en sorte de placer les activités moins intéressantes pour l'enfant le matin alors qu'il est plus en forme, moins « chigneux » et plus apte à y trouver son compte.

Faire confiance et laisser aller son enfant

Permettre à son enfant d'expérimenter les choses par lui-même est un cadeau précieux que vous pouvez faire à votre tout-petit. Mais croyez-moi, lorsque votre enfant préférera observer la vache sacrée qui mange dans le tas de vidanges plutôt que de contempler le magnifique Taj Mahal, vous aurez besoin de vous rappeler cette phrase plus d'une fois. N'interprétez pas pour votre enfant ce qu'il voit ou choisit de voir. Vous pouvez le diriger un peu, le conseiller, cela va de soi, mais une fois cela fait, s'il choisit d'observer le petit chaton misérable au lieu de la fabuleuse statue aztèque, laissez faire et ayez confiance, ça ne veut pas dire qu'il ne l'a pas vue. Vous serez surpris des images qu'il captera et ramènera à la maison. N'évaluez pas en fonction de vous-mêmes les choses que votre enfant choisit de voir. Le voyage n'est pas un fiasco parce l'hôtel avec la grande piscine a été un de ses moments préférés lors de sa visite en Égypte. Tant qu'il y trouve son compte, c'est mission accomplie. Si vous visitez les sites historiques en lui lisant le nom de chaque temple et en lui faisant un résumé de son emploi dans le contexte socio-politico-historique de l'époque, il y a de bonnes chances qu'il ait envie de vous attendre à l'hôtel. Par contre, si vous lui racontez l'histoire du riche et excentrique maharadja qui a jadis habité dans ce palais abandonné, votre tout-petit s'y intéressera sûrement de plus près.

> ***Myanmar, Bagan, 1998***
> ***Rosemarie, 5 ans*** *(elle dicte et j'écris pour elle)*
>
> *Narathu était un homme très cruel et il a tué son père, et pour ne pas que les dieux soient fâchés, il a construit un temple. Moi, je suis allée dedans. J'avais peur de voir le père de Narathu, mais ça fait très longtemps de tout ça. Dans le temple, il faisait noir et c'était tout en roche, même les bancs et même les fenêtres. Ah oui, aussi quand les travailleurs ne plaçaient pas bien les briques, Narathu tuait les travailleurs. Il est vraiment très cruel et les briques sont très bien posées.*

Impliquer son enfant

Permettez quelquefois à votre enfant de marcher seul en avant, alors que c'est vous qui suivez derrière. Laissez-le choisir et aller vers ce qui l'intéresse. Il veut acheter quelque chose, un souvenir ou un cadeau pour ses grands-parents, laissez-le choisir lui-même et, s'il est en âge de le faire, marchander le prix. Au Sri Lanka, il y avait des prix spéciaux pour Rosemarie et Victoria, des prix d'enfant auxquels nous, adultes, n'avions pas droit. Les marchands, comprenant que les enfants se magasinaient quelque chose pour eux, leur accordaient spontanément des rabais. Donnez-leur des repères pour le taux de change et la valeur de l'argent du pays. Incitez-les à aller acheter seuls une banane ou un fruit au petit comptoir. Les enfants sont attirés vers ce qui est coloré et ils ne feront pas la différence entre pacotille et objet d'art. Tant pis. On peut éduquer dans une certaine mesure, mais laisser libre aussi. Lorsque mes filles ont choisi, parmi toutes les belles choses qu'il y avait à acheter dans le marché d'Oaxaca, au Mexique, deux *Pokémons* (sorte de bonhommes commerciaux en plastique inspirés d'une émission télévisée), j'ai dû m'incliner. C'était leur choix. Plus on implique ses enfants dans toutes les petites décisions de la journée, plus on en fait de bons voyageurs. « Où allons-nous manger ? Sommes-nous fatigués ? Est-ce qu'on rentre ou est-ce qu'on reste encore un peu ? Demande combien ça coûte, s'il-te-plaît ! Tu peux commander toi-même ta bouteille d'eau, tu sais le dire en espagnol, vas-y ! » L'autonomie, ça s'apprend et ça se pratique. N'ayez pas peur d'ouvrir les cartes devant lui, de lui montrer où il est et où il va.

Sri Lanka, Dambula, 2002
Victoria, 5 ans
(elle dicte et j'écris pour elle)

En revenant des grottes, j'ai vu deux petits ganesh en or. J'ai compté mes roupies et j'en avais assez. Je les ai achetés toute seule, mais papa me regardait. Ils sont dans ma petite boîte avec du velours. Après notre dîner, on s'en va à Giritale et on va changer d'hôtel et moi je pense qu'il va y avoir un restaurant juste à côté et aussi une piscine.

Une routine

On reconnaît aisément l'importance de la routine pour les enfants en bas âge. Eh bien, en voyage, quel que soit l'âge de son enfant, une petite routine est tout aussi utile ! Elle le sécurise, favorise sa détente et l'aide à savourer davantage son séjour. J'entends par routine la répétition de certaines activités ou de certains rituels, comme une sieste avant le souper ou un jeu que l'on fait dans la chambre d'hôtel tous les

Népal, Katmandou, 1995
***Michel** (Rosemarie, 3 ans)*

7 h 03. C'est déjà l'heure, pour Rosemarie, du pique-nique sur le lit. Il est composé d'oranges, de bananes et de noix. Chaque réveil du matin est suivi d'un pique-nique, ça fait patienter un peu, après c'est le gros déjeuner au restaurant. Rosemarie aura eu un bon appétit tout au long du voyage. Jamais nous n'aurons eu à la pousser à finir son assiette. Depuis le début, elle aime et mange la nourriture qu'on lui sert. Il faut dire que Katmandou est un peu à part, question gastronomie. Ça nous aura bien servis.

matins avant de sortir visiter. C'est simple, en apparence, mais tellement efficace! Après avoir trouvé, par exemple, un bon petit resto pour déjeuner, retournez-y plusieurs fois plutôt que de changer pour un nouveau chaque matin. L'enfant s'habitue aux gens, à la nourriture et à l'endroit. Il se sent nécessairement plus détendu et heureux. Vous pouvez aussi considérer retourner visiter un endroit qui vous a enchanté plutôt que de choisir de découvrir un nouvel endroit, cela économisera certainement l'enfant. Faites preuve de souplesse.

Myanmar, Lac Inle, 1997
Rosemarie, 4 ans
(elle dicte et j'écris pour elle)

Sur ma page de dessin, j'ai fait ma famille au marché flottant de fleurs. Le bateau est trop grand, mais on peut voir quand même. J'ai aussi dessiné ma cousine Catherine dans le bateau, même si elle n'est pas venue en voyage, mais elle est plus petite que moi. On dirait que mon dessin de Bouddha flotte dans le ciel, mais il est sur une montagne.

Les hôtels

Sur la route, il est plutôt rare que nous réservions une chambre d'hôtel à l'avance. Tout se fait en arrivant dans la nouvelle ville. Nous ne réserverons à l'avance que si nous avons des raisons de croire que nous aurons du mal à trouver à cause d'une fête : Noël, Nouvel An ou une fête locale

Tibet, Lhassa, 1992
Marie-Chantal *(Rosemarie en gestation)*

Notre guide nous a conduits, hier, dans un très joli hôtel. Les murs de notre chambre étaient couverts de tanka et de tapisseries faites à la main. De la fenêtre, la vue était imprenable sur les Himalayas. L'ennui, c'est que nous étions à environ huit kilomètres du Potala, qui est central. L'hôtel n'était pas trop cher, mais si on ajoute le taxi qu'il faut payer tous les jours pour se rendre en ville, cela serait devenu assurément beaucoup plus cher. Et rendus là-bas, pas question de revenir pour se reposer une petite heure à la chambre pendant l'après-midi. Nous logeons maintenant au Yak Hotel… On a une vue sur le Potala et on marche un coin de rue pour arriver à la place centrale et au monastère Jokhand. L'endroit est beaucoup moins joli mais on n'y est que pour dormir, après tout.

très populaire. Nous optons aussi pour la réservation si nous désirons séjourner dans un hôtel précis, particulièrement réputé, où il est recommandé de réserver à l'avance.

Cela dit, avant d'arriver dans une nouvelle ville sans avoir fait de réservations, il est toujours préférable de repérer, dans le livre guide ou dans des dépliants publicitaires, deux ou trois hôtels qui se situent dans notre catégorie de prix. Les rabatteurs, qui peuvent parfois être très gentils et serviables, se feront une joie de vous en proposer d'autres, mais prenez d'abord le temps de débroussailler le terrain. Ciblez bien le quartier ou le secteur qui vous intéresse et assurez-vous que l'hôtel choisi sera central. Nous ne le répéterons jamais assez, les transports sont une plaie avec de jeunes enfants. Il est tellement plus agréable de sortir de l'hôtel et de trouver toute l'animation désirée sans avoir à trop marcher ou à prendre un taxi.

Prenez le temps de visiter quelques hôtels (et assurez-vous que vos enfants sont les bienvenus) avant d'arrêter votre choix. C'est important de trouver l'endroit accueillant et où l'on se sent bien lorsque l'on voyage avec des enfants. Encore, cela n'est pas porteur de conséquences si vous comptez y séjourner une seule nuit et repartir au petit matin, mais si vous avez choisi cet endroit avec l'idée de faire une pause repos de quelques jours dans votre voyage, prenez le temps de bien magasiner. Faites preuve de souplesse aussi en ce qui concerne le choix des hôtels. Ne décidez pas *a priori* que vous ne descendrez que dans telle ou telle catégorie d'hôtels. Voyez sur place par vous-mêmes avant. Plus d'une fois, il s'est avéré que le petit *guest house* bas de gamme était le mieux situé et le plus accueillant pour nous, mais à d'autres moments, c'est le bel hôtel quatre étoiles avec piscine qui offrait la vue et le site parfaits. Nous alternons donc, au gré des coups de cœur, entre petit *guest house* et bel hôtel avec étoiles.

Mexique, Palenque, 2000
Michel *(Rosemarie, 7 ans, et Victoria, 3 ans)*

Ce fut dur de trouver une chambre convenable ici, à Palenque. On trouve qu'on paie cher. Mais avec nos deux jeunes, ça prend toujours des chambres d'hôtel plus adaptées, c'est-à-dire pas au quatrième étage, pas directement sur la rue. On cherche des chambres avec de l'espace, un petit jardin intérieur où elles peuvent jouer. Des chambres avec deux lits doubles ou quatre lits simples, ce n'est pas évident à trouver non plus.

Certains enfants sont beaucoup plus sensibles que d'autres à leur environnement. Le seul fait de changer de chambre d'hôtel les bouscule et perturbe leurs nuits. Il est conseillé, alors, d'arriver dans la chambre plus tôt, dans l'après-midi, et de les laisser apprivoiser leur environnement en y jouant et en l'explorant. Où sont les toilettes, le commutateur de la lumière, où vais-je ranger mes petits camions ? Recouvrir le lit d'une couverture que l'enfant reconnaît et que vous transportez avec vous de place en place aidera probablement. De même que des objets que l'on peut suspendre au mur comme des *batiks* (teintures sur tissus). L'idée est de donner le plus de repères possible à l'enfant. S'il insiste pour bouger le mobilier, coller les lits ou mettre un petit bureau à côté de son lit, laissez-le faire. Le fait de dormir à plusieurs dans la même chambre peut aussi compliquer les choses. Isolez comme vous pouvez ceux qui ont le sommeil le plus fragile en les plaçant dans un coin de la chambre, loin de la fenêtre d'où viendra le soleil du matin. Nous utilisons un petit truc, en voyage, qui consiste à choisir une odeur familière, parfum, bougie odorante, (en ce qui nous concerne, nous brûlons de l'encens) et de répandre cette odeur dans chaque chambre d'hôtel où nous séjournons. Un repère de plus pour l'enfant.

Sri Lanka, Hikkaduwa, 2002

Michel (Rosemarie, 9 ans, et Victoria, 5 ans)

C'est le matin de Noël, Rosemarie et Victoria viennent de développer leurs cadeaux apportés dans nos sacs à dos depuis le Canada. Ce n'est pas grand-chose, mais cela signifie quand même que le Père Noël est passé et qu'il ne les a pas oubliées. Et ça, c'est très important, bien plus que le cadeau en lui-même. Le réveillon d'hier soir, que nous avons passé avec la famille américaine du Minnesota, mais dont les parents travaillent en ce moment au Pakistan, fut des plus agréables. Gros buffet de Noël, musique et même un Père Noël qui est venu nous souhaiter un bon temps des Fêtes. La famille américaine a trois filles dont deux correspondaient exactement aux âges de nos filles. Rosemarie s'est baignée à 22 h avec sa nouvelle amie. Toute la famille a savouré ce moment. La décision de choisir un bel hôtel pour pouvoir fêter le réveillon de Noël s'est avéré un choix judicieux.

Les restaurants

Un peu de la même façon qu'avec le choix d'un hôtel, dressez, à partir des informations glanées dans les livres guides, magazines, etc., une petite liste des restaurants potentiellement intéressants avant d'arriver dans une nouvelle ville. Vous passez près d'un de ces restaurants en vous rendant visiter un temple ? Arrêtez voir le menu. Si le restaurant dispose, en plus, d'un petit jardin, d'une fontaine ou qu'il se trouve un peu en retrait de la rue, vous devriez le considérer. Une petite fontaine ou un jardin vous donneront un moment de répit et vous permettront de vider une bonne bière fraîche pendant que tout-petit est accaparé par la fontaine ou qu'il se promène de table en table dans le jardin, à l'abri des automobiles. Si le restaurant de l'hôtel où vous êtes descendus est agréable et sert de la bonne nourriture, profitez-en pour y retourner quelques fois. Dans la grande majorité des restaurants où nous sommes allés, les enfants étaient les bienvenus. Beaucoup, même, disposent de chaises-hautes ou d'un coussin pour soulever l'enfant. Entrez voir, renseignez-vous. Tous ces détails facilitent la vie des parents pendant le repas.

> **Myanmar, Nagpali, 1997**
> **Michel** *(Rosemarie, 4 ans, et Victoria, 3 mois)*
>
> *Agréable souper dans un petit resto tenu par une famille birmane. C'est la maman qui cuisine et ses filles qui servent aux trois tables que compte le modeste restaurant. Ce fut délicieux : langoustes, crabes et riz à la noix de coco. Mais, mieux encore, l'atmosphère de la place était géniale. Rosemarie a eu vite fait de découvrir les enfants et sans même demander la permission, elle s'en est allée jouer dans la maison de la famille, derrière le restaurant. Pendant que nous mangions, c'est la grand-maman qui prenait soin de Victoria.*

Viendra un temps où votre enfant ressentira le besoin viscéral d'une petite traite à la manière de chez lui. Les grands hôtels servent presque tous des mets occidentaux : les incontournables hamburgers, frites, pizzas, spaghettis, *grilled cheese*, etc. Ça vaut probablement le coup, pour le plaisir que ça va créer. Souvenez-vous que pour un jeune enfant, le temps passe lentement. Un mois, c'est drôlement long. Il a déjà perdu sa maison, ses jouets, ses amis; la nourriture est un repère important pour lui. Invitez-le à goûter à la nourriture locale le plus souvent possible, mais respectez ses goûts et ses besoins. Un enfant ne peut se permettre de sauter repas après repas parce qu'il n'aime pas la nourriture que vous lui proposez. Il tombera malade. Il y a aussi des âges où l'on est plus susceptible au changement de nourriture.

Sri Lanka, Hikkaduwa, 2002
Victoria, 5 ans
(elle dicte et j'écris pour elle)

Ce matin, je suis allée commander le déjeuner toute seule avec ma sœur, sans nos parents. J'ai dit en anglais ce que je voulais: « one scrambled egg, one toast and jam ». Et le serveur m'a apporté mon déjeuner après. Papa et maman étaient bien impressionnés. Et en plus, c'était même pas difficile!

Le service de repas à la chambre devrait être envisagé comme un plus et non pas comme un luxe inutile. Lorsque l'enfant est fatigué, après une longue journée ou qu'il ne se sent pas très bien, le service à la chambre permet à celui-ci de manger à son rythme, dans le calme et la sécurité de sa chambre. Pour beaucoup d'enfants, le seul fait d'avoir trop de distractions les empêche de se concentrer sur leur repas. Soustrayez-les au brouhaha en les faisant manger à la chambre de temps en temps. Si votre hôtel n'a pas de restaurant, cela vaut la peine qu'un de vous sorte et aille chercher un repas à l'extérieur. Dans les pays d'Asie, par exemple, il est toujours très facile de trouver, sur la rue, des petits restos ambulants qui offrent des *take out* dans des contenants jetables. Un pique-nique sur le lit de la chambre peut transformer un repas maussade en une partie de plaisir; même s'il n'est composé que de riz et de légumes épicés.

Y a-t-il un médecin sur la route?

Il y a presque toujours un médecin sur la route. Le tout est de pouvoir payer, ce que les habitants du pays ne peuvent se permettre la plupart du temps. La réception de l'hôtel ou du petit *guest house* est souvent l'endroit idéal pour se renseigner. On vous référera habituellement à un médecin compétent qui a l'habitude de soigner les touristes. Que ce soit pour nous ou les enfants, toutes les fois où nous avons dû consulter un médecin en voyage: île de Bali, Népal, Inde, Myanmar, celui-ci s'est toujours avéré extrêmement compétent et sécurisant. Bien entendu, si vous êtes à six jours de chameau en plein désert de Thar, il se peut que le médecin ne soit pas à portée de main. C'est à vous de choisir jusqu'où vous êtes prêts à aller. Donc, pour résumer, des médecins, il y en a. Des bons hôpitaux aussi. L'assurance maladie et hospitalisation achetée avant le départ est indispensable.

Les nouvelles par Internet

C'est récent, mais ça s'est répandu dans le monde comme une traînée de poudre. Les cafés Internet sont maintenant partout et accessibles en tout temps. En Amérique du Nord, étrangement, ils sont plus rares. La raison en est simple: ici, la plupart des gens ont un ordinateur à la maison ou au travail et n'ont donc pas besoin de ce genre de service.

Inde, Dharamsala, 31 décembre 2004
Marie-Chantal *(Rosemarie, 11 ans, et Victoria, 7 ans)*
(courriel à la famille)

Salut tout le beau monde du froid Québec!

D'abord... tout va bien. Nous sommes très loin du centre de ce tsunami qui a causé tant de morts et de pertes. Nous n'avons absolument rien senti ici, dans le nord de l'Inde. On a appris la nouvelle par les journaux et par des gens qui en parlent. Nous poursuivons donc notre voyage en famille, tout va merveilleusement bien et nous sommes tous en bonne santé. L'Inde est magnifique et Dharamsala, un très beau village de montagne. Nous avons failli rencontrer le dalaï-lama, le lendemain du tsunami, mais la chose ne s'est pas concrétisée. Mais seulement d'être là, de savoir qu'il est présent, de voir les Tibétains qui ressortent de sa maison avec l'écharpe blanche et sa bénédiction, c'est touchant.

On vous souhaite un beau jour de l'An; mangez des cretons, de la dinde et des atocas et buvez du bon vin pour nous...
De notre côté, on va se contenter ce soir de soupe aux patates, de pain tibétain, de pois et de chou à la sauce tomate, et de thé sucré! Voila! Bonne année!

Mais en voyage, dans les hôtels de classes moyenne et supérieure et dans des petits commerces spécialisés, vous trouverez ce service qui vous permettra de garder contact avec ceux que vous aimez et que vos enfants aiment. Recevoir des nouvelles de la maison : de grand-papa, de tante Julie, de son ami Mathieu, peut s'avérer un réel réconfort pour un enfant et c'est sans compter le plaisir qu'il aura à donner de ses propres nouvelles. S'il est un peu plus vieux et qu'il quitte pendant l'année scolaire, vous pouvez même entreprendre une correspondance avec sa classe.

Les couches : où les trouve-t-on ?

Il est de plus en plus facile de s'approvisionner en couches sur la route. Les grandes villes ou capitales en tiennent presque toutes, maintenant, ce qui n'était pas le cas il y a à peine 10 ans. Pour un voyage de courte durée (moins d'un mois), emportez ce qu'il vous faut de la maison, c'est plus simple. Pour les voyages plus longs, vous pourrez très probablement vous ravitailler sur place. La grandeur et la sorte qu'il vous faut ne seront peut-être pas disponibles, vous improviserez. Les livres guides répondent souvent à cette question. Renseignez-vous et si l'information n'est pas donnée dans le livre que vous avez entre les mains, arrêtez-vous dans une librairie pour feuilleter d'autres livres guides. Nul besoin d'acheter le livre, cherchez l'information sur place. Si on ne parle pas de couches dans les deux ou trois livres que vous aurez consultés, il y a fort à parier que vous n'en trouverez pas.

Les sacrifices qu'impose un voyage avec des enfants

Il est clair que voyager en compagnie d'enfants impose son lot de sacrifices. C'est comme ça, c'est la vie. Voyager avec de petites personnes plus fragiles et sensibles nous impose une façon de faire qu'il est difficile d'outrepasser sans avoir à en payer le prix.

Dans le concret, qu'est-ce que ça veut dire ? Ça veut dire que vous aurez à sacrifier telle ville ou tel village que vous auriez voulu voir, mais qui se trouve hors de portée parce qu'enfouis au milieu de la jungle, à 10 heures de pirogue de la dernière route carrossable. Ça veut dire que vous aurez à sacrifier tel musée ou tel site millénaire que vous auriez eu envie de visiter, mais auxquels vous renoncerez parce que fiston est malade ou qu'il n'en peut plus. Ça veut dire que vous laisserez tomber ce *trek* de six jours en Patagonie parce qu'avec vos deux jeunes enfants,

Népal, Katmandou, 1995
Michel (Rosemarie, 3 ans)

Il me semble ne pas avoir beaucoup vu Marie-Chantal pendant ce voyage. Où étais-je? Où était-elle? Où étions-nous? Probablement concentrés à surveiller une petite Rosemarie. C'est qu'il y a une petite fille entre nous, maintenant, une petite fille qui prend beaucoup de place et qui monopolise une grande partie de notre attention. Nous ne sommes plus un couple voyageur, libre et insouciant, nous sommes une famille, désormais. Mais qu'à cela ne tienne, nous serons venus, nous aurons appris. L'aventure nous aura fait grandir en sagesse et en amour. Ce voyage aura été d'une extrême importance pour nous. Il orientera nos prochaines années de vie. Ce n'est qu'un début.

l'aventure est simplement irréalisable. Ça veut dire que vous oublierez ce souper-spectacle de grand luxe en plein cœur de la baie de Ha Long, dans le nord du Vietnam, parce qu'il débute à 21 h et se termine à 2 h du matin. Ça veut dire que le *guest house* qui ne coûte presque rien et que le petit resto sur le bord de la route qui sert la soupe que vous adorez seront probablement remplacés par des lieux plus indiqués pour votre famille. Ça veut dire que vous n'êtes plus un couple voyageant seul, prêt à payer cher en fatigue et en énergie tel ou tel déplacement qui vous permettra de vivre le moment inoubliable auquel vous rêvez.

Ne vous méprenez pas sur le sens de mes paroles. Ces sacrifices ne vous feront pas verser de larmes et ne vous causeront pas non plus de poignantes douleurs à l'abdomen… Humm, quoique parfois… Blague à part, je parle

Inde, Nainital, 2005
Michel (Rosemarie, 11 ans, et Victoria, 7 ans)

La vue des pics enneigés du Nanda Devi et du Nanda Kot m'a remué. L'aventurier en moi voudrait tellement s'élancer vers ces montagnes. Demain nous pousserons encore plus loin dans les Himalayas, encore plus en profondeur dans le cœur de ce pays que nous aimons tant.

ici en connaissance de cause et je suis convaincue que la plupart des parents ne ressentiront même pas la brûlure intérieure que l'on a lorsqu'on a le sentiment que c'est maintenant ou jamais. Avec des enfants, cette brûlure est rapidement estompée lorsque, à l'évidence et en toute logique, nous devons renoncer à telle ou telle aventure parce que trop difficile ou dangereuse pour eux. Comprenez que celle qui écrit ces lignes a déjà voyagé à bicyclette illégalement entre les villes de Hue et Da Nang, au Vietnam, alors que le pays venait à peine d'ouvrir et que la paranoïa communiste rendait tout déplacement entre deux villes illégal ; mais c'était sans enfants. Par ailleurs, à Namche Bazaar au Népal, à 3 440 mètres d'altitude, ce sont les Népalais qui m'ont signifié qu'il n'était pas prudent d'aller plus haut avec ma fille de 3 ans. J'ai dû me résigner et laisser aller le magnifique village de Tengboche. Tous n'ont pas le même désir d'aventure, mais tout parent qui voyage avec ses enfants aura tôt ou tard à renoncer ou à sacrifier quelque chose auquel il tenait ou qu'il aurait voulu voir.

Sri Lanka, Hikkaduwa, 2002
Michel *(Rosemarie, 9 ans, et Victoria, 5 ans)*

Victoria est passablement difficile. Une petite bombe à retardement qui risque d'exploser à la moindre contrariété. Ça va du grain de sable sur le gros orteil au bout noir de la banane. Assez pénible. On se dit qu'elle vient d'arriver et que le décalage horaire y est pour quelque chose, mais Marie-Chantal et moi avons une désagréable impression de déjà vu (Mexique, 2000). C'est un peu plus dur pour Marie-Chantal, aussi je prends la relève, comme hier soir, alors que je suis sorti seul avec Victoria pour souper. Rosemarie et Marie-Chantal sont sorties seules de leur côté, entre filles. Ça fait du bien de se séparer quelquefois. Le meilleur reste à venir.

Les animaux dans les rues

Les animaux dans la rue sont une grande source de joie pour les enfants et le désir de les toucher est plus fort que tout. Que ce soit les vaches sacrées en Inde, les dromadaires en Égypte, les alpacas au Pérou, les éléphants en Thaïlande ou les petits chats miséreux des rues d'Istanbul, les animaux attirent les enfants comme des aimants et, les toucher ils voudront. Au lieu de le leur interdire, munissez-vous plutôt d'une petite débarbouillette pour pouvoir laver les mains de l'enfant après la partie de plaisir.

> **Inde, Rishikesh, 2004**
> **Victoria, 7 ans**
>
> *À chaque promenade, on voit des vaches et des singes. Ce matin, on voulait faire sécher mon costume de bain sur le balcon mais un singe voulait le voler pour le manger. Les singes sont très gros et on avait peur d'aller chercher mon costume de bain. On criait va-t'en, va-t'en, et moi je riais aux larmes.*

Attention aux chiens et aux chats. Dans la majorité des pays, à part l'Europe et l'Amérique du Nord, les chiens ne sont pas de gentils toutous. Ils sont, la grande majorité du temps, porteurs de tiques et de puces, et peuvent être très dangereux. La mentalité, face aux animaux domestiques, est très différente de la nôtre. Ils sont très souvent battus, chassés et maltraités. Ils n'appartiennent à personne et ils ont peur des humains ou même les attaquent dès qu'ils approchent la main. Vigilance.

> **Sri Lanka, Unawatuna, 2002**
> **Victoria, 5 ans** *(elle dicte et j'écris pour elle)*
>
> *Hier, on a vu des tortues à la ferme de tortues. Pis on a passé une heure pis c'était beaucoup. Il y a des grosses tortues géantes et aussi il y a des mini mini petits bébés que je peux les prendre des fois. J'ai mis des petites tortues dans la mer, même ma sœur. C'était les bébés que j'aimais le plus. Pis les grosses, j'aimais mieux que papa les prenne. Mais il y en avait une qu'on ne pouvait pas prendre parce qu'elle était vraiment trop grosse et aussi, elle pouvait nous mordre.*
>
> *Aussi, on a vu des singes et on leur a donné des peanuts. Ma sœur a donné des peanuts aux grands singes. Les singes protègent leurs petits bébés.*

Vos enfants seront peut-être témoins d'actes de violence envers des animaux et ils ne comprendront pas, évidemment, pourquoi le monsieur donne des coups de pied au petit chien noir. S'ils sont très jeunes, tentez, du mieux que vous le pouvez, de les soustraire à ce genre de situation. Il sera très difficile de leur expliquer quoi que ce soit. À partir de 8 ans, vous pourrez peut-être leur expliquer la mentalité différente de ces gens ou prendre la part du monsieur en expliquant qu'il y a beaucoup de chiens méchants dans la rue et qu'il a fait ça pour protéger sa famille. Quelle que soit votre explication, faites-le sans jamais dénigrer les gens du pays où vous vous trouvez. Il en va de même pour toutes les autres différences comme les croyances religieuses ou autres agissements qui nous font parfois grincer des dents.

Sri Lanka,
Anuradhapura, 2002
Rosemarie, 9 ans

Hier j'ai vu une image qui m'a marquée. J'ai vu un petit chaton blanc, tout petit, qui respirait à peine, car il était tombé dans un égout vraiment dégoûtant. Personne ne venait le sauver. Cette image si triste m'a convaincue de devenir plus tard protectrice des animaux.

Méfiez-vous des zoos, dans certains pays. Quelquefois, ils font peur à voir et les animaux sont gardés dans des conditions inhumaines. Inutile d'exposer ses enfants à ce genre de choses.

Les moustiques

Les insectifuges

En voyage, nous ne le répéterons jamais assez, tout se joue au niveau de la prévention. Lors de sorties à l'extérieur, pendant la soirée ou la nuit, portez des vêtements longs qui couvrent un maximum de peau, portez aussi bas et souliers et appliquez un insectifuge (voir chap. 2, « Les anti-moustiques », page 130).

Le répulsif *Ultrathon* 31,58 % Deet, recommandé antérieurement, s'il est bien appliqué, est efficace pendant 12 heures. Il rend la peau un peu collante et dégage une odeur d'insecticide, surtout si vous transpirez.

En voyage, dans les zones à risque, j'applique à mes filles l'*Ultrathon* 31,58 % Deet en fin de journée, lorsque les moustiques sont plus nombreux ; j'évite d'en appliquer près des yeux et sur leurs mains, qu'elles peuvent porter à leur bouche, et je leur donne une douche avant le dodo sous la moustiquaire, pour enlever le produit. De cette façon, elles ne sont exposées au Deet que quelques heures par jour. Le reste de la journée, je les asperge d'un insectifuge à base de citronnelle.

Les moustiquaires

Notez que, la plupart du temps, au cours de nos voyages, nos moustiquaires sont restées dans le fond de nos sacs à dos, puisque les petits hôtels où nous sommes descendus en Asie disposaient de moustiquaires, bien accrochées au plafond et prêtes à être utilisées. Vous aurez cependant besoin des vôtres si vous logez dans les petites huttes bon marché sur la plage ou encore chez l'habitant. Ne prenez pas de chances de ce côté. Si, à l'hôtel, on vous charge un supplément pour une chambre avec moustiquaires, n'hésitez pas. Si on vous l'offre, c'est qu'il y aura des moustiques ; ou si vous voyez les résidants les utiliser, ne vous posez plus de questions et installez-les avant la tombée de la nuit si le propriétaire ne l'a pas déjà fait.

Pour maximiser son efficacité, une fois installés dans vos lits, il faudra bloquer toutes les entrées potentielles en repliant les extrémités de la moustiquaire sous le lit. Lorsque vous sortez du lit après la sieste de l'après-midi ou si vous allez à la toilette la nuit, pensez à replier tout de suite la moustiquaire sous le lit, pour vous assurer qu'aucun moustique ne pénètre à l'intérieur pendant votre absence. Apprenez à vos enfants à le faire aussi. Pendant la journée, si vous n'avez pas besoin de la moustiquaire, remontez-la en faisant un gros nœud; elle sera moins encombrante.

La perméthrine

Comme je l'ai mentionné au chapitre sur les préparatifs (voir chap. 2, «La perméthrine pour des vêtements antimoustiques», page 132), la perméthrine est un insecticide efficace qui complète bien l'application de Deet et l'utilisation de moustiquaires.

Si vous n'en avez pas trouvé avant le départ, essayez d'en acheter à destination, ce sera peut-être plus facile à trouver. Utilisez le bain de votre chambre d'hôtel pour faire le trempage ou une cuve de lavage empruntée à la femme de chambre. Si vous ne trouvez pas de gants, rincez-vous les mains plusieurs fois pendant l'opération. Ensuite, étendez les vêtements dehors au soleil, à plat sur des serviettes, des couvertures, ou directement sur le sol, s'il est assez propre, là où les gens de l'hôtel ont l'habitude de faire sécher la literie (très souvent sur le toit).

Les pyjamas imprégnés de perméthrine éloignent très efficacement les puces de lit si vous êtes sensibles à ce petit insecte qui se retrouve très souvent dans les lits des hôtels bon marché.

Le vol

Le vol est-il une préoccupation majeure en voyage? Nous répondrons, en ce qui nous concerne, qu'il faut s'en préoccuper pour adopter une façon appropriée de vivre et de se comporter, puis l'oublier et ne pas se laisser hanter par cela constamment.

La règle d'or, lorsque vous sortez: n'ayez en poche que la somme d'argent dont vous aurez besoin pour la journée. Le reste doit demeurer sous vos vêtements, dans votre ceinture de taille, avec votre passeport et vos papiers importants. Les agressions armées qui ont pour but de vous soutirer toutes vos possessions sont très rares en voyage. Mais le vol des sacs à main et des petits sacs à dos est, lui, plutôt fréquent. Qu'on vous le subtilise pendant un moment d'inattention (c'est la façon la plus courante), qu'on vous le découpe à la lame de rasoir dans un train ou un autobus, qu'un as du *pickpocket* vous vole son contenu alors que vous l'avez sur le dos, l'effet est le même : si vous y avez laissé votre passeport et votre argent, vous voilà dans les emmerdes. Sinon, vous êtes quittes pour un nouvel appareil photo, de nouvelles lunettes de soleil et un nouveau livre guide. Rien de bien traumatisant.

Méfiez-vous toujours des foules où les gens sont collés les uns sur les autres, c'est un lieu de prédilection pour les *pickpockets*. Les gares d'autobus, de trains, ainsi que les aéroports, sont aussi des endroits très courus pas les voleurs de toutes sortes.

Le vol de biens ou d'argent dans sa chambre d'hôtel doit aussi être envisagé. Les pires moments pour le vol sont lorsque nous sommes à la plage. Non pas que ce soit plus dangereux qu'en d'autres temps, mais c'est lorsque nous allons à la plage que nous sommes susceptibles de laisser argent et passeport dans la chambre d'hôtel. À la plage, souvent, nous apporterons avec nous un sac de jour dans lequel nous aurons glissé l'argent et le passeport d'un seul d'entre nous. Advenant un vol, sur la plage ou à la chambre, il restera toujours quelque chose.

En ce qui concerne nos bagages (vêtements, sacs à dos, souliers, appareil photo, etc.), il faut, jusqu'à un certain degré, « abandonner », se dire que tout ira bien et partir la tête tranquille. Sinon, on ne respire plus, on vit dans la crainte du vol et ça brise complètement l'ambiance de la journée. Attention, « abandonner et se dire que tout ira bien » ne veut pas dire laisser ses bijoux, son bel appareil photo neuf ainsi que tous ses produits de luxe bien étalés, à la vue, sur le lit. De grâce, aidez-vous un peu. Considérez *a priori*

Inde, Dharamsala, 2004
Rosemarie, 11 ans

On joue beaucoup aux cartes, le soir, parce qu'il n'y a pas de télévision ici. Je connais deux nouveaux jeux que Ché (il est Australien) m'a appris. Il a 14 ans et il est vraiment très gentil. Je pratique mon anglais avec lui. Demain, nous partons en « trekking » dans l'Himalaya et j'ai vraiment très hâte. Les Australiens viendront avec nous et ils sont partis s'acheter des vêtements chauds au marché.

que les gens sont honnêtes, mais aidez-les un peu en rangeant bien tous vos objets de valeur dans vos valises ou votre sac à dos avant de quitter la chambre. Ne laissez rien de valeur traîner à la vue. Même une crème pour la peau qui vaut 20 $ peut être tentante pour une femme de chambre qui ne fait que 10 $ par semaine. Mettez-vous à sa place.

Je termine sur ce conseil : si on vous attaque pour vous voler votre argent ou vos biens personnels, donnez tout sans hésiter. L'argent, un appareil photo, un sac à dos, ça se remplace, pas un foie perforé par un couteau ou un crâne fendu par un coup de bâton. Croyez-moi sur parole, vous ne voulez pas d'un trou dans votre poumon gauche pour avoir voulu sauver vos lunettes à 300 $. Je répète : donnez tout, sans hésiter.

Les agressions et arnaques de tous genres

La sécurité, en voyage, est un sujet qui peut en inquiéter plusieurs. Détendez-vous, assurer sa sécurité en voyage, c'est d'abord et avant tout s'assurer de rester en bonne santé (des informations sur ce sujet suivront plus loin). Pour le vol, vous en savez déjà un peu plus. Que reste-t-il alors ? Il reste les arnaques en tous genres, les agressions sur la personne, la consommation de drogues interdites et la visite d'endroits peu recommandables en des heures peu recommandées.

Les arnaques

L'arnaque, c'est quoi ? C'est se faire charger le double de la course en taxi parce qu'on n'a pas demandé le prix avant ; c'est se faire voler de l'argent en changeant des devises sur le marché noir ou en essayant d'aider un résidant qui, présumément, ne peut aller à la banque ; c'est se faire avoir en achetant des pierres précieuses qui n'ont de précieux que le nom ; c'est s'embarquer dans un tour organisé de quelques jours (par exemple, la visite d'un lointain temple situé en pleine jungle) pour s'apercevoir que la qualité du service ne reflète pas du tout ce que l'on nous a promis et ce pourquoi on a payé ; c'est se faire embarquer dans un supposé coup d'argent qui nous coûtera finalement la peau des fesses ; c'est acheter des faux billets pour un faux spectacle, des fausses lunettes de grande marque à un faux bas prix, c'est payer d'abord et ne rien voir ensuite.

L'arnaqueur ne procède pas de la même façon que le voleur. Il ne vous vole pas votre argent en vous l'arrachant des mains, en vous le découpant de sur vos vêtements, en vous le dérobant à l'aide d'une arme. L'arnaqueur est plus sournois, plus rusé. Il utilise la tromperie, la ruse. Son artifice favori est de jouer la carte de l'amitié entre les peuples.

Mon meilleur conseil, ne soyez pas naïfs. Le Père Noël ne passe que le 25 décembre ; si on vous propose le prix du siècle, le *deal* du millénaire ou le coup de votre vie à toute autre date que le 25 décembre, c'est qu'il y a anguille sous roche. Et qu'est-ce que ça fait une anguille sous une roche, quand on retire la roche ? Ça mord et puis ça se pousse. Personne ne fait de cadeau gratuit à un étranger sans attente ultérieure ; personne ne passera un après-midi à vous guider dans les souks d'Istanbul sans vous demander quelque chose par la suite ; personne ne vous vendra des pierres précieuses au tiers de leur valeur juste pour vos beaux yeux, même s'ils sont très beaux ; personne ne vous emmènera en safari à la demie du prix que l'on charge dans toutes les autres grandes agences parce que vous êtes Canadiens et que le gars de l'agence a un cousin à Toronto. Méfiez-vous de tout prix qui ne soit pas conséquent avec les prix demandés par les autres commerçants. Méfiez-vous du chauffeur, de l'ami, du guide qui ne veut pas vous emmener à l'hôtel ou à l'endroit où vous voulez aller parce que c'est fermé, insalubre, plein ou pour toute autre raison. Demandez d'abord à aller voir par vous-mêmes.

Soyez fermes lorsqu'un policier ou un agent de sécurité vous aborde. Demandez à voir ses papiers, demandez-lui de s'identifier. Ne laissez jamais votre passeport ou vos cartes d'identité à un officiel pour qu'il fasse des vérifications au poste de police. S'il doit vérifier vos papiers dans un autre lieu, vous y aller avec lui. Les arnaques de ce genre sont fréquentes. Par ailleurs, si on vous demande d'aller au poste de police, n'acceptez jamais d'être séparés de votre enfant. Même si vous êtes dans un établissement officiel ou gouvernemental, exigez que votre enfant soit dans la même pièce que vous, en tout temps ; aucune négociation là-dessus.

Il nous est arrivé quelques fois de nous faire escroquer par des policiers. Leur tactique la plus courante est de prétendre que nos papiers ne sont pas en règle (visa, permis quelconque, assurances de voiture ou de moto...). Ils nous demandent dans ce cas de l'argent pour « refaire » nos papiers. Lorsque nous sommes absolument certains que nos papiers sont en ordre, nous menaçons d'appeler à l'ambassade, sur un ton très calme, et nous quittons les lieux calmement. Cela a déjà très bien fonctionné. Sinon, nous négocions une somme d'argent qui nous semble raisonnable.

Avec l'arnaque, il s'agit avant tout d'éviter de devenir paranoïaque, tout en conservant une certaine lucidité. Une lucidité qui vous retiendra de vous embarquer dans un piège quelquefois monté avec beaucoup de finesse et de subtilité. Payez le juste prix, informez-vous beaucoup, demandez un reçu si possible, transigez dans des agences ou magasins ayant pignon sur rue, enfin, observez et étudiez les gens avec qui vous allez transiger.

Les articles protégés

Tout ce qui est antiquité, coquillage, fossile, objet du patrimoine, animal ou partie d'animal, sont des objets à risque pour le touriste. Ces objets sont souvent protégés par les lois sur l'exportation. Soyez très vigilants avec ce genre d'items. Renseignez-vous avant d'acheter. On ne s'en prendra pas à celui qui vous l'a vendu mais à vous qui le détenez et qui essayez de le sortir du pays. La plupart du temps, les autorités des pays ne rigolent pas avec ce genre d'infraction. Ces restrictions seront souvent signalées dans les livres guides sur le pays que vous visiterez.

La drogue

Le côté le plus désagréable avec la consommation de drogue, en voyage, c'est que pour s'en procurer, il faut entrer dans l'illégalité et faire affaire avec des gens qui gravitent dans un milieu criminel. Tous les vendeurs de marijuana ou de hashish ne sont pas des gens prêts à vous vendre au premier policier venu, mais soyez conscients que toutes les arnaques sont possibles et doivent être envisagées. Vous êtes des touristes, vous êtes loin de chez vous, vous avez de l'argent, ça fait de vous des cibles de choix; sachez cela et agissez en conséquence. Restez très vigilants si vous désirez vous en procurer; si ça sent l'arnaque, si le vendeur est lui-même drogué ou si vous ne vous sentez pas en sécurité, laissez tomber. Je ne vous ferai pas accroire que l'achat d'une petite quantité de drogue douce (les drogues dures sont une tout autre histoire) pour une consommation sur place mène droit à la prison, c'est faux. Toutefois, il y a des milliers de touristes qui purgent des peines de prison pour des délits en rapport avec la possession de drogue. Dans certains pays, la consommation de drogue par les touristes est très sévèrement punie, dans d'autres, vous ne serez qu'invités à quitter le pays ou à payer une amende. Soyez renseignés. Croyez-moi, vous n'avez pas envie d'étirer vos vacances pour une visite approfondie des prisons de Bangkok... avec vos enfants. La modération s'applique ici plus que partout ailleurs. Gardez la tête froide et le cerveau lucide.

Les endroits peu recommandables

Qu'est-ce donc qu'un endroit peu recommandable ? C'est un endroit où le degré de risque d'agression, de vol, de viol et d'enlèvement est plus élevé qu'ailleurs. C'est un endroit que les familles ne fréquentent habituellement pas et où vous n'enverriez pas votre petite sœur jouer, le soir venu. Ces endroits « chauds » sont certes attirants à certains égards par leur côté sombre, caché, extrême, parfois illégal. Je parle ici de secteurs souvent appelés les « Red Light », de discothèques, de bars, de lieux consacrés à une activité extrême comme les *raves* de 24 heures, ou encore d'endroits illégaux qui se veulent retirés des yeux de la majorité, comme un champ d'opium, un salon de jeu, une piquerie, un bordel, une fumerie d'opium, etc.

Je ne dis pas qu'il ne soit pas hautement dépaysant et culturellement intéressant de visiter un de ces endroits, je dis que la prudence est de mise et que vous devez faire preuve de beaucoup d'écoute pour savoir quand il est temps de rester et quand il est temps de partir. Vous courrez aussi, évidemment, le risque d'être pris dans un incident qui ne vous concerne pas comme, par exemple, une bagarre, un règlement de compte ou un junky hystérique qui vous saute dessus parce qu'il n'en peut plus. Soyez doublement prudents, vous n'êtes pas chez vous, ai-je besoin de vous le rappeler ?

L'agression sur la personne

Elle est très rare. Vous risquez une agression sur la personne si vous circulez tard le soir dans des rues désertes, mal éclairées ou si vous fréquentez des endroits « chauds ». Certaines villes sont assurément plus dangereuses que d'autres ; Lima au Pérou, par exemple, Nairobi au Kenya, Mexico City, certains quartiers de Bangkok. Comme je dis toujours, si vous cherchez le « trouble » et que vous vous y mettez, vous allez le trouver, c'est certain. Il y a des villes où on ne rentre pas à pied à son hôtel le soir, c'est comme ça, un point c'est tout. Ne jouez pas au téméraire. Nous, Canadiens ou Québécois, sommes très peu habitués aux villes dangereuses comme il y en a tant aux États-Unis et ailleurs dans le monde. Il est rare que des secteurs entiers de nos villes soient à éviter pour cause de danger de violence. Il faut apprendre et s'adapter.

Pour ce qui est des attaques au couteau ou à la pointe du fusil, rappelez-vous cette règle que nous avons vérifiée à maintes reprises dans plusieurs pays du monde : lorsqu'il y a des enfants qui jouent aux alentours, sur les terrasses, dans les rues, il n'y a que peu de danger. Quel que soit le pays, il est très rare qu'on magouille avec un enfant à ses côtés. Et, plus que tout, suivez votre instinct. Lorsque celui-ci vous signifie (et il le fait presque toujours) par un drôle de sentiment d'inconfort que vous ne devriez pas être là, que vous sentez que l'atmosphère est lourde, ne restez pas là, allez-vous-en.

Les guerres et le terrorisme

Il est surprenant de constater à quel point la liste des pays classés « dangereux » ou « à risque » est longue. Je crois que l'agence gouvernementale qui propose cette liste (si vous allez sur Internet, vous constaterez que chaque pays a la sienne) joue la carte de la prudence. C'est probablement mieux ainsi.

Pour Affaires étrangères Canada (AEC), il existe neuf niveaux d'avertissements aux voyageurs. S'il est dangereux de se rendre dans une région ou un pays étranger, ils recommanderont d'éviter « tout voyage » dans cette région ou ce pays et, dans certains cas, de quitter le pays ou la région. Si la menace est moins grave, ils recommanderont d'éviter « tout voyage non essentiel » vers cette destination, etc. Consultez le site www.voyage.gc.ca/dest/sos/warnings-fr.asp.

Malheureusement, les attentats des dernières années ont beaucoup changé les perspectives. En effet, aucune région du monde ne peut maintenant être considérée comme étant totalement à l'abri du danger. Les attentats survenus aux États-Unis (New York), au Royaume-Uni (Londres), en Turquie (Istanbul et Cesme) et en Espagne (Madrid et Barcelone) prouvent bien que les groupes terroristes opèrent maintenant partout et qu'aucun pays n'est à l'abri.

Cela dit, il faut éviter la paranoïa. Au moment où nous sommes allés au Sri Lanka avec nos deux filles, le pays n'était pas recommandé aux voyageurs, même chose pour la région du Chiapas, au Mexique, qui était « chaude » au moment de notre visite. Nous avons pourtant jugé ces deux endroits suffisamment sécuritaires pour y séjourner. C'est donc dire à quel point la décision de se rendre dans un pays considéré comme à risque se fera en fonction de votre situation, des activités que vous compter faire sur place, de vos craintes concernant votre sécurité et de votre connaissance du pays ou de la région. Vous seul pouvez prendre cette décision.

Une chose est certaine, en cas de troubles ou de risques potentiels, une vigilance accrue est de mise. Dans les endroits très fréquentés comme les centres commerciaux, les transports publics, les restaurants, les bars… restez alertes. Suivez attentivement l'actualité politique du pays de votre destination. En cas de mauvais pressentiment ou de sentiment d'insécurité, quittez.

J'ai tendance à faire confiance en ma bonne étoile, à ne pas prendre pour de l'argent comptant tout ce que les journalistes rapportent et à vouloir aller me rendre compte par moi-même de la situation. Mais j'évite systématiquement tout pays où un conflit armé ouvert sévit depuis plusieurs années et où les confrontations entre groupes de guérilleros, organisations paramilitaires et forces armées se produisent dans les zones rurales. J'évite aussi tous les pays où les risques d'enlèvement sont élevés. Pour moi, des pays comme la Colombie, Haïti, l'Israël, l'Afghanistan, l'Irak, etc. font absolument partie de ce groupe de pays à éviter. Il y a plusieurs pays d'Afrique où je ne m'aventurerais pas davantage.

Vous seul pouvez juger. Au moment de l'écriture de ce livre, le danger terroriste reste élevé en Indonésie et les cibles potentielles sont notamment les lieux où se trouvent justement les Occidentaux. Mais de ce côté, comme je crois que ces attentats demeurent des événements isolés et qu'il faut, de surcroît, une réelle malchance pour tomber sur le restaurant ou le bar visé, je me risquerais. C'est mon opinion et elle est très personnelle. Mon beau-frère a visité l'Égypte trois mois après l'attentat isolé qui a tué une cinquantaine de touristes à Louxor, en novembre 1997. Au moment de sa visite, le pays lui a semblé très sécuritaire (après un attentat, les forces policières sont accrues) et il a pu bénéficier de la chance de visiter ce pays sans le déluge de touristes qui, en temps normal, assaille ce pays.

Pour clore sur ce sujet bien sérieux, je vous conseillerais de lire beaucoup, d'aller sur Internet visiter des sites de groupes de discussion sur différentes destinations et de faire la part des choses en ne prêtant pas oreille à tout ce qui se dit et s'écrit par la presse qui a parfois tendance à étendre à tout un pays un événement isolé. Le choix de foncer ou de passer est éminemment personnel. S'il y a beaucoup d'autres pays qui vous intéressent, outre celui qui est considéré à risque, peut-être devriez-vous, pour cette fois, choisir une autre option.

La sécurité des enfants

En voyage, la sécurité d'un enfant repose sur la vigilance des parents. Quel que soit le nombre de mises en garde ou la préparation effectuée à la maison, la vigilance des parents doit être sans failles. Mais la peur d'un enlèvement et la paranoïa peuvent aussi détruire l'ambiance d'un voyage. Calmons-nous, le monde est plein de gens charitables et honnêtes. Les ravisseurs d'enfants ne sont pas légion, ils représentent une minorité d'individus. Si vous évitez les endroits « chauds » de la planète, où le touriste ne devrait, de toute façon, pas s'aventurer, vous ne risquez presque rien.

Sur ce point, les trois premières années de vie de notre enfant comptent parmi les plus sécuritaires en ce qui a trait à la perte et aux enlèvements en voyage. En effet, on ne quitte pratiquement pas l'enfant des yeux, il est encore trop petit pour qu'on accepte de le perdre de vue, on a peur qu'il se blesse, qu'il tombe dans l'escalier, qu'il s'égare, qu'il ne retrouve pas la table où nous mangeons au restaurant. C'est après, à partir de sa troisième et de sa quatrième années de vie que l'on se permet et qu'on lui permet davantage de liberté. C'est alors que les risques commencent.

Tout est question d'éducation et l'éducation contre les dangers de la rue commence à la maison, lorsque l'enfant se sent en sécurité. Bien sûr, cette éducation dépend de l'âge de l'enfant et de son degré de maturité, mais il est possible de lui inculquer des notions de sécurité qu'il devrait appliquer, d'ailleurs, même chez lui à la maison. Il est possible de donner à l'enfant un sentiment de sécurité en renforçant son pouvoir décisionnel. Que ferais-tu si cela arrivait ? Si tu te perdais ? Que réponds-tu à quelqu'un qui te demande de… ? Mettez l'enfant en face de la situation et aidez-le à trouver la bonne solution. Vous pouvez même jouer la scène de façon théâtrale, comme si elle se produisait vraiment.

Voici quelques règles de base.

- L'enfant doit apprendre à ne pas s'éloigner de vous dans les endroits publics. Le jeu de cache-cache n'est pas un bon jeu, en voyage. S'il s'éloigne et se perd, apprenez-lui à rester sur place, à ne plus bouger aussitôt qu'il se sait perdu. C'est vous qui le chercherez. S'il veut demander de l'aide, qu'il le fasse d'abord auprès d'un officiel : un gardien de sécurité, une caissière. Après, mieux vaut se tourner vers une femme, de préférence une femme avec des enfants.

- Insistez pour que votre enfant vous demande la permission avant qu'il n'accepte un bonbon ou un cadeau d'un étranger (bien entendu, je ne fais pas référence ici à un membre de la famille qui tient le petit *guest house* où vous séjournez depuis quatre jours, mais à un étranger rencontré sur une place publique).
- Il faut apprendre aux enfants que les adultes ne demandent pas l'aide des enfants. L'enfant doit systématiquement répondre NON à tout adulte qui le sollicite et lui demande de faire quelque chose pour lui, comme l'aider à trouver un animal perdu, l'aider à trouver son chemin ou le comptoir à crème glacée juste à côté.
- Enseignez à votre enfant qu'il est correct de dire NON ; qu'il ne doit jamais, jamais partir docilement avec quelqu'un qu'il ne connaît pas bien. Et que si on le force, il doit crier, se débattre et mordre de toutes ses forces. Enseignez-lui à ne pas succomber à la peur. Il doit crier fort « Tu n'es pas mon papa, tu n'es pas ma maman » et lancer tous les objets qu'il trouve, renverser les meubles. Nous avons très bien expliqué à nos filles que c'était une question de vie ou de mort, qu'il se pouvait qu'elles ne nous revoient plus jamais si elles ne faisaient pas cela.
- Ne laissez jamais votre enfant avec quelqu'un que vous ne connaissez pas bien, même pour un court instant. Apprenez à votre enfant à faire confiance à son instinct et à être à l'écoute.
- Promettez à votre enfant que vous ne l'abandonnerez jamais. Dites-lui aussi que s'il disparaissait, vous seriez toujours à sa recherche, peu importe le temps que ça prendrait pour le retrouver.
- Dans les grandes villes, faites porter à votre enfant un sifflet à son cou, sous son chandail. Expliquez-lui que s'il ne vous voit plus, il faut rester sur place et siffler un grand coup. Si votre enfant est un peu plus vieux, vous pouvez instaurer un code, comme par exemple : un coup veut dire « je ne vous vois plus », deux coups veulent dire « je suis perdu » et trois coups veulent dire « je panique, faites ça vite » !
- Nos enfants voyagent toujours avec une carte d'identité glissée sous leur gilet et où apparaissent leur nom, leur numéro de passeport, l'adresse à la maison, les numéros de téléphone de proches

parents et leur âge. Cette carte est insérée dans une petite enveloppe plastifiée attachée à une cordelette où nous glissons aussi une carte de l'hôtel ou nous sommes descendus. Nos filles savent que si elles se perdent, l'adresse de l'hôtel est sur cette carte, ainsi que toutes les informations pouvant les ramener au pays.

Avant de partir en Inde, en 2004, Rosemarie avait presque 12 ans. Une petite grande personne qui ne contrôle pas encore son environnement mais qui déjà mène ses pas à sa façon. Elle était à l'âge de s'éloigner quelques instants pour entrer dans une boutique toute seule ou aller voir les singes dans la cour pendant que nous mangions à l'intérieur. Nous devions faire preuve d'énormément de vigilance, sans pour autant la brimer dans ses mouvements. Dans certains pays, les enlèvements de filles prépubères sont plus fréquents que le kidnapping d'enfants plus jeunes. Nous en avions parlé avec Rosemarie.

Inde, Manali, 2004
Rosemarie, 11 ans

Nous sommes en voyage depuis 18 jours. Ça passe vraiment vite. Aujourd'hui j'ai rencontré le premier enfant touriste de notre voyage. Tout un événement! C'est un garçon de 12 ans et je crois qu'il vient de l'Europe. En tout cas, il ne parlait pas français ni anglais et il était très timide.

Mexique, San Cristobal de las Casas, 2000
Michel (Rosemarie, 7 ans, et Victoria, 3 ans)

J'ai eu peur, aujourd'hui. Peur pour la première fois depuis que je voyage avec mes enfants. Nous marchions dans le petit village de San Juan de Chamula, un joli village à 11 kilomètres de San Cristobal, composé presque uniquement d'Indiens Tzotzil. Nous savons l'endroit un peu «chaud», nous sommes en effet au cœur du Chiapas et le révolutionnaire zapatiste Marcos est en ce moment même en route pour la capitale afin de rencontrer le président Vicente Fox. Victoria était sur mes épaules et

Rosemarie marchait 100 mètres en avant de nous. Nous étions à l'extérieur du village, dans la montagne, sur une petite route de terre battue. Rose allait croiser une maison sur sa droite lorsqu'une grosse auto noire nous a dépassés et s'est arrêtée devant la maison, à la hauteur de Rosemarie. La chose s'est faite très vite et, je l'avoue, je n'ai même pas réagi. Un homme est descendu de la voiture et a saisi Rosemarie par le bras, la porte de la voiture était ouverte, il m'a regardé en souriant avec un air qui voulait dire «tu vois comme ça serait facile, tu devrais faire plus attention» et il a disparu dans la maison, laissant là Rosemarie, qui n'avait même pas eu le temps d'avoir peur. Ouf!

La pause «journal de bord»

La pause «journal de bord» est un moment intime et très agréable, où l'enfant, souvent aidé d'un parent, fixe les images de son voyage dans un cahier consacré à cet effet. Pour lui, qui voit tellement de nouvelles choses et qui est constamment alimenté par une foule de nouvelles sensations, le moment de l'écriture ou du dessin, c'est selon, est un moment d'arrêt où il peut s'interroger sur ce qu'il aime et ce qu'il n'aime pas, sur ce qu'il a vu et ce qui l'a marqué. Cette pause peut se faire le matin, en déjeunant, ou en fin d'après-midi, lorsqu'on se repose sur son lit. Tous les moments sont bons, en fait. Mais il faut encourager votre enfant à le faire, ça ne viendra pas tout seul.

Votre tout-petit, pour qui écrire de longues phrases est encore trop laborieux ou qui n'est tout simplement pas en âge de le faire, vous dictera ses idées et couchez-les sur papier exactement comme il vous les dicte, avec ses drôles de phrases, ses répétitions et ses onomatopées. Relisez-lui ensuite ce qu'il vous a dicté et demandez-lui s'il veut ajouter quelque chose. Il peut aussi faire un dessin pour illustrer ses dires. Pour les enfants en bas âge, un dessin en dira tout autant que 1000 mots. En vieillissant, l'enfant devient capable de coucher lui-même sur papier ses émotions et il est alors fort intéressant de constater ce qui l'intéresse le plus ou comment il se sent dans le quotidien. Une simple phrase comme «Je m'ennuie de mon ordinateur et de ma salle de jeux» en dit beaucoup sur l'état intérieur de notre enfant. Il est intéressant

Inde, Jodhpur, 2005
Rosemarie, 12 ans

Je crois que le fait de voyager comme ça avec mes parents me change à la longue. J'adore voyager car c'est comme si mon cerveau allait puiser à la source. La source des vraies images de la vie. J'espère que mon cerveau retiendra toutes ces images le plus longtemps possible. Qu'est ce que je fais ici? Ma tête travaille plus fort que d'habitude. Découvrir, apprendre, écouter, retenir, regarder, demander, risquer, décider. Je ne fais pas souvent toutes ces choses à la maison. J'ai aussi appris à me construire un endroit intérieur pour me réfugier quand j'ai peur ou quand je dois me calmer. Il faut garder en mémoire cet endroit et ne pas l'oublier, car sinon tout est à recommencer. Il n'y a pas plus belle aventure que se découvrir soi-même. Les moines du temple à côté, c'est ça qu'ils font toute leur vie.

de constater que dans le cas de nos filles, même si elles relatent désormais leurs journées par écrit dans leur journal respectif, le dessin occupe toujours une place très importante dans les pages de leurs cahiers de voyage.

Croyez-moi, de tels cahiers compteront assurément parmi vos souvenirs les plus précieux sur la petite enfance et l'enfance de vos trésors.

Soit dit en passant, j'encourage les parents à en faire autant. Les extraits que vous voyez retranscrits ici n'existeraient pas sans nos journaux de bord. On oublie vite le nom des villes, des gens.

Sri Lanka, Colombo, 2002
***Victoria, 5 ans** (elle dicte et j'écris pour elle)*

Je serai de retour au Canada avec toute ma famille et moi dans quelques heures. Quand on va être à l'aéroport, Mamie et Papi vont venir nous chercher pour aller nous reconduire à notre maison dans la neige. J'ai hâte de revoir mon école. Je m'ennuie aussi de l'ordinateur à Mamie pis de mon chat Copain. J'ai tout aimé au Sri Lanka.

On oublie aussi les pensées que l'on a eues, l'introspection que l'on a faite et les décisions que l'on a prises pour notre vie future. Les voyages provoquent ce genre de réflexions. Notez, notez… vous relirez le tout un jour à l'hospice !

Les sports à risques

Voilà bien un des sacrifices que l'on doit envisager lorsque l'on voyage en famille. Et je ne parle pas ici pour les casse-cou, mais pour les gens qui, souvent, pratiquent dans leur pays un sport à risques comme l'escalade,

Argentine, expédition sur l'Aconcagua, 1999
Michel

Le temps n'avait cessé de se détériorer depuis la fin de ma traversée et de la montée du Canaleta. Il ventait et neigeait maintenant à gros flocons. J'avais atteint le sommet du Canaleta, le plus dur était derrière moi. C'est là que j'ai posé mon sac à dos, que j'ai bu et que j'ai réfléchi. Le sommet était à moi, je le voyais, si proche dans la tempête. Trois Français et un Argentin qui grimpaient ensemble me devançaient. Il n'y avait plus que nous. Chacun pris par son sommet. Et c'est alors que l'évidence du retour s'est imposée à moi. J'ai remis mon sac sur mon dos et j'ai fait demi-tour. J'ai songé à mes deux petites filles, à mon amoureuse, Marie-Chantal, et j'ai fait demi-tour. Et c'est à ce moment-là que j'ai réalisé – en regardant le chemin du retour – la gravité de ma situation. J'étais seul, à 6 900 mètres, dans une tempête où on ne voyait plus ni ciel ni terre. Je n'avais que des traces – bientôt recouvertes par la nouvelle neige – pour ne pas me perdre. J'ai recroisé le corps gelé du Coréen, assis, sans vie, depuis maintenant trois jours, dans la neige du couloir et mes yeux se sont remplis de larmes. Je voyais mes trois amours à travers le brouillard blanc, sentant soudainement ma fatigue et tentant de me concentrer sur le chemin hasardeux que je devais refaire en sens inverse. Ne pas me perdre, ne pas perdre la piste. Je n'y voyais pas à trois mètres devant moi. J'étais complètement seul sur ce chemin du retour. Il fallait à tout prix que je retrouve ma tente.

le delta plane, le parachutisme, la plongée sous-marine, etc. Je parle pour moi, qui pratique déjà l'escalade et la plongée sous-marine et qui aurais bien le goût de tenter de nouvelles expériences lorsque je suis en voyage.

Vous n'êtes plus seuls, des enfants dépendent de vous… et s'il vous arrivait quelque chose ?

Outre cela, il est assez difficile d'inclure ce genre d'activités sans obliger un des parents à prendre les enfants en charge pour la journée alors que le conjoint ou la conjointe s'adonne à sa passion. Cela dit, il est toujours possible d'engager une gardienne d'enfants pour une journée. Assurez-vous que vous pratiquerez votre sport d'une manière hautement sécuritaire (équipement et guide). Vous-mêmes, soyez doublement vigilants. Une cheville foulée, une entorse au dos peuvent compromettre le reste de votre voyage. C'est, avant toute autre considération, ce qui m'a toujours fait reculer.

N'oubliez pas, en ce qui concerne la plongée sous-marine, qu'il est nécessaire d'attendre entre 12 et 24 heures après la dernière plongée avant de reprendre l'avion.

Les gardiennes d'enfants

Je serai franche avec vous, nous n'avons jamais confié nos enfants à une gardienne d'enfants en voyage. Mais la chose se fait et j'ai eu l'occasion de croiser plusieurs parents qui l'avaient fait. Je me souviens de ce couple d'Allemands, en Inde, qui utilisait chaque après-midi les services d'une gardienne parce qu'ils suivaient leur cours de yoga. Ils avaient trouvé la bonne maman, fiable, et ne souffraient d'aucune insécurité. Votre hôtel pourra très probablement vous renseigner sur une bonne gardienne.

> **Myanmar, Nagpali, 1997**
> **Michel** *(Rosemarie, 4 ans, et Victoria, 3 mois)*
>
> *Marie-Chantal est partie seule se faire bronzer sur la plage. C'est son moment à elle, son moment pour être loin de tout, surtout des enfants. Il est impératif de se relayer ainsi.*

Le plus important est de s'assurer que la gardienne ne donnera pas d'eau locale (non embouteillée) à l'enfant ou de fruits non pelés, comme des raisins. Si la gardienne est déjà une maman, c'est déjà un bon point pour elle… en ce qui me concerne, en tout cas!

Les sorties de soirée en famille

Il est possible, avec un peu d'organisation, de s'offrir de belles soirées en famille. Avec un choix judicieux de restaurant et de spectacle, l'enfant peut adorer sa sortie. Vous aurez pris la peine de lui faire faire une bonne sieste dans l'après-midi pour qu'il soit plus en forme le soir. Les soupers-spectacles sont une formule des plus agréables pour les enfants. Généralement, ils sont annoncés dans les journaux locaux, les lobbies d'hôtels, et les guides de voyage en font souvent mention. Les cirques, lorsqu'ils sont en ville, font d'excellentes sorties. Pour une grande bouffe dans un grand restaurant, allez faire du repérage sur place avant le souper en question. Peut-être que le restaurant dispose de petits salons, d'une télévision pour les enfants. Certains restaurants projettent des films le soir. Si le service du repas s'annonce tardif, faites manger votre petit avant de partir et il prendra tout simplement un dessert, un jus exotique ou un peu de pain sur place. Tout est toujours une question d'organisation.

> ***Myanmar, Rangoon, 1997***
> ***Rosemarie, 4 ans*** *(elle dicte et j'écris pour elle)*
>
> *Hier, nous sommes allés à un merveilleux restaurant. Nous avons vu une merveilleuse danse. Il y avait des danseuses et des chanteurs. Ce que j'aimais le plus, c'est les danseuses avec les beaux chapeaux, il y en avait une au milieu qui avait une belle couronne toute brillante. Il y en avait une rose, une rouge, une orange et une violette. La danseuse orange m'a fait une caresse sur les cheveux.*

Le soir du jour de l'An, dans les montagnes du Sri Lanka, nous étions descendus dans un magnifique hôtel. C'était une ancienne factorerie de thé qui datait du début du siècle. Après le repas, alors que nous finissions notre bouteille de vin, nos filles jouaient dans le centre de sport de l'hôtel, sur les machines d'exercice, avec d'autres enfants.

Myanmar, Ngapali, 1997
Rosemarie, 4 ans *(elle dicte et j'écris pour elle)*

Pendant que mes parents mangeaient au restaurant, moi j'ai joué avec mon amie Tatsa dans sa maison juste à côté du restaurant. J'ai une amie birmane et chez elle, il y avait un petit garçon tannant qui se cachait dans les rideaux. On jouait aux loups et on criait très fort dans la maison. C'était le «fun».

La fatigue et le sommeil

Les enfants se fatiguent vite. Ils ont besoin de repos et de moments d'arrêt. Ne surestimons pas notre enfant en lui imposant un rythme qu'il ne peut suivre. Soyez extrêmement vigilants sur ce point. Trop de visites de différents lieux dans une même journée augmenteront sa fatigue, ainsi que trop de transports et de déplacements jour après jour ou des journées trop longues : quitter la chambre à 7 h du matin pour ne revenir qu'à 20 h le soir. Nous voulons tout voir, c'est normal, nous sommes en voyage dans un pays merveilleux et il y a de bonnes chances qu'on n'y revienne pas de sitôt. Mais attention, l'enfant a besoin de bonnes nuits de sommeil, de sa sieste, de moments de solitude et de détente où il peut flâner dans la chambre, loin de tout stress et du bruit. Laissez-le lire un peu, regarder son livre d'images, dessiner ou jouer avec ses bonshommes. Ne remplissez pas vos journées de visites de toutes sortes sans penser au degré de fatigue de votre enfant. Un enfant trop fatigué sera plus susceptible de tomber malade parce que son système immunitaire, affaibli, ne travaillera pas à plein régime. Un après-midi de temps à autre passé à jouer sur le bord de la piscine, dans les couloirs, dans la

Inde, Jaisalmer, 2005
Rosemarie, 11 ans

Je suis si fatiguée.
On a visité toute la journée
mais c'est vraiment beau ici.
Ma sœur est un vrai démon.
Elle ne veut jamais rien faire
ce que nous on veut faire.
Mes parents sont fatigués
aussi. Elle ne veut que
manger des desserts.

cour ou même dans la chambre de l'hôtel est un must pour un enfant, en voyage.

> **Sri Lanka, Ella, 2002**
> **Michel** *(Rosemarie, 9 ans, et Victoria, 5 ans)*
>
> *Nous quittons Ella ce matin. Je constate que ça ne nous prend pas énormément de jours de repos pour avoir à nouveau le goût de reprendre la route. Nous voilà au calme total depuis seulement deux jours et deux nuits (aucune visite, seulement de la lecture à l'hôtel, du repos et quelques devoirs avec les filles) et voilà que déjà, en ce matin du troisième jour, j'ai à nouveau envie de bouger. Haputale nous attend.*

Certains enfants peuvent dormir n'importe où. Bien entendu, la chose a tendance à s'améliorer à mesure qu'ils grandissent, mais il est sûr que certains ont des dispositions alors que d'autres ne dorment que s'ils sont épuisés et dans leur lit. En voyage, ça peut causer des frictions. Prenez votre mal en patience et essayez, du mieux que vous le pouvez, de trouver l'équilibre qui vous convient. Peut-être sauterez-vous la sieste de l'après-midi, avec l'idée de coucher l'enfant plus tôt, ou vous astreindrez-vous, à coups d'histoires, de comptines et même de musique de détente, avec le baladeur sur les oreilles, à forcer votre enfant à dormir l'après-midi pour avoir de plus belles soirées. Il n'y a pas de recette miracle. Analysez la situation et voyez si le bruit de la rue dérange, si la lumière du jour l'empêche de faire sa sieste l'après-midi, si le grand frère réveille constamment le plus jeune par ses jeux trop bruyants. Une chose est certaine, le repos est essentiel à la santé de votre enfant et le manque de sommeil vous mènera au désastre. Prenez le temps.

Lorsqu'ils sont plus vieux, 4 ou 5 ans, le sommeil est un souci de moins parce qu'habituellement l'enfant se contrôle mieux et comprend davantage que la sieste de l'après-midi lui permettra de veiller plus tard ou que la soirée écourtée est justifiée par la super journée d'activités qui l'attend le lendemain.

La baignade

En Amérique du Nord, nos lacs et nos rivières n'abritent, pour ainsi dire, aucun animal dangereux pour le baigneur. Ces mêmes lacs et rivières

Myanmar, Nagpali, 1997

Michel (Rosemarie, 4 ans, et Victoria, 3 mois)

Il fut bien agréable de marcher sur le sable de la plage au coucher du soleil alors que le ciel, illuminé, flambait sous nos yeux. Nous sommes bien situés, nous aurons droit chaque soir à un coucher de soleil. Je me baigne beaucoup avec Rosemarie, elle adore les vagues. C'est une bénédiction qu'elle ait appris il y a quelques jours à peine, dans la piscine de l'hôtel à Rangoon, à mettre sa tête sous l'eau. Ça rend les jeux d'eau beaucoup plus faciles.

étant, pour la majorité, relativement propres, nous ne sommes pas davantage habitués aux maladies infectieuses que l'eau peut transmettre. Rien de surprenant donc à ce que notre degré de vigilance sur ce point ne soit pas très élevé. Mais, selon l'endroit visité, la baignade peut nous exposer à des dangers bien réels. Le mieux est de toujours s'informer auprès des gens qui habitent sur place et de pouvoir ainsi recouper l'information contenue dans notre guide voyage.

Risques de noyade

En général, les consignes de sécurité émises dans un livre de voyage concernant une plage sont vraies. N'oubliez pas que 5 % des décès qui surviennent à l'étranger sont dus aux noyades. Le danger vient souvent du ressac des vagues, qui nous éloigne du bord et qui nous amène au large sans que nous n'y prenions garde. Certaines plages aux vagues gigantesques rendent la baignade carrément hasardeuse, surtout pour de jeunes enfants qui peuvent être aspirés très facilement par une vague qui se retire. Lors de notre voyage au Mexique, nous avons opté pour un séjour sur les plages de la mer des Caraïbes par opposition aux plages de la côte du Pacifique, juste à cause des vagues qui étaient beaucoup moins fortes de ce côté. Avec deux jeunes enfants, ce choix en était un de tranquillité d'esprit.

Qualité de l'eau

Comme les virus et les bactéries sont présents dans une eau de mauvaise qualité, otite et gastro-entérite sont en tête de liste des infections

Sri Lanka, Hikkaduwa, 2002
Michel *(Rosemarie, 9 ans, et Victoria, 5 ans)*

Deuxième journée. Rosemarie a déjà perdu le masque et le tuba de plongée sous-marine que nous avions apportés de la maison. Une grosse vague lui est tombée sur la tête et... plus de masque! Davantage de peur que de mal mais... vigilance, vigilance. Les vagues sont très fortes, d'ailleurs, et nous ne pouvons relâcher notre surveillance d'une minute. En plus, les filles ne sont pas habituées à ce genre de mer. Au Québec, elles côtoient plutôt des bords de lacs. Ici, elles se doivent d'être doublement prudentes. Victoria est parfois téméraire, il faut la surveiller. Ici, il n'y a aucun maître nageur, aucune surveillance. C'est à nous de nous assurer que nos filles ne vont pas trop loin et jouent de façon sécuritaire. Avec l'eau, il n'y a pas souvent de seconde chance.

qui peuvent survenir à la suite d'une baignade. L'eau de la mer, naturellement salée, est logiquement beaucoup plus sécuritaire que l'eau d'un lac, surtout en pays étranger. Surveillez les déversements d'eaux usées à proximité des aires de baignade. Quelquefois, dans les pays du sud, lorsque les plages sont à proximité d'un port, l'eau peut s'avérer passablement polluée. Pour un adulte en bonne santé, ces recommandations peuvent s'avérer superflues, mais pour de jeunes enfants qui avalent de l'eau en nageant ou qui se mettent la tête sous l'eau, la chose peut s'avérer porteuse de conséquences. Le coliforme *E. coli*, souvent impliqué dans les cas de gastro-entérites, frappe justement ceux et celles qui ont avalé de l'eau.

L'otite du baigneur est aussi, son nom l'indique, une des conséquences de la baignade. La chaleur et l'humidité sont aussi deux facteurs qui contribuent à ce type d'infection.

Dans l'eau

Selon le pays visité et même dépendamment de la plage choisie, le baigneur peut s'exposer à bien des dangers. Aussi naïve que puisse sembler cette mise en garde, suivez-la à la lettre: dans l'eau, on ne touche pas à ce que l'on ne connaît pas. D'ailleurs, dans les cours de plongeur autonome (cours qui permet de plonger sous l'eau avec des bonbonnes d'air comprimé), cette mise en garde est très sérieuse.

Les méduses (ou *jellyfish*) se retrouvent dans tous les océans du monde. Il en existerait plus de 2 000 variétés. Ces invertébrés s'agrippent à notre peau grâce à leurs tentacules gorgés de toxines. Si notre peau a le malheur d'entrer en contact avec une méduse, on ressentira immédiatement une vive sensation de brûlure qui peut durer quelques jours. Ne pas frotter la peau. Comme antidote : rincer la peau avec du vinaigre ou à grande eau.

Les oursins, qui s'accrochent aux bancs de coraux, peuvent aussi causer des blessures. Les dards des oursins sont difficiles à retirer et sont très douloureux. Évitez les bancs de coraux, surtout si le courant est fort. En plus des oursins, le corail a souvent des arêtes coupantes comme des lames de rasoir. Certaines espèces de corail, comme le corail de feu, sont très dangereuses. Elles vous brûleront à coup sûr.

Les travaux scolaires à faire

Si votre enfant est d'âge scolaire et que votre voyage dure plus de trois semaines, pendant la période scolaire, votre petit écolier aura des devoirs à faire. Idéalement, les études devraient avoir lieu le matin, au moment où tout le monde est reposé, à la chambre ou dans un coin de la salle à manger de l'hôtel, si elle n'est pas trop bruyante, en sirotant un jus d'orange ou un thé citron ! Essayez d'instaurer une routine avec les travaux scolaires, c'est-à-dire lorsque vous n'êtes pas en transport cette journée-là, et tenez-vous-y. Si les études deviennent trop aléatoires, vous aurez toujours à négocier avec votre enfant pour qu'il sorte ses cahiers. Deux à trois heures d'études tous les deux ou trois jours sont suffisantes pour couvrir la matière qu'il manquera à l'école. De plus, encouragez votre enfant à lire un peu tous les soirs et à décrire sa journée dans son journal de bord. Réservez un moment, en soirée, pour qu'il puisse le faire.

Si votre bambin a moins de 7 ans, vous pouvez rédiger son journal pour lui, pendant qu'il vous dicte son récit. Cela lui apprend à synthétiser, à mettre en relief les choses importantes, à faire une introduction et une conclusion. C'est un bel apprentissage. Permettez-lui aussi de faire un dessin, sur une autre page, qui illustre sa journée. Ces dessins sont fascinants. Ils décrivent très souvent l'état d'âme de votre enfant. Ils sont aussi très émouvants à regarder quelques années plus tard…

Sri Lanka, Merissa, 2002
Michel (Rosemarie, 9 ans, et Victoria, 5 ans)

Rosemarie panique un peu, question devoirs d'école. Elle se demande si elle en a fait assez. Elle a peur, au retour, de se retrouver en retard sur le programme. J'ai tenté de la rassurer en lui expliquant qu'elle avait fait de son mieux et que pour moi, cela était entièrement suffisant. Je lui ai rappelé qu'elle ne devait pas non plus oublier tout ce qu'elle apprenait ici pendant son voyage au Sri Lanka, à savoir: son anglais, son ouverture sur le monde, sa débrouillardise, la géographie, la biologie marine avec les tortues de mer, etc. Cela, quant à moi, est aussi important que les travaux scolaires.

L'achat de souvenirs

Mon expérience me prouve, pendant chaque voyage, que lorsqu'on trouve quelque chose qui nous plaît beaucoup et dont on est sûr de l'intérêt, mieux vaut l'acheter sur-le-champ plutôt que de penser rencontrer cet objet plus tard, dans une autre ville. Souvent, chaque ville ou village a ses spécialités, surtout en ce qui a trait à l'art local, et on ne retrouve pas nécessairement les mêmes produits partout. Si vous êtes au début de votre voyage et que vous ne voulez pas trimballer ce bagage supplémentaire, considérez le poster dès que vous rencontrerez un bureau de poste dans une grande ville. Ces derniers sont plus fiables que les comptoirs postaux éloignés dans les petits villages.

Souvent, les articles qu'on achète peuvent être emballés dans le magasin même pour éviter qu'ils ne se brisent dans l'avion au retour. Spécifiez-le tout en négociant le prix. Si l'objet est volumineux ou lourd, demandez qu'on vous fabrique une poignée en corde pour faciliter les déplacements. S'ils ne peuvent pas vous l'emballer convenablement, les bureaux de poste offrent habituellement ce service. L'emballage est parfois gratuit si vous postez votre colis sur place, sinon, on vous demandera quelques dollars.

L'assistance consulaire en cas de besoin

En cas de besoin, vous pouvez vous adresser à l'un des 270 points de service que le Canada met à notre disposition dans le monde entier. Les missions canadiennes offrent une assistance 24 heures sur 24. Si vous appelez une mission en dehors des heures de bureau, votre appel sera automatiquement transféré à un agent consulaire à Ottawa, où vous pourrez laisser un message sur un répondeur. Dans certains pays où le Canada n'a pas de mission résidente, les missions australiennes et britanniques vous fourniront une aide d'urgence.

L'assistance consulaire peut joindre, à votre demande, votre famille ou vos amis pour leur demander de vous envoyer des fonds d'urgence; vous aider dans des situations critiques telles que les catastrophes naturelles et les soulèvements civils ou militaires; vous renseigner sur les lois, les règlements et la culture du pays; vous procurer un visa ou un nouveau passeport et vous aider en cas d'urgence médicale. Si vous êtes arrêté, l'assistance consulaire peut faire en sorte que l'on vous traite avec équité en vertu des lois du pays, et informer, vos proches de votre arrestation, si vous le désirez.

Les bureaux du Canada à l'étranger offrent tout un éventail de services aux Canadiens en voyage, mais ne comptez pas sur eux pour les services suivants: organisation des voyages, transfert de fonds ou paiement de factures, entreposage d'effets personnels, service de traduction, aide à la recherche d'un emploi, demande de permis ou de licences.

Bref, envisagez l'assistance consulaire comme un dernier recours. Lorsque vous aurez fait tous vos devoirs, si vous voyez que ça ne fonctionne pas, alors demandez l'aide du consulat.

Situations d'urgence à l'étranger
Tél.: (613) 996-8885 (à frais virés)
Téléc.: (613) 943-1054

Conseils aux voyageurs et renseignements généraux
Tél.: 1 800 267-6788 (au Canada et aux États-Unis) ou
(613) 944-6788

Courriel
voyage@international.gc.ca

Malaisie, île de Tioman, 1991
Michel

Nous avons enfin trouvé. Nous sommes à Salang, au nord de l'île. Un vrai petit coin de paradis. Notre bungalow, sur pilotis, donne dans la mer et, au moment où j'écris ces lignes, le soleil disparaît derrière la petite île en face de nous. Le ciel est orange et bleu. Un bateau de pêcheurs rentre au port, c'est magnifique! Nous resterons ici pour les sept prochains jours. Ce fut difficile d'arriver jusqu'ici, mais on a ce qu'on voulait. Opter pour l'option de la facilité, se choisir un hôtel moche, sans âme ou trop cher pour ne pas avoir à se casser la tête n'est souvent pas, selon mon expérience, le meilleur choix. Il faut persévérer, chercher un peu plus, demeurer exigeant. Une fois de plus, cela nous a réussi.

LA NOURRITURE

Notre combustible!

Pour l'humain, le ravitaillement en nourriture (ce combustible qui fait fonctionner le corps) se fait à trois reprises au cours d'une même journée. Ce n'est pas une mince affaire! Je dirais même que c'est une préoccupation constante. J'envie la voiture qui, avec un seul plein, peut fonctionner pendant trois jours.

L'Europe, l'Amérique du Nord, l'Australie et... le reste du monde

Lorsqu'on aborde la question de la nourriture et également de l'hygiène, il est important de faire une distinction entre les pays d'Amérique du Nord, d'Europe et l'Australie, et les pays qui composent le reste du monde. Au Canada, aux États-Unis, en France, en Angleterre, au Danemark, en Italie, en Autriche, en Finlande et en Nouvelle-Zélande, pour ne nommer que ceux-là, la nourriture est sécuritaire et il y a peu de risques que vous tombiez malades à cause de la nourriture. Des règles sanitaires strictes régissent ces pays et le touriste y est en sécurité côté nourriture, eau, jus et tout ce qui a trait à la santé en général.

Les règles édictées plus bas s'appliquent aux pays du tiers-monde de l'Afrique, de l'Asie, de l'Amérique centrale et de l'Amérique du Sud. Même si vous vous devez d'être en alerte en tout temps lorsque que vous voyagez, vous devez doubler les précautions et ne prendre aucun risque dans les pays en développement.

Question nourriture, la meilleure option demeure de consommer des aliments qui ont été bien cuits, depuis peu, et qui vous sont servis très chauds. N'hésitez pas à retourner la nourriture si elle ne vous plaît pas. Ne prenez aucun risque et si le restaurant ne vous semble pas fiable, fuyez. Et surtout, faites-vous confiance. En écrivant ces quelques lignes, je repense à cette soupe aux tomates que j'ai mangée au *Holiday Inn* de Lhassa, alors que je visitais le Tibet, enceinte de six mois. En mangeant cette soupe, j'ai eu un doute sur sa fraîcheur, j'en ai fait part à Michel, mais nous n'avons pas réagi. J'aurais dû suivre mon instinct. La nuit même, j'ai vomi la soupe ; je vous laisse deviner les désagréments d'une telle nuit et ses effets sur la journée du lendemain, dans mon état.

Ce qu'on peut manger en tout temps

- tous les fruits et les légumes crus dont vous avez enlevé la pelure avec un couteau propre ;
- les boissons embouteillées, en conserve ou en canette ;
- de la viande et du poisson bien cuits et servis chauds ;
- des repas cuits qui sont chauds quand on vous les sert ;
- les yogourts vendus commercialement (choisissez des marques européennes, australiennes ou nord-américaines) ;
- les noix, les croustilles, les biscuits et les petits gâteaux vendus commercialement dans des emballages scellés.

Ce qu'on peut manger avec modération

- les repas préparés et vendus dans la rue. (Regardez pendant quelques minutes comment les repas sont préparés, si les comptoirs sont relativement propres et si les aliments utilisés sont frais. Si les plats restent sur un réchaud ou à l'air libre plus de trois minutes, ne les consommez pas.) ;
- le fromage ;
- la crème glacée ;
- le yogourt artisanal (comme le *curd* ou les *lassie* en Inde).

À proscrire :

- l'eau du robinet ;
- les glaçons ;
- le lait (à moins qu'il n'ait été bouilli et réfrigéré tout de suite après, ou le lait en poudre que vous mélangez avec de l'eau embouteillée) ;
- la nourriture qu'on retrouve dans les buffets (à moins que ce soit celui d'un grand hôtel administré et géré selon les standards occidentaux) ;
- les aliments non cuits, en particulier les crustacés et les salades en tout genre ;
- la pelure des fruits (pommes, poires, raisins, etc.).

Inde, Jaisalmer, 2005
Rosemarie, 11 ans

Hier, on a rencontré un gars très « cool ». Il vendait des tomates et des carottes sur le bord de la rue. J'ai voulu lui acheter une carotte, je lui ai donné cinq roupies et là, il m'a donné cinq carottes. C'était beaucoup trop pour moi, alors il s'est assis devant sa charrette, on les a pelées ensemble avec mon canif et il a mangé les carottes avec moi. Il était très gentil et on pratiquait notre anglais ensemble. Papa m'a dit qu'on va retourner le voir demain et on va lui acheter d'autres carottes.

Les restaurants

La nourriture est un élément hautement stratégique pour garder le moral et la santé des troupes. Il faudra être indulgents et faire preuve de souplesse avec votre enfant. Il n'a pas choisi de traverser la planète pour venir goûter au délicieux couscous marocain. Peut-être êtes-vous du genre à vous accommoder à merveille de deux mois de nourriture exotique, mangée dans les petits restaurants, sur le bord de la rue, où les habitants vont se restaurer, mais il y a fort à parier que votre enfant ne partagera pas votre goût. De même, sauter un repas en grignotant sur le pouce un fruit et quelques noix peut très bien nous satisfaire, nous adultes, mais pas un enfant. Celui-ci aura besoin de s'arrêter et de s'attabler quelque

Népal, Phakding (2 610 mètres d'altitude), 1995
Marie-Chantal *(Rosemarie, 3 ans)*

Nous allons nous arrêter ici pour la nuit. Demain, nous ferons la route jusqu'à Namche Bazaar, 800 mètres plus haut. Notre hôte nous a offert de la soupe aux nouilles et au chou bien chaude. Elle est très épicée mais Rosemarie en mange sans sourciller. Je crois qu'elle comprend qu'elle ne pourra pas avoir autre chose et elle se place en position de survie. Elle est assise dehors sur un banc de bois avec un petit garçon à peine plus vieux qu'elle. Ils mangent ensemble en énumérant les couleurs que fait le soleil couchant sur l'Himalaya…

part et même de retrouver, à l'occasion, une diète à l'occidentale : hamburger, frites, pizza… offerts surtout dans les grands hôtels.

Question nourriture, il est préférable d'éviter les buffets où la nourriture repose trop longtemps, parfois, sur les comptoirs. Même chez nous, nous ne sommes pas très friands des buffets, pour ces mêmes raisons. La meilleure option (et je me répète) demeure et de loin de consommer des aliments qui ont été bien cuits, depuis peu, et qui vous sont servis très chauds.

En fait, tout est toujours une question de bon sens et de confiance. Certains buffets, dans les grands hôtels, sont de première qualité. Il y a des restaurants à Katmandou, au Népal, où nous avons consommé sans inquiétude la salade du chef et les raisins verts qui accompagnaient les fromages à la fin du repas. Tout dépend où vous mangez, si le restaurant est connu et très fréquenté. Dans le cas de la salade, on avait écrit dans le menu qu'elle avait été lavée dans de l'eau iodée. Nous avions toutes les raisons de croire que c'était vrai. Le restaurant était bondé soir après soir et la nourriture était divine.

Le fait de goûter à des aliments vendus dans la rue peut constituer une nouvelle expérience culturelle ; toutefois, il faut se rappeler que nombreuses sont ces petites stalles qui n'ont pas d'installations sanitaires ou d'équipement de réfrigération adéquat, ce qui augmente, par le fait même, le risque de contracter la diarrhée du voyageur.

Soyez sévères, question hygiène, lorsque vous vous apprêtez à manger dans un nouveau restaurant. Si les assiettes vous arrivent encore mouillées par l'eau de vaisselle, que les ustensiles sont sales, méfiez-vous, et en cas de doute, levez-vous et sortez. Vous ne pouvez vous permettre de prendre des risques.

L'allaitement sur la route

J'ai allaité ma Victoria pendant deux mois au Myanmar (Birmanie) en 1997. J'attirais les regards, bien sûr, mais surtout parce que je suis une maman à peau blanche et que j'allaitais un poupon tout blond aux yeux bleus. Jamais je n'ai senti que le fait d'allaiter choquait les gens ou les rebutait. Évidemment, dans les premières journées, j'ai observé dans quels lieux et dans quelles circonstances les mamans birmanes allaitaient leurs bébés. J'ai donc fait comme elles ; je me retirais un peu à l'écart et je plaçais un tissu sur la tête de mon enfant et sur mon sein nu. Souvent, les femmes et les jeunes filles qui me voyaient allaiter s'approchaient de moi, ouvraient délicatement le tissu et observaient ma fille se nourrir. Ces moments sont d'impérissables souvenirs et des contacts que je chéris très fort dans mon cœur.

Dans tous les autres pays du monde que j'ai visités par la suite, j'ai toujours eu le réflexe de repérer les femmes allaitantes et d'observer avec quel niveau de pudicité elles nourrissaient leurs enfants. En règle générale, les femmes allaitent dans les lieux publics partout dans le monde avec un petit foulard qui cache le sein occupé. Dans les régions à majorité musulmane, qui imposent le voile, les mamans placent leur enfant sous leur robe et on peut à peine deviner ce qu'elles sont en train de faire.

La purée de bébé

Sur la route, vous trouverez dans la plupart des commerces des grandes villes qui vendent des aliments en conserve et non périssables, des petits pots pour bébé de marque *Heinz.* Si la date de péremption est correcte et que le couvercle fait « pop » lorsque vous l'ouvrez, vous pouvez donner ce produit sans crainte à votre bébé.

Si votre enfant en est à l'étape des purées avec des morceaux, écrasez à la fourchette des légumes cuits que vous commanderez au restaurant. Ne vous gênez pas pour demander au cuisinier de faire bouillir dans l'eau un ou quelques légumes qu'il a dans sa cuisine, et de vous les servir sans sauce et sans épices.

Le nettoyage des biberons

Pour faciliter la chose, lavez tout de suite après utilisation, avec de l'eau potable (même si elle est froide) et du savon à main, le biberon et sa tétine. N'attendez pas que le lait sèche ou caille. Si vous avez apporté des biberons avec des sacs jetables, vous n'aurez que la tétine à laver. Faites sécher ensuite sur vos vêtements propres ou sur une petite serviette que vous n'utiliserez qu'à cet effet. Une fois par jour (ou plus souvent si vous en avez la possibilité), trempez biberons et tétines dans de l'eau qui bout. À votre hôtel, quelle que soit sa classe, vous pouvez demander ce genre de chose au propriétaire, à moins que le combustible soit très rare. Dans certaines conditions, vous pouvez offrir de l'argent pour payer le combustible ou offrir en cadeau le bois précieux pour une semaine de cuisson (s'ils cuisinent sur le feu), que vous aurez acheté d'un fournisseur local. Eux aussi ont des enfants…

Myanmar, Nagpali, 1997
Michel *(Rosemarie, 4 ans, et Victoria, 3 mois)*

Je m'étonne toujours de voir Victoria ici avec nous. Hier, sur la piste d'atterrissage, en file pour embarquer dans le petit avion à hélices qui allait nous transporter jusqu'à Nagpali, j'étais ébahi. Il y avait le bruit des moteurs, le soleil, la chaleur, cette longue piste d'atterrissage et là, juste à côté de moi, cette petite puce de 3 mois qui observait la scène les yeux grands ouverts, du haut des bras de sa maman. C'était… incroyable! Elle ici, si petite. «Mais qu'est-ce que tu fais ici?» que je lui ai demandé en riant!

Le lait

Dans les pays sous-développés, le lait pasteurisé disponible est souvent importé de l'Occident ou d'Australie et il est offert ou vendu par des organismes humanitaires aux familles de ces pays ayant de jeunes enfants. Le lait pasteurisé en vente libre est souvent très cher (plus qu'ici!) et en conserve, donc à la température locale! Le lait non pasteurisé doit absolument être bouilli 10 minutes et refroidi dans un réfrigérateur avant d'être consommé. S'il est refroidi à l'air libre, cela prendra du temps, il se formera des bactéries et vous boirez un lait tiède.

Notre meilleur truc ? Repérez la section des sucreries et des biscuits des épiceries, vous y trouverez peut-être du lait en poudre. Préférez les marques européennes, australiennes ou nord-américaines. Mélangez 5 à 6 cuillers à soupe de lait en poudre dans 250 ml (1 tasse) d'eau fraîche et vous aurez là un bon verre de lait instantané à offrir aux enfants avec leur dessert !

Le lait en poudre, lorsqu'il est mélangé avec l'eau, ne se conserve pas plus longtemps que le lait naturel. Il faut donc préparer le mélange juste avant la consommation, surtout s'il fait chaud.

Les produits laitiers

En Asie, en Afrique, en Amérique du Sud et au Moyen-Orient, les produits laitiers font cruellement défaut. Si votre famille aime et mange beaucoup de produits laitiers et que vous voyagez sur ces continents, cela risque de vous manquer beaucoup. Voici toutefois quelques produits que vous pouvez consommer pour satisfaire votre goût des produits laitiers.

Vous pouvez manger les fromages non pasteurisés et la crème glacée dans les petits comptoirs, mais avec modération, deux à trois fois par semaine, pas plus. Si vos intestins réagissent mal, n'en mangez plus. Par contre, les cornets de crème glacée emballés et vendus dans des comptoirs d'aliments congelés sont absolument sans danger. Ils sont très souvent importés des États-Unis ou d'Australie.

Le *curd*, une sorte de yogourt local fait de lait de buffle d'eau, très populaire en Inde, au Sri Lanka et dans quelques autres pays asiatiques, est également sans danger. Nous en avons toujours mangé à profusion, dans ces pays, sans problèmes. Le yogourt est excellent pour la digestion et procure à l'intestin la culture bactérienne dont il a besoin pour combattre la diarrhée et certains virus. Plusieurs pays d'Afrique du Nord et du Moyen-Orient font aussi des yogourts artisanaux qu'il faut expérimenter. Demandez qu'on ajoute un peu de miel si les enfants trouvent que le goût est trop acide. Le yogourt fait d'ailleurs partie intégrante de plusieurs recettes iraniennes, égyptiennes, libanaises, syriennes et turques. Il faut goûter… c'est absolument délicieux !

L'eau

Ne buvez que de l'eau embouteillée commercialement dans des contenants bien scellés, ou de l'eau qui a été bouillie pendant au moins cinq minutes à gros bouillons ou filtrée et désinfectée avec du chlore ou de l'iode (voir chap. 2, «Produits et procédés de désinfection de l'eau», page 127). Suivez votre instinct et ce que vous dicte votre cœur, même si cela signifie prendre deux précautions plutôt qu'une. Une inspection visuelle de la bouteille d'eau est un indicateur important. Une bouteille vendue dans le commerce qui est propre et qui a un scellé intact nous indique que l'eau est assurément sécuritaire, quelles que soient sa marque ou sa provenance. Les normes gouvernementales sur l'eau potable sont de plus en plus respectées et appliquées partout sur la planète.

L'eau servie dans les grands hôtels est généralement bouillie et filtrée; malgré ce fait, j'avoue n'avoir jamais bu un verre d'eau que l'on m'ait offert dans un hôtel, quel qu'il soit, sauf en Amérique du Nord. L'eau est souvent la cause de nombreuses maladies et il est préférable de ne pas prendre de risques inutiles. Dans les restaurants, si vous n'avez plus d'eau avec vous, demandez qu'on vous apporte une bouteille qui n'a pas été ouverte. Les bouteilles d'eau sont toujours plus chères dans les restaurants. Vous paierez parfois le double du prix du petit commerce du coin, pour la même marque. S'approvisionner en eau potable est une préoccupation quotidienne. Il ne faut pas en manquer.

Dans plusieurs pays du monde, il est possible de se procurer des bouteilles d'eau de marques françaises comme *Evian* ou *Vittel*. Ces produits sont importés, donc, évidemment plus chers à l'achat que les bouteilles commerciales locales dont les prix varient entre 50 ¢ et 2 $CA. Certains voyageurs se sentent plus en sécurité avec les bouteilles d'eau venant d'Europe, d'Australie ou d'Amérique mais attendez-vous à payer jusqu'à 6 $ pour un seul litre d'eau.

Dernière petite note sur ce sujet: écrasez ou coupez en deux vos bouteilles vides avant de les jeter pour que des personnes mal intentionnées ne les remplissent pas à nouveau pour les revendre. Essayez aussi de jeter vos bouteilles vides dans des endroits appropriés. Ces bouteilles sont une très grande source de pollution dans les pays en voie de développement.

Les fruits et légumes

Il est préférable de s'abstenir de consommer les légumes crus et les fruits qui ne peuvent être pelés facilement comme les raisins, les fraises et les framboises. Les fruits et les légumes doivent avoir été pelés ou cuits depuis peu. Tout ce que vous pouvez peler, comme la banane, la pomme, la mandarine, la papaye, l'avocat, la mangue, etc. est parfaitement sécuritaire et tout à fait délicieux!

Sri Lanka,
Polonaruwa, 2002
Marie-Chantal *(Rosemarie, 9 ans, et Victoria, 5 ans)*

Sur la route, on a croisé des centaines d'avocatiers. Les fruits mûrs pendent au bout des branches et n'attendent que d'être cueillis. Lors d'une petite pause, à une cinquantaine de kilomètres d'ici, une femme qui me regardait observer les fruits en question, m'a offert trois avocats de son arbre et une limette. On s'est régalés! Un peu plus loin, un marché offrait, sur ses étalages, des montagnes de grenades. On s'est encore régalés!!! Ça nous change des papayes que l'on mange en quantité, ici.

Les boissons

Les boissons sécuritaires sont, entre autres, les boissons gazeuses, l'eau gazeuse embouteillée, les jus de fruits embouteillés et les boissons alcoolisées sans glaçons, ainsi que les boissons chaudes comme le thé et le café. Au Sri Lanka, pays du thé, nous avons initié nos filles au plaisir de cette magnifique boisson ambrée. Chaque matin, elles avaient droit à leur petite tasse de thé au lait. Un pur plaisir!

Attention, chers parents, à l'alcool frelaté ou artisanal. Les méthodes de fabrication sont souvent douteuses et les ingrédients qu'on utilise sont très souvent avariés ou carrément toxiques. Attention aussi aux jus de fruits pressés devant vous, que le petit vendeur de la rue vous propose. Quelquefois, il y ajoute de l'eau sans qu'on s'en aperçoive et les fruits, souvent déjà coupés ou pelés, peuvent avoir été manipulés par des mains sales.

Le *western food*

Quel plaisir de goûter un mets de chez nous, lorsqu'on est à l'aventure de l'autre côté du monde ! Les enfants ressentent très fort le changement de nourriture ; beaucoup plus fort que nous, en fait. Ils n'ont pas encore le désir d'explorer de nouvelles saveurs. Faites preuve de beaucoup de souplesse de ce côté. L'enfant doit manger pour rester en santé, et ce, même si cela veut dire de lui donner ce qu'il aime ou de le laisser manger quatre jours d'affilée le même petit riz aux légumes ou le même spaghetti. Aidez-le à faire des choix éclairés, tout n'est pas comparable, dans le *junk food*. Une pizza au fromage est, par exemple, bien plus nourrissante que des frites, et un *grilled cheese* au jambon peut constituer un dîner acceptable.

Sri Lanka, Kandy, 2002
Victoria, 5 ans
(elle dicte et j'écris pour elle)

Hier, à Colombo, on est allés au McDonald's. Les frites et l'orangeade goûtaient la même chose que chez nous. Mais il n'y avait pas de croquettes de poulet et de chaussons aux pommes. Moi, j'aime pas beaucoup la nourriture du Sri Lanka et on pourra pas revenir au McDo parce qu'il en a pas d'autres dans tout le pays.

Le laisser faire ses propres expériences peut aussi s'avérer une très bonne école. Au Myanmar, Rosemarie mangeait trop de fritures ; un soir, elle ne voulut pas démordre du poisson pané et frit qu'on servait au restaurant de l'hôtel. Il était tard, passé 20 h, et nous lui suggérâmes de choisir autre chose. « Non, y en est pas question, c'est ça que je veux manger ! » Très bien, ma chérie. La nuit venue, vers 1 h du matin, tout ressortit en d'affreux et douloureux vomissements. Même à 5 ans, Rosemarie comprit parfaitement que son abus était la cause de sa pénible nuit. Le message fut enregistré sur-le-champ, croyez-moi (remarquez qu'il est préférable de faire ce genre d'expérience quand on séjourne dans un hôtel agréable avec une belle salle de bain à l'occidentale !).

Sur la route, le *western food* est beaucoup plus facile à trouver qu'il y a 10 ans. À moins de vous aventurer très loin hors des sentiers battus, dans des villages où les touristes ne vont pratiquement pas, il y aura presque partout un restaurant où l'on servira une cuisine qui se veut

Chine, Chengdu, 1992
Marie-Chantal *(Rosemarie en gestation)*

Avec nos amis américains, on a essayé le fameux hot pot szechuanais. Un gros chaudron rempli d'une huile très épicée dans lequel on jette un tas de «choses» comestibles. Je n'ai presque pas pu avaler quoi que ce soit. Après quelques bouchées de «viande», ma lèvre inférieure s'est mise à brûler intensément. J'ai vidé un litre d'eau pour me soulager. Plus tard, un Chinois désireux de pratiquer son anglais nous a expliqué ce que nous avions mangé. Il se servait de son propre corps pour nous indiquer les différents organes... estomac et gosier de buffle et de mouton, intestins de canard (vidés...), sang coagulé et foie de porc, cœur de poulet et différentes racines de la campagne... Au secours...

occidentale. Quelquefois, ce n'est qu'une pâle imitation au goût incertain, d'autres fois, la cuisine est vraiment excellente. Attention aux attentes irréalistes face à la nourriture occidentale. Le hamburger dessiné sur le menu peut sembler délicieux mais une fois dans l'assiette, il arrive souvent qu'après une bouchée, l'enfant réalise que le goût ne correspond pas du tout à celui espéré. Les chances sont alors grandes qu'il n'y retouche même pas pour un deuxième essai.

Les allergies alimentaires

Voyager avec un ou des enfants aux prises avec des allergies alimentaires augmente considérablement le niveau de stress pendant un séjour en pays étranger. Ce n'est pas toujours vous qui préparez les repas, les descriptions des emballages sont écrites dans une langue étrangère et les réglementations sur les étiquettes ne sont pas les mêmes que chez nous. Par exemple, une loi peut permettre dans un pays d'écrire, sur l'étiquette d'un petit gâteau, la mention «sans œuf» si le produit en contient moins de 5 %. Un beau cocktail pour nous donner des sueurs froides! Mais... ce n'est pas une raison pour ne pas voyager!

D'abord, vous êtes les personnes les mieux renseignées sur les allergies de votre enfant. Vous vérifierez tout, vous vous imposerez dans la cuisine des restaurants ; vous arrêterez souvent dans les petits commerces et marchés d'alimentation pour acheter des collations et des fruits appropriés ; vous chercherez sans cesse la possibilité d'avoir dans l'assiette de votre enfant l'aliment nature ; vous apprendrez les mots clés dans la langue locale ; vous aurez avec vous une liste et des photos des aliments à proscrire, et des mélanges à éviter écrite avec la langue et l'alphabet utilisés dans le pays ; et vous poserez beaucoup beaucoup de questions. Cela fera partie de votre quotidien en voyage, c'est inévitable.

Pour alléger le quotidien en voyage, voici des petits trucs qui m'ont été transmis par mon amie Marie-Hélène, grande voyageuse et maman de quatre enfants, dont un garçon allergique aux œufs et aux arachides. D'abord, elle me dit qu'il faut être très patient avec les gens que l'on questionne dans les restaurants et ne pas se laisser impressionner par leur indifférence, leur impatience ou leur scepticisme. Il faut poser les questions nécessaires et exiger des réponses claires. Si un restaurateur vous paraît très collaborateur, retournez dans ce restaurant plutôt que d'en essayer un nouveau chaque jour. De plus, elle et son conjoint vont souvent séjourner avec les enfants dans des hôtels avec cuisinette pour prendre un ou tous les repas à la chambre parce que le restaurant, on ne s'en sort pas, demeure un moment stressant. Parlant de stress, elle insiste pour que j'écrive de faire très attention de ne pas transmettre notre nervosité à l'enfant. C'est votre responsabilité, pas la sienne ; en tout cas, pas tant qu'il est tout petit. Elle m'a aussi parlé de toujours avoir avec soi de la nourriture pour combler un repas, comme par exemple des sachets de nourriture déshydratée (que vous aurez apportés de la maison) à laquelle on a seulement à ajouter de l'eau bouillante, des petits pots pour bébés (les grands aiment ça aussi !), des fruits, des craquelins, des yogourts (avec un *ice pack*), des petites boîtes de céréales, etc.

Myanmar, Rangoon, 1997
Michel *(Rosemarie, 4 ans, et Victoria, 3 mois)*

Le téléphone n'a pas sonné depuis cinq jours, c'est génial ! Le Canada est très loin derrière, de l'autre côté de ma tête, en fait. Toute mon énergie est concentrée ici. J'en suis encore à sonder le pays, la logistique du voyage et à comprendre ce peuple qui semble être des plus avenants.

En cas de doute, on s'abstient. Vous le faites déjà même si vous êtes en visite chez des amis ; la même règle s'applique en voyage. Ayez toujours avec vous des seringues *EpiPen* et du *Benadryl*, s'il y a lieu. Ayez aussi en votre possession l'ordonnance de l'*EpiPen* de votre enfant et une lettre de son médecin, en anglais ou dans la langue du pays (le consulat ou l'ambassade du pays peut vous aider pour ça) expliquant pourquoi votre enfant ne peut s'en séparer. On pourrait vous la demander avant d'embarquer dans l'avion. Vous ne voudrez certainement pas vous faire confisquer les précieuses seringues juste avant de partir… j'en suis certaine.

L'HYGIÈNE

Une priorité

L'hygiène se doit d'être une préoccupation constante lorsqu'on voyage avec des enfants. Il en va de leur santé. Bien entendu, je ne fais pas référence ici à une accumulation de poussière sur la peau, à une drôle d'odeur corporelle ou à des cheveux sales. Je parle de virus, de bactéries et de toutes sortes de maladies qui pénétreront dans le corps de l'enfant par des vecteurs comme les mains, les toutous, les couvertures d'enfants, les ustensiles, etc. Sans devenir hystériques, les parents doivent surveiller constamment ce que leur enfant touche et approche de sa bouche. La vigilance doit être sans failles.

Les mains

Rien n'est aussi dangereux que des mains ayant touché un animal, une plante venimeuse, un autre enfant, de la nourriture infectée et des endroits où tout le monde met les mains, comme des poignées de porte. Il y en a d'autres et les nommer tous serait impossible. Un enfant en âge de se promener touche à tout, sans discrimination aucune. La vache galeuse qui mange dans le caniveau plein de détritus est aussi belle qu'un petit chaton de salon. En plus, après avoir bien caressé la vache, l'enfant n'aura aucune arrière-pensée avant de mettre ses doigts dans sa bouche ou dans son nez. Au secours !

Lavez le plus souvent possible les mains de votre enfant. Gardez sur vous, en tout temps, des serviettes mouillées et un petit savon, une petite bouteille de savon liquide de type *Purell* ou des petites enveloppes de serviettes jetables préimbibées d'alcool. L'enfant veut toucher, c'est normal; plutôt que de le restreindre sans cesse, lavez-lui les mains lorsqu'il aura terminé avec sa vache ou son jeu. En voyage, nous lavons les mains avant chaque repas, à chaque retour à la chambre, avant chaque sieste ou dodo pour la nuit et, en plus de cela, quelques fois au cours de la journée, lorsqu'un robinet est accessible. Les mains sont le vecteur par lequel les bactéries entrent dans le corps. Gardez-les toujours le plus propres possibles.

La douche et le bain

Il n'est pas toujours aisé de donner un bain à son enfant, en voyage, pour la bonne raison que la majeure partie des chambres d'hôtels n'ont pas de bain. En fait, à part les hôtels de catégorie supérieure, les bains sont plutôt rares. L'apprentissage de la douche se fait à la dure, sur le terrain, et en l'absence d'eau chaude la moitié du temps. Dans certains hôtels de basse catégorie, la toilette turque (un trou dans le sol) est directement sous le pommeau de la douche. Ce n'est pas des plus agréables ! Jetez un coup d'œil à la salle de bain lorsque vous visitez la chambre, avant de la louer, il y a parfois des surprises de ce côté.

Portez des sandales de plastique pour la douche; les planchers sont presque tout le temps d'une propreté douteuse dans les hôtels de moyenne et basse catégories. Et, lorsque les enfants sont dans la douche, rappelez-leur chaque fois de bien fermer la bouche et d'attendre de s'essuyer le visage avant de sortir la langue !

Il est aussi possible de demander un grand baquet de plastique dans lequel la famille propriétaire des lieux ou le personnel de l'hôtel font la lessive. Au Myanmar, Victoria, 3 mois, a pris son bain dans ce genre de baquet tout au cours du voyage. À Namche Bazaar, au Népal, avec Rosemarie qui n'avait que 3 ans, il faisait entre 0 et 5 °C à l'intérieur comme à l'extérieur. La seule douche disponible n'avait que de l'eau froide et elle était… en plein air ! J'avais beaucoup de difficulté à déshabiller ma fille pour la laver avec ce froid. Donc, à notre demande, notre hôtelier nous apportait tous les deux ou trois jours une bassine d'eau chaude, en début d'après-midi, au moment où il faisait le plus chaud dans la chambre. Ce petit bain était attendu et bien amusant pour notre fille. Après cela, elle faisait une bonne sieste. C'est très réconfortant pour les Nord-Américains que nous sommes (les enfants y compris) de pouvoir se laver le visage et les mains convenablement ainsi que les aisselles et d'autres parties du corps avant de se coucher.

À la fin de notre séjour à Namche Bazaar, nous avons offert de l'argent à nos hôtes pour payer le bois qu'ils avaient dû utiliser pour faire chauffer notre eau de lavage. Ils ont beaucoup apprécié.

L'hygiène buccale

Pour le brossage des dents, n'utilisez pas l'eau du robinet. L'eau embouteillée (ou désinfectée) est la seule eau que vous devriez vous mettre dans la bouche. Vous ne trouverez peut-être pas sur place la pâte dentifrice à la gomme «baloune» à laquelle votre enfant est habitué. Plutôt que de lui retirer un autre de ses repères, prévoyez en apporter une bonne quantité.

Les cheveux

Dans les endroits où la salubrité ou l'hygiène laissent à désirer, il est préférable de garder attachés les cheveux longs des filles de la famille, grandes et petites. Vous courrez ainsi moins de risques de ramasser des passagers indésirables. Les enfants courent plus de risques que les adultes d'avoir des poux parce que leurs têtes se touchent souvent quand ils jouent ensemble, de même qu'elles touchent, plus que celle de l'adulte, les dossiers des banquettes de taxis et d'autobus.

Pour diminuer les risques, nos filles portent toujours des chandails avec capuchon lorsque nous devons nous déplacer entre deux villes. Ça empêche les cheveux d'être en contact avec les dossiers, pour qu'ils ne servent pas eux-mêmes ensuite de moyen de transport…

Ma fille aînée l'a appris à ses dépens lors d'une nuit dans un autobus, au Mexique, entre Tulum et Palenque. Pendant son sommeil, le capuchon est descendu de sa tête. Le lendemain, nous avons constaté qu'elle était infestée de poux et nous avons tous dû nous faire des shampoings contre les poux dans des douches qui n'avaient presque pas de pression d'eau. Ce n'était pas la joie…

Les poux de tête sont des petites bêtes d'un brun grisâtre, à peu près de la grosseur d'une graine de sésame, qui vivent sur le cuir chevelu des humains. Ces petites «bibittes» affectionnent particulièrement le derrière des oreilles et la nuque, alors lorsqu'on les cherche, c'est là qu'il faut regarder en premier. Ils ne sont pas dangereux pour la santé mais peuvent être un problème persistant et ennuyeux causant de la démangeaison. Ces insectes, qui n'ont pas d'ailes et qui ne peuvent ni sauter ni voler, sont difficiles à voir. La femelle pond chacun de ses œufs (lentes) sur un cheveu, à environ un centimètre du cuir chevelu. Les lentes sont de la grosseur d'un grain de sable, de forme ovale et de couleur beige ou brune. Il est très difficile d'enlever les lentes collées aux cheveux avec les doigts, et les laver avec un shampooing ordinaire n'aura aucun effet. Les lentes demeureront vivantes et vont éclore dans les sept jours suivants. Pour s'en débarrasser, il faut absolument laver les cheveux infestés avec un shampooing antiparasitaire, que l'on trouve dans toutes les pharmacies du monde. D'ailleurs, ne soyez pas intimidés de parler de votre problème au pharmacien de l'endroit, il s'y connaît probablement, puisque les poux de tête doivent, dans une certaine mesure, faire partie de son quotidien de pharmacien. Il peut donc vous aider à choisir un produit efficace, qu'il connaît.

Administrez immédiatement un premier traitement à toutes les personnes infestées en même temps, puis un autre, 7 à 10 jours plus tard. Les recherches ont montré que le premier traitement tue les poux de tête mais non pas tous les œufs (lentes). Même si on enlève toutes les lentes, certains œufs demeureront en place. Peut-être écloront-ils au cours de la semaine suivante. Le deuxième traitement tuera les poux nouvellement éclos afin qu'ils ne puissent se propager d'une tête à l'autre ou se reproduire. Les lentes mortes ou vides sont de couleur blanchâtre et restent fermement attachées à la tige du cheveu. À mesure que le cheveu pousse, les lentes mortes et inoffensives s'éloignent du cuir chevelu. Pour se débarrasser des lentes mortes, un peigne fin peut faire le travail.

Consultez un médecin s'il s'agit d'enfants âgés de moins de un an, si la personne infestée est enceinte ou allaite son enfant, ou si la peau du cuir chevelu est coupée ou infectée.

Finalement, les poux et les lentes ne survivent pas loin de la chaleur et de l'humidité du cuir chevelu. Il n'est donc pas nécessaire de faire plus de ménage que d'habitude ni de vaporiser des insecticides. Par contre, il est souhaitable de laver à l'eau chaude les peignes, les brosses, les chapeaux, la literie et les serviettes.

Myanmar, Bagan, 1997
Michel *(Rosemarie, 4 ans, et Victoria, 3 mois)*

La joie et le plaisir de chaque journée résident dans ces rencontres et ces imprévus. Aujourd'hui, nous avons passé toute la journée avec un petit moine de 14 ans. Très beau, poli et gentil, il avait quitté son monastère avec la permission de ses supérieurs pour venir voir la fête de l'Ananda, un des plus prestigieux temples de Bagan. Ce fut notre rayon de soleil de la journée. Nous l'avons rencontré au premier temple que nous visitions en matinée, il est demeuré avec nous jusqu'au moment où nous avons dû retourner à l'hôtel. Il a marché avec nous dans les rues du vieux Bagan, transformées en kermesse ou en foire. Il y avait une foule de kiosques, de jeux pour les enfants, de ballons et de petits souvenirs que les Birmans adorent. La musique, les couleurs et les odeurs de nourriture nous transportaient dans cette fête dont le point culminant est l'hommage au temple élevé en l'honneur d'un des plus célèbres disciples du Bouddha : Ananda. Pinasothaw (c'est son nom) est venu voir un spectacle de marionnettes avec nous et a aussi partagé notre repas. Pour notre plaisir autant que le sien, nous l'avons invité au restaurant. Il s'est régalé. Rosemarie était très contente et s'amusait avec Pinasothaw comme si elle le connaissait depuis toujours.

La prévention avant tout

La grande inquiétude qu'il faut contrôler

Rien ne peut gâcher un voyage comme de voir son enfant tomber malade. Comme parent, la santé de notre enfant, en voyage, est une inquiétude et un souci constants. C'est probablement aussi ce qui nous a inquiétés le plus avant de partir avec nos filles. La liste des dangers peut sembler infinie; elle l'est. Rassurez-vous, si c'était si dangereux que cela et qu'un bambin sur deux n'en revienne pas, personne ne voyagerait avec ses enfants. Une fois sur la route, vous serez surpris de constater que vous n'êtes pas seuls et que beaucoup d'autres familles, comme vous, parcourent le monde. Jamais, dans tous nos voyages, n'avons-nous eu réellement peur que quelque chose de grave soit arrivé à l'un des membres de notre famille.

La santé, en voyage, dépend de votre préparation avant de partir, de votre comportement sur la route et de la façon dont vous réagirez si vous rencontrez des symptômes inquiétants.

Le présent chapitre décrit une foule de problèmes de santé, petits et gros, qui peuvent survenir durant un voyage avec des enfants. À la fin du chapitre, vous trouverez peut-être qu'il y en a beaucoup et cela pourra susciter une certaine crainte du voyage. Mais le but de cette énumération n'est pas de vous effrayer, encore moins de vous faire renoncer, mais plutôt de bien vous informer pour que vous soyez en mesure, justement, de ne pas vous inquiéter indûment s'il survient un problème de santé, quel qu'il soit… Je vous souhaite que ce chapitre vous soit totalement inutile ! Mais… lisez-le quand même… juste au cas…

Inde, Nainital, 2004
Marie-Chantal *(Rosemarie, 11 ans, et Victoria, 7 ans)*

Rosemarie et Victoria viennent de découvrir un des aspects incontournables de l'Inde : la diarrhée et les crampes au ventre. Elles devront être plus prudentes et ne pas toucher à tout comme elles le font tout le temps. Nous avons annulé notre visite à Raniket aujourd'hui pour les laisser se reposer.

Les règles de base

La prévention est la pierre angulaire de la santé en voyage. Il ne s'agit pas de se dire que l'on a eu les bons vaccins avant de partir, de savoir que l'on a avec soi les bons antibiotiques et qu'il est aisé de dénicher sur la route un bon docteur. Il s'agit de n'avoir besoin ni des antibiotiques, ni des anticorps développés par le concours du vaccin, ni même du médecin. Il s'agit de ne pas tomber malade, un point, c'est tout. Et pour ce faire, il y a un nombre de règles à suivre.

Les règles de base de la santé en voyage concernent l'hygiène, la nourriture et l'eau. Si vous vous montrez vigilants envers ces règles, vous éviterez 95 % de tous les problèmes et maladies cités plus loin.

- Lavez-vous les mains plusieurs fois par jour avec un savon antiseptique et, bien sûr, lavez-les avant de boire ou de manger et après être allé à la toilette. Ne mettez pas les mains dans votre bouche.
- Ne consommez que des aliments qui ont été bien cuits et qui sont encore chauds quand on vous les sert.

- Ne consommez que les fruits et les légumes cuits ou, s'ils sont crus, pelez-les.
- Ne buvez que de l'eau embouteillée commercialement dans des contenants bien scellés et non périmés, ou de l'eau qui a été purifiée : c'est-à-dire qui a été bouillie (cinq minutes) ou désinfectée avec de la teinture d'iode 2 %.
- Vérifiez toujours les dates de péremption des produits que vous achetez.
- Appliquez un antimoustique dans les régions plus chaudes et, le soir, préférez les vêtements longs.

Myanmar, Nyaung Shew, 1997
Michel *(Rosemarie, 4 ans, et Victoria, 3 mois)*

Comme c'est fascinant les voyages ! On est dans une chambre d'hôtel quelconque avec ses enfants : une dessine sur son lit, une bande dessinée passe à la télévision, l'autre gazouille dans son bain ; c'est un quotidien auquel on peut se rattacher. On pourrait même se croire au Québec ! Et tout à coup, on sort dehors, on roule à bicyclette et on se retrouve en pleine campagne avec ces charrettes à bœufs, ces cultures de riz, ces gens à pied qui fument le cherrot. Il fait soleil, on est seul au monde, on roule sur une petite route défoncée et... on est en Birmanie. C'est ça, la prodigieuse richesse des voyages. Être absorbé dans une action quotidienne comme changer une couche, lire un livre, manger un repas et puis lever les yeux et être submergé par cette incroyable différence d'environnement.

Les trucs de maman en vrac

En voyage avec mes filles, j'apporte toujours avec moi un détersif antiseptique (de type *Hibitane*) et, dès que j'ai accès à de l'eau propre, je lave moi-même leurs mains et leurs poignets. Si nous n'avons pas d'eau, j'utilise le désinfectant pour les mains à 62 % d'alcool d'éthyle de marque *Purell*. Lors de notre dernier voyage, elles avaient toutes les deux leur petite bouteille personnelle dans une poche ou dans leur sac.

Les médecins, les ambulanciers et les travailleurs en milieu hospitalier utilisent beaucoup ce produit.

Je leur dis tous les jours de ne pas mettre les doigts dans leurs yeux, le nez ou la bouche. Je leur coupe les ongles très courts pour qu'elles ne soient pas tentées de les ronger.

Je rappelle régulièrement à mes filles de toujours nous demander notre avis avant de consommer quoi que ce soit. Les gens du pays sont souvent tentés de donner des choses à manger à nos enfants. Ils veulent leur faire plaisir et les gâter. Si cela vous arrive et que vous jugez que votre enfant ne devrait pas prendre cette nourriture, acceptez-la quand même en prétendant que vous la mangerez plus tard. Certaines personnes peuvent se trouver vexées si vous refusez leur cadeau et la plupart ne comprendront pas que cela peut vous rendre malades et pas eux.

Dans nos bagages, j'apporte toujours nos taies d'oreillers personnelles pour couvrir les coussins ou les oreillers qui sont offerts avec la chambre. S'il n'y a pas d'oreillers sur place, nous pouvons toujours remplir les taies avec nos gros gilets ou des serviettes.

Toutes les heures, j'incite tous les membres de ma famille à boire un peu d'eau. S'il fait très chaud, c'est aux 20 minutes.

Mes enfants portent un chapeau ou une casquette en tout temps pendant la journée et il y a toujours trois bouteilles qui ne nous quittent jamais: l'eau, l'insectifuge et la crème solaire.

Nous prenons tous des suppléments vitaminiques tout au long du voyage.

Je nettoie tous les jours les blessures, s'il y a lieu, même si ce n'est qu'une petite égratignure, et je les couvre ensuite avec un pansement stérile.

ET… nous prenons des journées de repos, même si cela nous oblige à sacrifier certaines visites.

Inde, Manali, Noël 2004
Marie-Chantal *(Rosemarie, 11 ans, et Victoria, 7 ans)*

Le Père Noël est passé tout à l'heure. Il a laissé sur le balcon de notre chambre quatre cadeaux. Un pour chacun de nous. Même si Manali ne nous ravit pas comme nous le souhaitions pour passer la fête de Noël, ce petit événement a su remettre un sourire sur tous nos visages. Victoria a même vu les rennes passer dans le ciel neigeux et moi, j'ai entendu la fée des étoiles… C'était magique…

Des précisions avant de plonger

Ici, plus qu'ailleurs dans ce livre guide, vous pouvez et devez laisser de côté ce que vous croyez qui ne vous concerne pas. Vous partez pour trois semaines en Italie ? Inutile de plonger dans la liste de toutes les maladies inquiétantes de la planète. Sachez où vous allez et ajustez votre lecture en conséquence. Mais ce livre est écrit pour permettre autant à la famille qui quitte pour la Suisse ou le Japon qu'à une autre qui part pour l'Uruguay ou le Zimbabwe d'y trouver son compte. Peut-être qu'un jour, lors d'un prochain voyage au Cambodge, sentirez-vous le besoin de revenir et d'aller plus en profondeur dans ce chapitre. En attendant, ne vous sentez pas mal à l'aise de passer plus vite sur les points qui vous concernent moins.

Les symptômes inquiétants

La diarrhée

Il n'est pas anormal d'avoir un épisode de diarrhée pendant un voyage qui dure plus de deux semaines. Une nourriture et une eau inhabituelles sont suffisantes pour provoquer une diarrhée. Il y a toutefois des adultes et des enfants plus sensibles que d'autres. Certaines personnes ont des diarrhées dès qu'elles passent plus de deux jours en dehors de chez elles, même si ce n'est qu'à leur chalet…

Si vous ou vos enfants en souffrez, en voyage, sans qu'il y ait d'autres symptômes inquiétants, diminuez les fruits, les légumes ainsi que les aliments sucrés, et augmentez dans l'alimentation quotidienne l'apport en riz et autres féculents, ainsi que les bananes,

Népal, Katmandou, 1985
Michel

La vie se réinstalle en moi, je reprends des forces. La musique qui joue sur mon baladeur met un baume sur mon estomac mortifié. Nous n'avons pas pu partir pour Jiri, premier village sur le chemin du camp de base de l'Everest. Voilà trois jours que je suis malade. Maux d'estomac et diarrhée liquide. Je n'aurai jamais tant pensé à mon chez-moi depuis le début du voyage que durant ces trois derniers jours.

le beurre et les œufs. Salez vos aliments un peu plus qu'à l'habitude et buvez beaucoup d'eau à température modérée pour évacuer le plus rapidement la bactérie qui cause l'inconfort. Si votre enfant aime les yogourts, offrez-lui-en une ou deux portions par jour (jusqu'à quatre pour les adultes) pour aider à refaire la flore intestinale. Le yogourt artisanal, dans certains pays d'Asie, est fortement recommandé par les médecins locaux pour aider à diminuer la diarrhée. Son haut taux de culture bactérienne est absolument bénéfique pour les intestins, souvent malmenés lorsque nous sommes en voyage. On peut aussi apporter des capsules de yogourt de la maison.

Si un membre de la famille souffre de diarrhée, restez autant que possible près de votre hôtel pour accéder rapidement à la salle de bain. Mais si vous devez prendre un transport pour vous déplacer, vous devriez prendre, dans ce cas, des comprimés d'*Imodium*. Les personnes de 12 ans et plus doivent prendre 2 comprimés avant le départ et ensuite, 1 comprimé après l'évacuation de selles trop liquides. Il ne faut pas dépasser huit comprimés par jour. Pour les enfants entre 7 et 11 ans, donnez-leur un demi comprimé avant le départ, et l'autre moitié après être allé aux toilettes, s'il y a eu encore une diarrhée. Dans le cas des enfants de cet âge, il ne faut pas dépasser quatre comprimés entiers par jour, c'est-à-dire huit demi-comprimés. Les enfants de moins de 7 ans devraient prendre *Kaopectate* en liquide.

Si la diarrhée est accompagnée de maux de ventre ou de nausées, vous pouvez soulager les symptômes avec *Pepto Bismol* en comprimés à croquer. Il est recommandé de prendre 2 comprimés pour les 15 ans et plus, 1 comprimé pour les jeunes entre 10 et 14 ans et un demi comprimé pour les petits de 2 à 9 ans.

Finalement, le charbon végétal activé peut aussi soulager la diarrhée. Il a la propriété d'absorber les éléments intoxicants qui se trouvent dans le système digestif. Si la diarrhée est causée par un aliment avarié, c'est un bon choix.

Sachez qu'il n'est pas recommandé de prendre des médicaments contre la diarrhée dès que l'inconfort se présente. Il est préférable de boire beaucoup d'eau, de manger peu et d'aller à la toilette souvent pour évacuer la bactérie intestinale. Vous devez savoir que la prise de médicaments contre la diarrhée ne fait que soulager temporairement et même retarder la guérison. Prenez ces médicaments seulement si vous

Chine, Chengdu, 1992
Michel *(Rosemarie en gestation)*

De retour à la chambre. Tout est arrangé pour Lhassa, nous partons demain pour le Tibet. Fatigués, mais foutrement heureux. Quelle belle journée nous avons eue! Quel pays incroyable que la Chine! Aujourd'hui, j'ai même enseigné les mathématiques à une classe de petits Chinois. La chose s'est produite de façon plutôt inusitée. Nous cherchions l'agence de voyages qui devait émettre nos billets d'avion pour notre départ du lendemain. Étrangement, cette agence se trouvait à l'intérieur d'une école de quartier. En quittant les lieux, une fois nos affaires terminées, je passe devant une classe. La porte était grande ouverte, le professeur absent. Voyant ces 40 petits Chinois bien assis à leurs bureaux, révisant en silence une quelconque matière, le goût me vint d'entrer les saluer. Et me voilà en avant, à réviser additions et soustractions. J'écrivais une équation au tableau, ils levaient la main, je choisissais un élève, celui-ci venait en avant résoudre l'équation. Les choses allaient si bien que le professeur, revenant et constatant ce que j'étais en train de faire, s'est abstenu de m'interrompre et m'a laissé terminer ma révision. Un moment de pure folie. Nous avons beaucoup ri.

devez vous déplacer ou si vous savez que les toilettes seront difficilement accessibles.

La constipation

La constipation est plutôt rare, en voyage, mais cela peut se produire. Elle est causée principalement par le stress, l'absorption d'une nourriture comportant trop de féculents (riz, pommes de terre), le manque de fruits ou de légumes, ou tout simplement le changement des habitudes alimentaires. Si vous avez l'habitude de prendre, par exemple, un café tous les matins (ce qui est très laxatif) et qu'en voyage vous n'en buvez presque pas, cela peut être suffisant pour perturber votre métabolisme et vous rendre constipés.

Pour y remédier, essayez de prendre vos repas à peu près aux mêmes heures tous les jours, augmentez la consommation de fruits et de légumes, buvez beaucoup de liquide et diminuez le gras et les féculents. Si vous avez la chance de trouver sur la route des dattes et des figues (très présents sur le continent africain et au Moyen-Orient) mangez-en sans retenue ! L'exercice, les mouvements de bassin, les massages du ventre et la danse stimulent aussi le passage des matières fécales dans l'intestin.

La constipation peut aussi être provoquée par une émotion que l'enfant a de la difficulté à gérer (choc culturel) ou par le manque d'écoute de son corps (trop de stimulations extérieures). Lorsque l'enfant se retient d'aller à la selle, les déchets alimentaires restent en attente dans le gros intestin. Cela est très pratique, mais si on abuse de ce service que nous rend l'intestin, il cessera, après un moment, de nous envoyer des signaux. Après un certain temps, les selles se déshydratent, durcissent et deviennent beaucoup plus difficiles à évacuer. Apprenez à votre enfant à aller à la selle dès qu'il sent de la pression dans son rectum. Si vous êtes dans un restaurant dont les toilettes sont acceptables, selon vos standards, amenez-y votre enfant ! Ne le mettez pas dans une situation où il doit se retenir. Invitez-le systématiquement à faire ses besoins avant de partir de la chambre d'hôtel. Les toilettes, en pays étrangers, abstraction faite de l'Europe, de l'Amérique du Nord et du continent australien, sont loin d'être des lieux agréables à visiter. Elles sont généralement d'une saleté repoussante et n'offrent parfois qu'un trou dans le sol (appelé toilette turque). Et ça, c'est quand il y en a ! Rien pour faciliter la chose, quoi.

> ***Mexique, Palenque, 2000***
> ***Rosemarie, 7 ans***
>
> *Je suis allée aussi voir les pyramides mayas qui ont des millénaires. J'ai trouvé ça magnifique et très vieux. J'ai pu entrer à l'intérieur parce que le roi n'habite plus là.*

Les femmes enceintes peuvent également souffrir de constipation lorsque l'utérus exerce une pression sur l'intestin. Les laxatifs doivent être consommés de façon prudente, au besoin, une ou deux fois par semaine tout au plus. Les laxatifs peuvent entraîner une dépendance et n'en donnez jamais à un enfant de moins de 10 ans sans l'avis d'un médecin qui soigne les enfants (un pédiatre). Si votre tout-petit porte encore des couches, vérifiez qu'elles ne soient pas trop serrées à la taille. Laissez votre enfant sans couche quelques heures, faites-le bouger et danser ou, s'il ne marche pas encore, placez-le sur le dos et aidez-le à pédaler doucement.

Finalement, aller à la selle aux mêmes heures aide à conditionner l'organisme : après le petit-déjeuner, par exemple, juste avant de quitter la chambre d'hôtel pour la journée.

Les vomissements

Il ne faut pas confondre régurgitation et vomissement. La régurgitation est un petit renvoi de lait chez le bébé ou le jeune enfant qui boit trop vite ou qui a bu une trop grande quantité de liquide. C'est un réflexe normal de l'estomac qui renvoie un petit surplus non désiré.

Le vomissement est un rejet d'une quantité plus importante. Si votre enfant vomit son dernier repas et qu'il se sent mieux après, il n'y a pas lieu de s'inquiéter. Il a tout simplement mal digéré. Ou si, par exemple, la famille mange depuis trois semaines du riz aux légumes et quelques fruits, et que, pour un repas, on se gave de bonne viande et de desserts riches, on peut souffrir de vomissements pendant toute la nuit qui va suivre… On appelle ça une gastrite et, dans ce cas précis, elle est causée par un changement radical dans l'alimentation. Cela dure entre 5 et 48 heures. Il n'y a pas lieu de s'inquiéter dans un cas comme ça et c'est inutile d'appeler un médecin, il n'y a rien à faire. Assurez-vous que le malade ne se déshydrate pas, installez-vous dans une chambre avec une salle de bain privée et propre et attendez que ça passe.

> **Inde, Nainital, 2004**
> **Victoria, 7 ans**
>
> *Ce matin, on a vu le lever du soleil sur l'Himalaya. Ensuite, j'ai joué dans la camionnette de Mohinder avec ma sœur, mais des hommes couraient après notre camionnette pour qu'on loue leurs chevaux. Ils n'étaient pas gentils et maman a dit que c'était l'enfer. Ils voulaient notre argent et ils criaient.*

Par contre, si les vomissements arrivent brusquement, qu'ils ne procurent que faiblesse et étourdissements, vous devez consulter un médecin le plus rapidement possible. À peu près toutes les maladies, graves et bénignes, ainsi que les virus contractés dans les pays sous-développés provoquent des vomissements et de la fièvre.

La déshydratation

La déshydratation survient lorsque les réserves d'eau de l'organisme s'abaissent au-dessous d'un certain seuil. Chez les jeunes enfants, la déshydratation peut survenir après seulement quelques heures de vomissements ou de diarrhée. Si, en plus, il fait très chaud, le processus peut être accéléré. La déshydratation peut aussi être provoquée à la suite d'un exercice intense où le sujet a transpiré abondamment.

Les deux tiers de l'organisme sont composés d'eau. L'eau est essentielle au maintien de la santé de l'organisme. S'il n'y en a pas en quantité suffisante, les cellules du corps commencent à se ratatiner, leurs fonctions se dérèglent et les tissus du corps se dessèchent. Comme les cellules cérébrales sont les plus sensibles à la déshydratation, la personne peut présenter un épisode de confusion et même sombrer dans le coma. Si le malade n'est pas rapidement réhydraté, la tension artérielle peut s'abaisser à un seuil dangereusement faible, entraîner un état de choc et des lésions graves à plusieurs organes internes comme les reins et le foie, et au cerveau. Dans un cas extrême, la déshydratation peut entraîner la mort.

Un organisme en manque d'eau diminuera la transpiration du corps, l'urine, la salive et les larmes. Un enfant déshydraté a aussi souvent les yeux cernés, la peau très sèche et son rythme cardiaque est accéléré. Si, en plus, vous remarquez qu'après avoir pincé le bras de votre enfant, la peau ne se replace pas immédiatement, il faut réagir vite.

Se réhydrater

Si la déshydratation est légère, le simple fait de boire de l'eau peut être suffisant. S'il n'y a pas d'amélioration à l'intérieur de 15 minutes, les électrolytes (sels minéraux composés surtout de sodium et de potassium) doivent aussi être remplacés et un simple verre d'eau ne peut pas faire ce travail. Dans la plupart des pharmacies de ce monde, il est possible de se procurer une solution de réhydratation en poudre que vous mélangez vous-mêmes avec de l'eau, ou prête à boire. Les solutions de réhydratation les plus connues chez nous sont le *Gastrolyte* et le *Pedialyte*. Ces produits de remplacement des électrolytes sont offerts en poudre et je vous suggère fortement d'en avoir quelques sachets dans vos bagages.

Il est aussi possible de fabriquer une solution de réhydratation tout aussi efficace que ce qui est vendu dans le commerce. Voici la recette :

600 ml (20 oz) d'eau embouteillée et qui a été, en plus, bouillie 10 minutes (si vous n'avez pas la possibilité de faire bouillir l'eau, le traitement peut quand même fonctionner)

360 ml (12 oz) de jus d'orange non sucré

2,5 ml (½ c. à thé) de sel

Cette recette ressemble beaucoup aux liquides vitaux que nous avons dans notre organisme, dans son équilibre sucre/sel. N'y ajoutez pas de jus d'orange, même si votre enfant n'en apprécie pas le goût, car cela perturberait justement cet équilibre qui est essentiel à la réussite du traitement.

Chez l'enfant qui vomit beaucoup et qui n'arrive pas à garder le moindre liquide, donnez-lui une cuiller à soupe de solution de réhydratation toutes les 10 minutes, jour et nuit. Si cela ne fonctionne pas, vous pouvez aussi lui donner du *Gravol* en suppositoire (pour les enfants de plus de 2 ans seulement) pour diminuer les vomissements. Son action dure environ huit heures et occasionne de la somnolence. Ne répétez la dose qu'une seule fois.

Si, malgré tous vos bons soins, votre petit ne se réhydrate pas suffisamment ou s'il prend en plus des médicaments qui le déshydratent, vous devez l'emmener à l'hôpital pour qu'il reçoive une perfusion intraveineuse. On lui injectera une solution comportant du chlorure de sodium. Ces solutions sont injectées rapidement au début, puis plus lentement au fur et à mesure que l'état physique du patient s'améliore.

Mexique, Oaxaca, 2000
Rosemarie, 7 ans

Aujourd'hui j'ai vu d'autres ruines et elles se nomment Zapotèque. Mais ce que j'ai aimé le plus c'est de jouer avec ma sœur sur les rochers. On faisait semblant que c'était notre maison et qu'il y avait un lac avec des poissons venimeux. J'ai adoré jouer à ce jeu.

La méthode est différente pour les adultes. Buvez un demi-litre de votre solution de réhydratation à raison d'une gorgée à toutes les 5 à 10 minutes. Faites une pause d'une heure (dormez un peu…) et si vous en sentez encore le besoin, buvez un autre demi-litre. Cette méthode m'a beaucoup aidée à Jaisalmer dans le désert de Thar, alors que je me sentais très fatiguée et aux prises avec une diarrhée depuis quelques jours. Après une journée de repos, sans manger, et un litre de solution réhydratante, j'étais sur pieds!

La fièvre

La fièvre indique que quelque chose ne va pas dans le corps de l'enfant. Sa température s'élève pour combattre une infection.

Votre enfant fait de la fièvre si sa température est supérieure à:

- 38,5 °C ou 101,3 °F avec un thermomètre rectal;
- 38 °C ou 100,4 °F avec un thermomètre buccal;
- 37,5 °C ou 99,5 °F avec un thermomètre placé sous l'aisselle.

Une température qui se maintient sous 38,8 °C, ou 102 °F, signifie que le corps combat bien l'infection et que les anticorps font leur travail. Si la température a tendance à monter un peu au-dessus, donnez au malade de l'acétaminophène aux quatre heures. Normalement, la fièvre devrait descendre d'environ 1 °C, ou 2 °F. Encouragez votre enfant fiévreux à boire beaucoup de liquide, habillez-le légèrement et évitez de trop l'envelopper de couvertures. En fait, agissez comme si vous étiez à la maison. Même en voyage, on peut attraper une grippe ou être incommodé par un rhume.

Voyez un médecin sans tarder si la température ne descend pas après la prise d'acétaminophène, si la température s'élève rapidement et dépasse 40 °C, ou 104 °F,

Inde, Manali, 2004
Victoria, 7 ans

Quand c'est Noël, j'aime les cadeaux et c'est la fête de Jésus. Ici ils ne fêtent pas Jésus parce qu'ils ne le connaissent pas. Je suis loin de mon beau sapin de Noël et de mon petit train qui tourne autour du sapin. J'aime quand même être en Inde pour Noël.

4 heures après la prise de l'acétaminophène, ou si votre enfant fait de la fièvre depuis plus de 72 heures (3 jours).

Souvenez-vous que l'apparence et le comportement de l'enfant sont plus importants que les chiffres sur le thermomètre. Si l'enfant a du mal à respirer, de la difficulté à avaler, s'il semble confus, somnolent, difficile à éveiller ou s'il n'a pas uriné depuis plus de huit heures, quelle que soit sa température, consultez immédiatement un médecin.

L'épuisement causé par la chaleur

Les maux de tête, la fatigue, les étourdissements, la nausée, un pouls faible ou rapide, ainsi qu'une peau froide, moite et pâle sont tous des symptômes courants de l'épuisement causé par la chaleur. Si votre enfant présente ces symptômes, emmenez-le dans un milieu frais, enlevez-lui le plus de vêtements possible et couchez-le sur le dos, avec les pieds légèrement surélevés. Épongez-le avec de l'eau froide et, si possible, utilisez un ventilateur; mais évitez le refroidissement. S'il ne se sent pas désorienté, faites-lui boire de petites quantités d'eau.

Les coups de chaleur

Le coup de chaleur est plus grave que l'épuisement causé par la chaleur. Il se produit lorsque le système de refroidissement du corps cesse de fonctionner normalement à cause de l'accumulation interne de chaleur. La peau de la victime s'échauffe, s'assèche et rougit, et son pouls devient fort et saccadé. Les maux de tête et les étourdissements peuvent provoquer l'évanouissement. Le coup de chaleur est une urgence médicale qui nécessite une intervention immédiate. Emmenez d'abord l'enfant dans un endroit frais, puis faites venir un médecin sans tarder.

Pour éviter le coup de chaleur, faites boire l'enfant régulièrement au cours de la journée. Beaucoup d'eau, de jus ou de boissons avec des électrolytes (de type *Gatorade*) toutes les 15 à 20 minutes, s'il fait très chaud. Pour vous, il est préférable d'éviter l'alcool et les boissons à la caféine, puisqu'elles nuisent à la capacité du corps de réduire sa température. Un très haut taux d'humidité peut aussi nuire à l'expulsion de la sueur, qui contribue à refroidir le corps. Lors des journées très humides, il faut éviter les activités sportives à l'extérieur et envisager de rester plus longtemps à la mer ou sur le bord de la piscine. Des serviettes humides appliquées à la figure, au cou et aux bras, ainsi que des bains et des douches rapides sont d'excellents moyens de vaincre la chaleur. On peut aussi éviter les repas copieux et porter des vêtements légers de couleur pâle.

Les dangers du soleil

Le soleil peut tuer, ce n'est plus une légende urbaine, mais la triste réalité. Les enfants sont les plus à risque et les dommages causés pendant l'enfance (de 0 à 20 ans) sont les plus dommageables. Si on passe la journée à l'extérieur, les dermatologues recommandent d'appliquer un écran solaire toutes les deux heures. Souvenez-vous aussi que l'écran solaire doit être appliqué de 15 à 30 minutes avant l'exposition au soleil. Une crème avec un indice de 15 FPS est un minimum. Un FPS 15 bloque environ 93 % des rayons UVB, un FPS 30, 96 % et un FPS 60, 98 %. On devrait se protéger même quand le ciel est nuageux, puisque 80 % des rayons ultraviolets peuvent traverser les nuages.

Il est bon de porter une attention particulière au visage, la région où se développent le plus de cancers de la peau. Certaines zones comme les oreilles, le nez, la ligne des yeux et des cheveux et le tour de la bouche sont souvent oubliées au moment de l'application, ou mal protégés parce que la quantité de crème est insuffisante.

Un parasol offre un bon abri contre les rayons du soleil, mais il ne peut pas bloquer ceux qui sont réfléchis par les surfaces qui nous entourent. Par exemple, l'eau, le béton et l'asphalte peuvent réfléchir jusqu'à 10 % des rayons ultraviolets, le sable 18 % et la neige 88 % ! C'est pourquoi il est recommandé d'utiliser un écran solaire, même si l'on est à l'ombre.

Au Myanmar, nous avions négligé d'appliquer de la crème solaire à Victoria, qui avait 3 mois à ce moment-là. Elle était habillée de vêtements qui couvraient entièrement son corps et elle dormait dans un petit lit couvert d'une moustiquaire sous un parasol à environ 10 mètres d'une piscine. En l'espace de 30 minutes, elle a eu un coup de soleil au visage. On a eu notre leçon, ça je peux vous le dire…

Certains médicaments comme les anti-inflammatoires, les antibiotiques et les antidépresseurs risquent d'augmenter notre sensibilité au soleil. La liste est longue. Le mieux est de se renseigner auprès de notre médecin ou de notre pharmacien si on prend des médicaments.

Il n'y a pas que la peau qu'il faut protéger contre le soleil, il faut aussi protéger les yeux. Il est très important que chaque membre de la famille ait des lunettes de soleil de qualité avec les indices UV et UVB. Rosemarie avait des lunettes françaises *Vuarnet* pour enfant pour parcourir l'Himalaya avec nous, en 1995. En altitude, le soleil est encore plus fort et, s'il y a de la neige, il peut être carrément impossible d'ouvrir les yeux tellement l'éblouissement est fort.

En terminant, une fausse croyance populaire veut qu'avant un voyage dans le sud ou en début d'été, il soit avisé de préparer notre peau à une exposition prolongée au soleil en s'exposant graduellement au soleil ou en fréquentant un salon de bronzage pour obtenir un léger hâle. Sachez qu'une peau bronzée ne protège pas contre les effets néfastes des rayons UV. Toute exposition aux rayons UV, en salon ou à l'extérieur, de façon graduelle ou intensive, cause des dommages à la peau.

Les problèmes que cause l'altitude

Vous choisissez de passer par La Paz, Lhassa, Quito ou tout autre endroit situé en haute altitude (plus de 1500 mètres)? Sachez qu'il y a des précautions à prendre, ainsi que des règles à suivre. Plus vous montez haut au-dessus du niveau de la mer, moins vous trouvez d'oxygène à respirer. Tout le monde est susceptible de développer une forme de mal de l'altitude. Il n'y a aucun rapport entre la forme physique ou l'âge de la personne et la sensibilité au mal des montagnes.

Mais tout le monde n'en souffre pas nécessairement; les effets de l'altitude varient d'une personne à l'autre. Certaines personnes s'adaptent plus facilement que d'autres à la diminution d'oxygène dans l'air. Mais il demeure un fait incontournable: plus la personne monte haut et plus elle monte vite, plus grands sont les risques de développer le mal de l'altitude. Plutôt rares en deçà de 2000 mètres, les symptômes associés au mal des montagnes commencent à se manifester vers une altitude de 2500 mètres. Ils peuvent se comparer à un lendemain de veille: maux de cœur, perte d'appétit, étourdissements, maux de tête. En bonus viennent l'insomnie, la lassitude et l'essoufflement. Ces symptômes surviennent habituellement à l'intérieur de 10 à 24 heures suivant l'arrivée à une nouvelle altitude. Ces désagréments s'amenuisent habituellement après trois jours à la même altitude. Par contre, l'essoufflement ne diminue pas beaucoup.

Si, après trois jours, les symptômes désagréables ne s'estompent pas ou si, pis encore, ils augmentent, vous devez absolument descendre à une altitude moindre, jusqu'à ce que vous vous sentiez bien. Si vous ne le faites pas, vous pourriez développer un œdème pulmonaire de haute altitude (OPHA) ou un œdème cérébral de haute altitude (OCHA), tous deux responsables de la majorité des décès en haute montagne. Les œdèmes se développent au-dessus de 2500 mètres d'altitude pour les adultes, mais certains enfants peuvent les développer à seulement 1500 mètres parce que leur métabolisme prend plus de temps que le nôtre à s'adapter. Vous devez donc être très attentifs aux symptômes.

L'œdème pulmonaire de haute altitude se développe entre 1 et 3 jours après une ascension rapide au-delà de 2500 mètres. Le fluide pulmonaire s'accumule plus rapidement qu'il ne s'évacue; c'est un peu comme si la personne atteinte était en train de se noyer. Le malade devient si haletant qu'il lui est pratiquement impossible de respirer normalement,

Népal, Namche Bazaar (3440 mètres d'altitude), 1995
Michel (Rosemarie, 3 ans)

Le soleil illumine les neiges éternelles des pics qui nous entourent. Nous venons de marcher deux heures en direction de Teng-boche, puis nous avons gravi la falaise qui borde Namche Bazaar. Nous étions à 3600 mètres d'altitude, la vue était saisissante. Peut-être que le fait de vivre cela en famille décuplait la beauté des lieux? Je serais porté à le croire. Rosemarie se porte à merveille. Elle trouve les conditions difficiles, comme nous, mais sa santé est excellente. Ici, au Himalayan Lodge, elle a même une petite amie pour jouer. C'est la petite fille de la famille qui tient l'hôtel. La famille aime beaucoup Rosemarie, celle-ci circule d'ailleurs où elle veut. Elle va même dans la cuisine avec la famille, où nous n'avons pas accès. Le matin, elle a droit à des mandarines alors que ce n'est pas sur le menu. La famille nous a prêté la chambre la plus chaude de l'hôtel, tout en haut. Ce n'est pas une chambre qu'on loue habituellement aux touristes. À cause de l'enfant, nous avons droit à un traitement un peu spécial.

Pérou, expédition sur l'Alpamayo, 1996
Michel

Camp I (4700 mètres). La montagne est perdue, pour une deuxième journée d'affilée, dans un nuage de neige et de brouillard. Vers la fin de la nuit, Mike s'est réveillé dans une sorte de délire hallucinatoire causé par le mal de l'altitude. Au petit matin, il a commencé sa descente. Il n'est plus question de continuer. Éric démontera le camp pendant que je monterai au col chercher l'équipement et la nourriture qui y avaient été déposés. Nous rejoindrons Mike au camp inférieur. Des regrets... pas vraiment. Nous sommes venus ici pour vivre de beaux moments et contribuer à renforcer une grande amitié, pas pour aller chercher un sommet à tout prix. L'Alpamayo n'était qu'un prétexte.

même à la suite d'un repos prolongé. Elle se manifeste d'abord par une toux sèche évoluant vers une toux grasse caractérisée par des crachats rosés, voire sanguinolents. Il s'en suit une détresse respiratoire évoluant rapidement. Si vous ou votre enfant présentez de tels symptômes, il faut immédiatement descendre à une moindre altitude, même si vous êtes en plein milieu de la nuit.

L'œdème cérébral de haute altitude provoque pour sa part un gonflement du cerveau, qui peut se traduire par un coma et un décès, et ce, en quelques heures seulement. Les premiers signes sont : des maux de tête carabinés, presque insupportables, un état de confusion générale et des hallucinations, ainsi que des titubations et des trébuchements. Toute personne souffrant d'un OCHA doit immédiatement redescendre à une altitude plus basse afin d'éviter des conséquences plus graves. Il s'agit d'une urgence médicale, car s'il n'est pas traité, un œdème cérébral est mortel. Les gens qui grimpent trop rapidement à une trop haute altitude en sont les principales victimes.

La prévention en altitude

Si vous prévoyez grimper à plus de 2500 mètres, avec ou sans enfants, vous devez vous soumettre aux mêmes règles de prévention que les alpinistes expérimentés. La méthode la plus sûre demeure l'ascension progressive, c'est-à-dire éviter une ascension trop rapide. D'abord, passez de 2 à 4 nuits à une altitude entre 2000 et 3000 mètres avant de poursuivre votre ascension. Ensuite, restez 24 heures au même endroit à chaque gain de 600 mètres d'altitude si vous désirez poursuivre l'ascension. Si un membre de la famille a les symptômes inquiétants du développement d'un œdème, redescendez immédiatement à une altitude inférieure. Des excursions d'une journée à une altitude supérieure, suivies d'un retour à une altitude inférieure pour la nuit facilitent grandement l'acclimatation.

L'acclimatation est le processus par lequel les alpinistes ou marcheurs s'adaptent graduellement à l'hypoxie (une diminution de la quantité d'oxygène dans les tissus). Pendant les journées d'acclimatation, évitez aussi que votre enfant se surmène. L'exercice modéré favorise l'acclimatation, mais un exercice intense doit être évité.

Vous pouvez, lors de l'apparition de symptômes désagréables de l'altitude, prendre du *Diamox*. Ce médicament sur ordonnance seulement améliore votre sommeil, puisqu'il équilibre au niveau des reins la source complexe de vos symptômes. Le *Diamox* est particulièrement conseillé si vous prévoyez une ascension rapide à 3000 mètres et plus (altitude à laquelle on couchera) en moins de 24 heures. Par exemple, à Lhassa, au

Argentine, expédition sur l'Aconcagua, 1999
Michel

Il fait beau, magnifiquement beau, et le décor est somptueux. La montagne est affreusement poussiéreuse. Le vent pousse le sable fin et il s'infiltre partout. On est sales et ce n'est qu'un début. La chimie du groupe ne se dément pas. Comme prévu, il y a beaucoup de monde au camp de base: des Allemands, des Argentins, des Français, des Canadiens, des Japonais. C'est très agréable de jaser avec tout ce monde venu de partout. On ne peut s'empêcher de se comparer aux autres équipes et je crois que nous sommes très bien organisés. Il fait encore une température relativement douce ici, mais plus haut, on nous a parlé de −18 °C et de −25 °C.

Tibet, ou à La Paz, en Bolivie, vous atterrissez en avion directement à 3500 mètres d'altitude. Vous ne pouvez donc pas bénéficier de l'acclimatation et de l'adaptation graduelle à l'hypoxie. Le *Diamox* est contre-indiqué pour les enfants de moins de 5 ans, les femmes enceintes ou allaitantes et les personnes diabétiques. Les anti-inflammatoires et l'acétaminophène (*Advil*, *Motrin*, *Tylenol*) réduisent aussi efficacement les maux de tête, et le *Gravol*, la nausée. Si vous avez déjà expérimenté l'altitude sans aucun problème, la médication préventive n'est pas indiquée.

Argentine, expédition sur l'Aconcagua, 1999
Michel

Jour 7. C'est jour de repos au camp de base, aujourd'hui. Nous en avons besoin. Je n'oublie pas qu'hier en montant j'ai vu redescendre un grimpeur mort dans un traîneau. Selon les dires des deux Russes, il avait atteint le sommet mais était mort d'hypothermie en descendant. La montagne est forte.

Le sommeil normal est souvent perturbé, en haute altitude. À environ 3000 mètres, certaines personnes auront un sommeil de mauvaise qualité, alors que la majorité des personnes qui dorment à plus de 4300 mètres présenteront des troubles marqués du sommeil.

En altitude, protégez vos yeux et ceux de votre enfant. La pénétration des rayons ultraviolets (UV) augmente d'environ 4 % pour chaque gain de 300 mètres. Les UV qui sont reflétés sur la neige peuvent causer le cancer de la peau, l'ophtalmie des neiges, la kératite et différentes lésions à la cornée.

Le rein est l'organe le plus important dans l'acclimatation en haute altitude. Il permet de mieux s'acclimater à l'altitude par un processus complexe dans lequel la perte d'urine est accrue. Il faut boire plus que d'habitude, d'autant plus que le *Diamox*, qui agit aussi comme un diurétique, vous fait perdre à son tour davantage de fluides.

Finalement, ne sous-estimez pas non plus le froid de la montagne. La température chute en moyenne de 6,5 °C tous les 1000 mètres et la combinaison du froid et de l'hypoxie accroît le risque de gelures et de troubles liés à l'altitude.

Que faire en cas de blessures mineures?

Pour les blessures mineures et les égratignures, faites comme à la maison: nettoyez la blessure avec un savon doux et de l'eau propre, désinfectez ensuite avec du peroxyde, appliquez une pommade antibiotique (de type *Polysporin*) et couvrez-la avec un pansement, même s'il ne s'agit que d'égratignures.

Le plus important dans le traitement des égratignures, comme pour les coupures, est le nettoyage et ensuite, de garder la blessure loin de toute saleté. Vous n'auriez peut-être pas pensé couvrir certaines égratignures bénignes si vous étiez à la maison. En voyage, ne prenez aucun risque. Couvrez toutes les égratignures, même si elles sont toutes petites.

Si l'enfant fait de la fièvre, qu'il y a un écoulement de pus, de la rougeur, de l'enflure ou une sensation de chaleur autour de la blessure, c'est qu'il y a infection. Si vous constatez un de ces signes, consultez un médecin. Pour éviter que l'infection se propage, il suffit habituellement d'appliquer une crème ou une pommade antibiotique, ou de prendre des antibiotiques oraux vendus sur ordonnance.

Vous devez faire examiner la coupure par un professionnel de la santé lorsque la plaie est profonde (en général, les médecins attachent plus d'importance à la profondeur d'une plaie qu'à sa longueur), lorsqu'elle expose le tissu musculaire (rouge) ou adipeux (jaunâtre), si elle reste ouverte lorsque vous ne retenez pas ses bords ou si elle se trouve sur une articulation ou à un endroit où la guérison peut être difficile. Des points de suture sont parfois nécessaires pour maintenir la plaie fermée.

Les points de suture ont un avantage: le médecin recoud les bords de la plaie après les avoir soigneusement alignés, ce qui permet à la peau de guérir de façon uniforme. Cette stabilité est importante lorsque la plaie se trouve dans une région très mobile du corps. Les points de suture sont préférables lorsque les bords de la plaie sont inégaux.

Si la coupure est importante, mais pas au point de faire faire des points de suture par un médecin, utilisez les sutures cutanées *Steri-Strip*, que vous aurez apportées dans votre trousse médicale, pour tenir la peau bien en place durant la guérison (voir chap. 2, « La trousse médicale du voyageur », page 121). Vous devriez tout de même couvrir la plaie suturée le jour avec une compresse stérile pour la protéger des saletés et aussi, pour ne pas que l'enfant y touche. Pendant la nuit, découvrez-la.

Que faire en cas de morsure ?

On consulte généralement un médecin pour une morsure. *A priori*, méfiez-vous de tous les animaux que vous ne connaissez pas. Plus facile à dire qu'à faire lorsque notre « bout d'chou » rêve de s'approcher et de toucher. Restez très près de lui si vous êtes à proximité d'animaux comme les chiens, les singes, les chats, les ratons laveurs, les chauves-souris et autres animaux de ce genre.

Méfiez-vous tout particulièrement des singes. Les enfants les adorent mais ces bêtes, souvent trop habituées à l'homme, peuvent se montrer terriblement effrontées et même, agressives, sans aucune raison. Les singes sont très imprévisibles. Rosemarie l'a appris à ses dépens au Sri Lanka. Alors qu'elle était à proximité d'un singe qui semblait calme et amical, elle a fait un mouvement pour chasser un moustique. Le singe a eu peur et il l'a très rapidement mordue à la taille, par-dessus son pantalon. Les dents du singe ne sont pas entrées en contact avec la peau de notre fille et la morsure s'est avérée plutôt légère, un petit pincement tout au plus. Ouf!

Inde, Nainital, 2004
Rosemarie, 11 ans

En arrivant à la hutte de location de chevaux, une vingtaine de guides se sont rués sur notre camion et se sont mis à frapper sur les vitres. Notre chauffeur, Mohinder, m'a fait sortir mais il me tenait le poignet très fort, car il était nerveux parce que les guides étaient prêts à se battre pour nous avoir comme clients. Papa en a même poussé quelques-uns parce qu'ils tiraient sur nos chandails. Finalement, on s'est sauvés plus loin et on a trouvé un guide plus « cool ». La « trail » n'était pas très belle mais je me suis tout de même bien amusée. Demain, on va voir le zoo de Nainital, dans la montagne.

Si le pire devait advenir, lavez immédiatement la plaie avec de l'eau et du savon pendant plusieurs minutes. Ce simple geste peut réduire de 90 % le risque de développer la rage. Évaluez ensuite la présence ou non d'un risque de développer la rage. Sur place, un vétérinaire ou un médecin peut vous renseigner sur les animaux de sa région particulièrement infestés par le virus.

La rage

La rage est une maladie mortelle causée par un virus qui s'attaque au système nerveux central des animaux à sang chaud (les mammifères). Une fois les symptômes apparus, la rage est mortelle chez les animaux. Chez les humains, elle peut également l'être si elle n'est pas traitée.

La rage est transmise lorsque la salive d'animaux infectés entre en contact avec une plaie, par exemple lors d'une morsure ou de contacts avec les muqueuses de la bouche, du nez ou des yeux. Le virus de la rage se déplace ensuite du point de contact au système nerveux central en se multipliant à l'intérieur des cellules nerveuses. Une fois qu'il atteint le cerveau, le virus de la rage se développe très rapidement. Les dommages ainsi causés au cerveau sont à l'origine des symptômes cliniques de la maladie. Le virus se déplace ensuite vers les glandes salivaires et autres parties du corps.

Tous les mammifères sont susceptibles de contracter la rage et ils peuvent être contagieux pendant plusieurs jours, sans même présenter aucun des symptômes cliniques de la maladie. Ce sont les animaux sauvages qui présentent le risque le plus élevé d'avoir la rage. Les moufettes, les singes, les chiens, les ratons laveurs, les renards et les chauves-souris en sont les principaux porteurs. Les lapins, les tamias, les écureuils, les chats, les rats et les souris sont moins sujets à la rage mais ne sous-estimez par leurs morsures.

Premiers soins : le meilleur mécanisme de protection consiste à éliminer le virus de la rage au siège de l'infection en lavant et en rinçant la plaie à fond avec de l'eau et du savon. Après avoir bien irrigué la plaie, il faut appliquer de l'éthanol à 70 %, de l'iode (en teinture ou en solution aqueuse) ou de la povidone iodée. Il est recommandé de ne pas suturer la plaie tout de suite pour pouvoir faire d'autres applications des produits mentionnés.

Le tétanos

Le tétanos est une maladie musculaire sévère. Cette maladie n'est pas contagieuse d'une personne à une autre, elle ne s'attrape que par le contact d'une plaie ouverte avec la toxine de la bactérie tétanique qui se retrouve dans la terre, la poussière, les selles d'humains et d'animaux et la rouille. L'infection s'acquiert plus facilement lors d'une blessure pénétrante, comme un clou ou une morsure, par exemple, à cause de la difficulté de la nettoyer en profondeur. Le tétanos peut causer la mort dans 30 % des cas.

Si une blessure est en contact avec un élément contaminé, la toxine tétanospasmine prend environ sept jours pour se libérer au niveau de la plaie et se fixer aux terminaisons nerveuses d'un nerf. La toxine pénètre ensuite dans ce nerf et va bloquer la libération des neurotransmetteurs. On constate alors une augmentation du tonus musculaire et des spasmes généralisés, une contracture des muscles de la mâchoire, de la difficulté à manger et parfois à avaler, de la raideur, des douleurs au cou et aux muscles le long de la colonne vertébrale.

Inde, île de Diu, 2005
Victoria, 7 ans

On a loué deux scooters pour se promener partout dans l'île. Ici il y a des millions de cocotiers. Vous savez, près de la mer, il y a toujours des cocotiers et des noix de coco à terre. Maman et moi, on chantait très fort pendant qu'on faisait du scooter et moi-même, je criais plus fort.

Le tétanos est encore bien présent dans le monde. C'est essentiellement dans les régions rurales et chaudes que la maladie survient pendant les mois d'été. Dans les pays en voie de développement, le tétanos affecte surtout les enfants âgés entre 6 mois et 15 ans. On estime à environ 800 000 le nombre d'enfants dans le monde qui meurent chaque année du tétanos.

Les maladies causées par l'eau et la nourriture

La gastro-entérite

La gastro-entérite est une inflammation simultanée des muqueuses de l'estomac et de l'intestin. Soixante-dix pour cent des cas sont dus à des aliments contaminés par la bactérie entérotoxigène *E. coli* (ECET). D'autres causes moins fréquentes de maladie gastro-intestinales sont notamment les parasites et les virus. Dans les pays asiatiques, africains et sud-américains, l'eau locale peut souvent être en cause. Si la gastro-entérite a été provoquée par un virus ou par des bactéries, elle devient très contagieuse pour les autres qui seront en contact avec les vomissures ou les excréments du malade. Un enfant ou un adulte atteint de la gastro-entérite aura des inconforts durant 5 à 48 heures. Les enfants peuvent également être fiévreux dans la moitié des cas.

Comme la gastro-entérite est très contagieuse la plupart du temps, isolez votre enfant des autres membres de la famille. Ne le faites surtout pas dormir dans le même lit que vous. Faites-lui un nid confortable pour éviter qu'il ne se balade dans la chambre et tentez de trouver un récipient ou coupez une grosse bouteille d'eau vide en deux pour éviter qu'il ne restitue dans son lit, si les vomissements viennent trop rapidement. Demandez aux autres membres de la famille de ne pas toucher au petit malade ou aux jouets avec lesquels il a joué. Comme bien d'autres virus, la gastro-entérite se transmet par les mains, qui sont mises dans la bouche ensuite. Lavez-vous les mains après chaque contact avec lui. Sans ces précautions, toute la famille attrapera la gastro.

Quatre jours après notre arrivée en Inde, en 2004, nos deux filles ont eu la gastro à six heures d'intervalle. Lorsque Victoria a commencé à aller mieux, après une douzaine d'heures de diarrhée et de vomissements,

Inde, Pushkar, 2005
Victoria, 7 ans

Dans environ trois jours, je serai au Canada. J'ai beaucoup aimé mon voyage: l'Himalaya, le Rajasthan, le désert de Thar, l'île de Diu, toutes les choses comme ça dans mon voyage. Et depuis que j'ai commencé mon voyage, j'entends toujours «Beep beep beep» dans la rue et au Canada ça va faire: «Ahhhh!» Au moins ça ne fait pas de bruit chez nous. Je vous fais remarquer que ce voyage a passé vite! Très vite, même. Vous ne trouvez donc pas? J'ai adoré mon voyage.

Rosemarie était au plus difficile de sa gastro. Elles ont toutes les deux fait de la fièvre et elles grelottaient sans cesse. Nous étions dans un petit village, dans l'Himalaya, et il ne faisait pas très chaud. Dans le milieu de l'après-midi, j'ai installé d'épaisses couvertures sur le petit balcon, à l'extérieur, au soleil (je vérifiais régulièrement leur température), et les filles ont dormi là pendant plusieurs heures. Cela leur a fait beaucoup de bien de respirer le grand air. Ça m'a aussi permis de faire aérer la chambre avant la nuit.

Les symptômes de la gastro s'apparentent à bien des virus et empoisonnements de toutes sortes. Si les inconforts persistent ou augmentent au-delà de 48 heures, si la fièvre monte sans cesse, si l'enfant a des étourdissements ou s'il y a du pus, du mucus ou du sang dans les selles de votre enfant, ce n'est certainement pas de la gastro-entérite dont il souffre. Consultez un médecin sans tarder.

Les intoxications alimentaires

Si un membre de la famille vomit à répétition, qu'il a des douleurs abdominales mais ne fait pas de fièvre et que vous doutez de la qualité de la nourriture que vous avez mangée plus tôt, il faut suspecter une intoxication alimentaire. Dans ce cas, le charbon végétal activé est tout indiqué. Je vous suggère d'administrer une capsule de 170 mg pour les enfants entre 2 et 12 ans et 2 capsules pour les plus vieux. Plus ce produit est administré rapidement, plus il sera efficace. Répétez la dose une

Inde, Manali, 2004
Victoria, 7 ans

Nous avons enfin trouvé un hôtel et en plus, il est à deux étages. Ce soir, on va manger au restaurant de l'hôtel parce qu'il fait froid dehors et qu'on est fatigués. Ici, la nourriture change beaucoup et ce n'est pas toujours bon, mais j'accepte. En plus, je peux pas lire les menus et je sais jamais quoi manger. Mais j'aime beaucoup le pain nan avec du beurre.

ou deux fois pendant la journée ou la nuit. Normalement, les symptômes vont persister de une à quatre heures et diminuer ensuite. Par contre, si les symptômes s'aggravent dans les heures qui suivent la prise de charbon végétal activé, il faut voir un médecin ou aller à l'hôpital le plus rapidement possible. Le charbon végétal activé est contre-indiqué si la personne est sous médication (y compris les contraceptifs oraux). Il provoque parfois de la constipation dans 15 % des cas. Après l'ingestion de ce produit, il est normal d'avoir des selles presque noires.

Le charbon végétal activé peut aussi être administré en prévention si vous suspectez la qualité de la nourriture, pour annihiler les effets de l'alcool, pour soulager une gastro-entérite ou pour régulariser les fonctions intestinales. Ce produit va jusqu'à contrecarrer les effets des piqûres d'abeilles, d'araignées et d'anémones de mer.

Attention! Il est très dangereux d'inhaler du charbon végétal activé en poudre par les voies nasales ou la bouche. En effet, ce produit est très nocif s'il se retrouve dans les poumons. C'est pourquoi je vous recommande de ne pas ouvrir les capsules, mais si votre enfant n'est pas capable de l'avaler, ouvrez-la avec beaucoup de précaution et versez le contenu dans un verre d'eau, qu'il pourra boire. Et... il ne faut pas faire vomir un enfant intoxiqué avec un vomitif (comme le sirop d'Ipéca) sans la recommandation d'un médecin. D'ailleurs, ils sont de moins en moins utilisés.

Les différentes causes d'empoisonnement

La majorité des cas d'empoisonnement alimentaire survient lorsqu'on consomme des aliments comportant des toxines bactériennes. Contrairement à la croyance populaire, les bactéries elles-mêmes sont généralement mortes ou disparues depuis longtemps à ce moment. Si elles étaient encore présentes, il ne s'agirait pas directement d'un empoisonnement alimentaire, mais plutôt d'une infection gastro-intestinale transmise par des aliments. La salmonellose et la gastro-entérite bactérienne sont des exemples de ces infections.

L'autre type d'empoisonnement alimentaire survient lorsque des poisons inorganiques ou organiques non bactériens (par exemple des champignons vénéneux) sont ingérés accidentellement.

Voici les principaux types d'empoisonnements alimentaires.

Les staphylocoques

Les personnes qui souffrent d'une infection provoquée par des staphylocoques et qui manipulent des aliments peuvent transmettre ces bactéries à d'autres personnes. Les types d'aliments les plus susceptibles de comporter des toxines de staphylocoque sont le lait, le poisson et la viande. Les staphylocoques provoquent une attaque temporaire de diarrhée et des maux d'estomac, qui disparaissent généralement de deux à huit heures après l'ingestion du poison.

Les produits de la mer empoisonnés

Certains poissons, notamment le poisson-boule, sont naturellement empoisonnés. Un poison semblable à celui que produit le poisson-boule peut également être présent chez un grand nombre d'espèces de poissons et crustacés dans les Antilles et le Pacifique. Il s'agit du poison ciguatera, qui est produit par un petit parasite marin appelé dinoflagellate, également appelé « marée rouge ». Les palourdes, les moules, les huîtres et les coquilles Saint-Jacques sont plus particulièrement susceptibles d'ingérer la « marée rouge » et donc, de comporter le poison ciguatera. La consommation de coquillages contaminés par la « marée rouge » provoque en quelques minutes un état de faiblesse ou une paralysie à proximité de la bouche, qui s'étend lentement au reste du corps. Les autres signes neurologiques d'un empoisonnement par le ciguatera sont notamment des douleurs au visage, des maux de tête, des démangeaisons et une sensation étrange de chaud et de froid, en alternance.

Les poisons de la nature

Il ne faut jamais consommer de noix sauvages, des feuilles, des fleurs, des baies, des champignons, du miel non pasteurisé et des tubercules insuffisamment mûris. Les symptômes d'empoisonnement par des champignons comportent un élément nerveux. Un rétrécissement de la pupille des yeux, des larmes, de la salivation et de l'écume à la bouche, de la transpiration, des vertiges, un état de confusion, un coma et parfois des convulsions apparaissent dans les deux heures suivant la consommation de champignons empoisonnés.

La plupart des poisons s'attaquent au système nerveux central et provoquent les symptômes habituels d'un empoisonnement nerveux. Presque toutes les formes d'empoisonnement entraînent également des nausées et des vomissements, des crampes abdominales et une diarrhée, qui proviennent des efforts que fait l'organisme pour se débarrasser des substances nocives. En tout, l'épisode dure généralement moins d'une journée. En règle générale, les symptômes apparaissent entre 5 minutes et 24 heures après l'absorption de l'élément contaminant.

On ne peut pas toujours prévenir les empoisonnements alimentaires. Le poison ciguatera, par exemple, n'a aucun goût et ne peut être détruit par la cuisson ou même des radiations. Certains aliments sont plus susceptibles que d'autres de provoquer une infection. Les légumes verts et les carottes, par exemple, sont moins susceptibles d'être toxiques que le poisson ou la viande. En cas d'empoisonnement, il est essentiel d'établir rapidement le diagnostic approprié. Certains poisons peuvent être éliminés complètement par des antitoxines particulières, mais on ne peut administrer l'antitoxine tant que la toxine elle-même

Canada, Lorraine, 2004
Rosemarie, 11 ans
(15 jours avant le départ pour l' Inde)

C'est avant de m'endormir que je pense le plus à l'intensité du voyage qui m'attend. C'est difficile d'imaginer comment ce sera, même si je suis déjà partie en voyage avant. Je me rends compte que ce n'est pas rien de partir deux mois. Je ne dors pas très bien, car j'essaie de répondre à toutes les questions qui passent dans ma tête. Mais je crois qu'il faudra attendre d'être rendue là- bas pour trouver les réponses.

reste inconnue. Qu'il y ait ou non un antidote, l'élément le plus important du traitement est souvent d'évacuer le poison de l'organisme.

Notez que le lait n'aide en rien au rétablissement d'une intoxication. Il est préférable de donner de l'eau pour diluer le produit.

La dysenterie

La dysenterie est une douloureuse infection intestinale généralement provoquée par des parasites ou des bactéries. La dysenterie est caractérisée par de fréquentes diarrhées et des selles liquides contenant du sang. Cette maladie survient la plupart du temps dans les pays chauds. Une mauvaise condition hygiénique et sanitaire accroît le risque de dysenterie en propageant les protozoaires ou la bactérie *Shigella* qui la provoquent, dans les aliments ou l'eau contaminée par des matières fécales humaines.

Les symptômes de la dysenterie commencent dans les quatre jours après la contamination. Ce sont les enfants âgés entre 1 et 4 ans qui sont les plus à risque. La maladie commence par de la fièvre, des nausées, des vomissements, des crampes abdominales et des diarrhées. Les crises de diarrhée peuvent survenir toutes les heures et les selles de l'enfant peuvent contenir du sang, du mucus et du pus. Les adultes ne tombent pas malades aussi soudainement, mais ils ont également des diarrhées fréquentes et leurs selles peuvent aussi contenir du sang, du mucus et du pus. Les vomissements répétés sont courants chez les enfants, comme chez les adultes.

Les symptômes de cette maladie ressemblent beaucoup à ceux de la gastro-entérite dans les 48 premières heures. Si les inconforts persistent ou augmentent au-delà de 48 heures, ou s'il y a du pus, du mucus ou du sang dans les selles de votre enfant, la dysenterie est à suspecter en tout premier lieu et il faut consulter un médecin.

Myanmar, Ngapali, 1997
Rosemarie, 4 ans *(elle dicte et j'écris pour elle)*

Maman m'a acheté une belle jupe de Birmane et ensuite, je suis allée dehors avec ma jupe de Birmane. Ensuite, j'ai rencontré des madames birmanes avec d'autres madames birmanes. J'ai joué avec elles et ensuite, elles devaient aller à leur travail, alors je les ai laissées partir.

Les symptômes de la dysenterie peuvent provoquer une déshydratation rapide et grave qui, non traitée, peut conduire à un état de choc et au décès. La déshydratation se manifeste par une extrême sécheresse de la bouche, un renfoncement des yeux et une pâleur de la peau. Les enfants et les bébés auront soif, seront agités, irritables et pourront être léthargiques.

La dysenterie se prévient par une hygiène individuelle stricte. Les règles de base concernant l'eau et la nourriture s'appliquent incontestablement.

La fièvre typhoïde

La typhoïde se manifeste par une forte fièvre, une perte d'appétit, des frissons, des maux de tête sévères et des douleurs musculaires et articulaires généralisées. Seul un diagnostic établi par des épreuves de laboratoire permet de déceler la présence de *Salmonella typhi* dans un échantillon de sang ou de selle. Les symptômes apparaissent généralement une ou deux semaines après l'infection.

Inde, Rishikesh, 2004
Victoria, 7 ans

J'ai acheté deux chandails. Un avec Ganesh sur le devant et un autre avec un Om. Et j'ai payé 180 roupies. Les roupies c'est l'argent de l'Inde et ça en prend beaucoup pour acheter quelque chose. Il me reste encore 280 roupies pour m'acheter des colliers et des pierres précieuses. On dirait que c'est beaucoup, mais ce n'est pas vraiment beaucoup.

La typhoïde accable l'humanité depuis si longtemps que beaucoup de chercheurs pensent qu'elle a modifié nos gènes. La fièvre typhoïde s'attrape par une nourriture et une eau contaminées, infectées par la bactérie *Salmonella*. Les salmonelles causent souvent des intoxications alimentaires ; toutefois, dans le cas de la fièvre typhoïde, la bactérie *Salmonella typhi* peut provoquer une maladie plus grave.

La prévention de la fièvre typhoïde consiste essentiellement à éviter les aliments et l'eau contaminés. Les règles de base concernant la nourriture et l'eau s'appliquent (voir chap. 4, « Les règles de base », page 244).

Le taux de décès est de moins de 1 % si un traitement par antibiotiques est instauré rapidement.

Le choléra

Le choléra est une infection intestinale aiguë causée par la bactérie *Vibrio cholerae*. Le début de la maladie est très brusque. On soupçonne la présence de cette maladie avec l'apparition soudaine d'une diarrhée aqueuse grave (habituellement accompagnée de vomissements), causant une déshydratation sévère. On contracte le choléra de façon directe par l'eau ou par des aliments contaminés, ou de façon indirecte par l'exposition aux excréments ou aux vomissures d'une personne infectée. La période d'incubation du choléra varie de moins de 24 heures à 5 jours.

Le choléra est maintenant endémique dans presque toute l'Afrique. En 1991, il est apparu en Amérique latine, après plus de 100 ans d'absence. En moins d'un an, la maladie s'est propagée dans 11 pays et, depuis, s'est étendue à tout le continent. Une épidémie doit être déclarée dès qu'un cas est confirmé, car le choléra est très contagieux et la moitié des personnes atteintes en meurent.

Myanmar, Rangoon, 1997
Rosemarie, 4 ans *(elle dicte et j'écris pour elle)*

Ce que j'ai trouvé le plus beau, c'était le Bouddha en or blanc et le Bouddha en vrai or comme l'autre Bouddha. Et aussi, ce que j'ai trouvé le plus beau du monde, c'était le petit Bouddha au milieu avec des étincelles. Nous sommes allés au restaurant pour déjeuner et j'ai trouvé une belle roche brillante.

Toutefois, même dans un pays où la situation est endémique, la plupart des voyageurs courent très peu de risques de contracter la maladie. Ce sont surtout les gens de l'endroit qui sont à risque. On estime le risque de choléra chez les voyageurs européens ou nord-américains à deux cas par million de voyageurs.

La détection et le traitement précoces de la maladie augmentent les chances de guérison. La réhydratation est le principal traitement et consiste à remplacer l'eau et les sels perdus lors des vomissements et des diarrhées au moyen de sels de réhydratation oraux, d'électrolytes-glucose ou par injection intraveineuse de soluté lactate de *Ringer*. Dans les cas les plus graves, on pourra administrer un antibiotique efficace pour diminuer la diarrhée.

Réintégrer la nourriture

Après un épisode de vomissements ou de diarrhées, si le malade se sent mieux depuis trois ou quatre heures et qu'il a faim, vous pouvez commencer à incorporer des aliments solides très graduellement, sans jamais laisser votre enfant en manger une trop grande quantité. Le but de l'opération est de garder ce peu de nourriture dans son estomac et qu'elle soit digérée.

En pays étranger, un paquet de biscottes ou de biscuits salés ou non salés est assez facile à trouver dans les petits commerces qui vendent des aliments. Si vous trouvez du melon, cela sera aussi apprécié de l'estomac du malade en voie de guérison. Si tout va bien avec ces aliments, incorporez ensuite le riz blanc, les pommes de terre ou les carottes bien cuites et écrasées à la fourchette, les pommes (enlevez la pelure) et les bananes. Si votre enfant aime les aliments salés, ajoutez-en un peu. Le sel l'aidera à garder son hydratation et à remplacer les sels minéraux perdus. Suivez ses goûts. S'il n'aime pas l'aliment que vous lui offrez ou s'il ne mange que deux bouchées, ne le forcez surtout pas.

Myanmar, Nyaung Shew, 1997
Michel *(Rosemarie, 4 ans, et Victoria, 3 mois)*

Nuit d'enfer avec Rosemarie qui faisait 103° de fièvre et délirait dans son sommeil. Ce matin, un docteur est venu. Les antibiotiques qu'on nous avait prescrits au Québec servent maintenant. Je m'occupe beaucoup de Rosemarie et Marie-Chantal se concentre sur Victoria, qu'elle doit allaiter aux trois heures. Cette nuit, j'ai bien dû me lever 10 fois pour la rassurer, la replacer dans son lit ou la couvrir. Ça va un peu mieux. Un peu plus tôt, en présence du médecin, nous lui avons donné un premier cachet d'antibiotique dans un déluge de larmes, de morve, de cris et de pleurs. Rosemarie n'avait encore jamais avalé une pilule. Ce fut tout un événement.

Si votre enfant n'a pas vomi dans l'heure qui suit, il est sur la voie de la guérison et vous pouvez augmenter les portions graduellement s'il a faim. Même s'il a recommencé à manger, continuez à lui faire boire de l'eau et des jus non sucrés, si vous en trouvez. Attendez entre 18 et 24 heures pour remettre à son menu les produits laitiers ou tout autre aliment gras ou sucré. Même si ses selles sont encore molles pour quelques jours, votre petit malade peut reprendre la route avec vous !

Les boissons gazeuses dégazéifiées et les bouillons n'aident en rien au rétablissement d'une personne qui a souffert de diarrhées et de vomissements. Ils risquent au contraire d'aggraver les symptômes.

Petite pause... histoire de souffler un peu !

Mais qu'est-ce qu'il y en a de ces fichues maladies ! C'est à vous donner le goût d'aller revisiter Val-d'Or et Sainte-Eulalie !

Petite mise au point importante : ces informations rassemblées ici ne sont pas là pour vous donner le goût de jouer au docteur ou pour vous faire croire qu'une fois sur la route vous pourrez vous passer des services d'un médecin. Le seul but de ce chapitre est de vous donner des connaissances pour mieux détecter la maladie et ainsi être à même de pouvoir réagir plus rapidement, advenant un problème de santé. Mieux renseignés, vous pourrez plus facilement communiquer avec le médecin. Mieux renseignés, vous comprendrez plus rapidement ce que le médecin vous explique… dans une langue étrangère.

Loin de nous l'idée de faire de vous des spécialistes. En cas de doute, il n'y a pas de chances à prendre, il faut consulter un médecin. Au Myanmar, lorsque Rosemarie est tombée malade, nous avions déjà une très bonne idée de quoi elle souffrait avant même d'appeler le médecin. Il nous a confirmé, après examen, qu'elle souffrait bien d'une laryngite, comme nous le pensions, et nous a donné le feu vert pour lui administrer l'antibiotique à large spectre prescrit par notre pédiatre avant le départ. Il trouvait cet antibiotique supérieur en qualité à ceux que nous pouvions nous procurer sur place. La communication fut aisée et nos questions bien préparées.

Le mot d'ordre avec la maladie est de mieux connaître pour mieux anticiper et mieux prévenir. Avant de poursuivre, je vous rappelle une fois de plus que dans 95 % de vos voyages, vous n'aurez pas à utiliser ces connaissances. Soyez zen...

LES INSECTES PIQUEURS ET LEURS CONSÉQUENCES

Quelles sont ces « bibittes » qui piquent ?

Habituellement, la plupart des guêpes, frelons, taons, abeilles, fourmis et autres hyménoptères s'occupent de leur petite affaire sans déranger personne et laissent le sale boulot de protection contre les intrus aux individus de leur colonie spécialisés dans le domaine. Mais tous ces insectes se défendront s'ils sont dérangés pendant leur collecte de nourriture. Une fois qu'il devient la cible d'une de ces bestioles, un enfant a bien peu de chances d'éviter son dard venimeux. Chez la plupart des enfants, le pire sera passé quelques minutes après la piqûre, pendant que le corps libère dans le sang des agents pour contrer l'effet du poison. Le site de la piqûre restera douloureux, rouge et enflé pendant quelques heures. D'autres enfants auront une réaction tardive, parfois quelques jours ou même une semaine après la piqûre, se manifestant par une faible fièvre, de petites nausées, de la fatigue et des courbatures.

Il y a aussi des douzaines d'espèces de morsures et de succions de tiques, de mouches noires, de mouches du sable, de punaises et de puces. Techniquement, aucun d'eux n'est vénéneux, mais certains ont une salive qui peut irriter ou provoquer une réaction, et d'autres peuvent transmettre des infections lors de leur morsure.

Certaines morsures de tiques peuvent provoquer une paralysie temporaire qui s'étend si elles ne sont pas découvertes dans les jours qui suivent. Les mites qui construisent leurs habitats près des êtres humains, telles que les acariens, ne mordent pas, mais il y a des mites d'oiseaux et d'animaux qui attaquent occasionnellement les humains et introduisent des larves dans la peau. Elles provoquent une réaction allergique cutanée locale chez les sujets, allergiques ou non. Les larves provoquent une rougeur et une démangeaison (dermatite prurigineuse), alors que les mites adultes font une petite morsure qui irrite généralement après quelques heures ou quelques jours. Vous courrez plus de risques d'être mordus par des mites si vous êtes en contact avec des oiseaux vivants ou des volailles, des porcs, des lapins, des chats ou des chiens (en particulier les chiots), des graines, de la paille ou du foin.

Le meilleur traitement de la plupart des morsures d'insectes et des piqûres est d'attendre que la démangeaison disparaisse. L'aspirine, les antihistaminiques et la lotion calamine peuvent être efficaces pour réduire les inconforts. L'application d'un paquet de glaçons pour empêcher la propagation du venin et l'application d'une pâte de bicarbonate de soude et d'eau peuvent également être efficaces pour soulager le gonflement. Si votre enfant a un antécédent de réaction allergique grave, le mieux est d'avoir avec vous une seringue remplie d'épinéphrine (*EpiPen* ou *AnaKit*).

Myanmar, Bagan, 1998
Rosemarie, 5 ans *(elle dicte et j'écris pour elle)*

J'ai rencontré un petit moine qui s'appelle Pinasothaw. On a pris une photo de lui avec moi et on va lui envoyer dans son monastère. J'ai invité Pinasothaw à venir dîner avec nous et il est venu. Je le chatouillais toujours en dessous du bras. Il était habillé avec une couverte rouge. Quand je lui flattais la tête, ça piquait parce qu'il n'avait pas de cheveux.

Lors des sorties extérieures, en soirée ou pendant la nuit, portez une chemise à manches longues et un pantalon long de couleur claire, ainsi que des bas et des souliers (note : les moustiques sont attirés par les couleurs sombres). Évitez les parfums à forte odeur de fleurs. Portez des vêtements couvrant le plus de peau possible (voir chap. 2, « Les antimoustiques », page 130).

Les puces de lit peuvent aussi être une nuisance. Nous en avons connu un épisode au Sri Lanka. Nous dormions dans un charmant petit *guest house* près de la plage d'Hikkaduwa. Malheureusement, les lits étaient infestés de puces. Dans mon cas, les morsures de puces ne me font aucun effet. Par contre, Michel et les filles en étaient très affectés. Ils étaient couverts de petits points rouges qui les démangeaient. Pour contrer le problème, nous sortions les matelas dehors tous les jours en les exposant au soleil.

Le paludisme (malaria)

Les symptômes du paludisme, mieux connu sous le nom de malaria, sont semblables à ceux de la grippe, ils causent donc fièvre, maux de tête, nausées et vomissements. Les tremblements et les spasmes musculaires sont aussi des symptômes fréquents. La gravité de la maladie varie selon l'espèce du parasite responsable de l'infection. Des quatre parasites causant le paludisme, le *P. falciparum* donne lieu à la maladie dans sa forme la plus aiguë. Comme les symptômes du paludisme ne sont pas spécifiques, il est impossible de poser un diagnostic précis sans test sanguin. Si l'un des membres de la famille étire une grippe sur plus de cinq jours, sans qu'il y ait d'amélioration, trouvez un médecin compétent, parlez-lui de vos inquiétudes et demandez qu'il fasse un test sanguin s'il a des doutes.

Le paludisme est, dans la majorité des cas, transmis aux humains par la piqûre d'un moustique infecté. Tout particulièrement la femelle du moustique anophèle, un insecte qui pique pendant la soirée et la nuit.

Le paludisme est présent dans presque toute l'Afrique du Nord et subsaharienne, dans de nombreuses régions du Moyen-Orient, de

Inde, Colva, 1990
Marie-Chantal

J'ai perdu connaissance en plein restaurant. Je mangeais mon déjeuner et sans avertir, je suis tombée en bas de ma chaise. Michel a eu toute la misère du monde à me ramener à la chambre, mes jambes ne voulaient plus me porter. Le proprio de l'hôtel a appelé un médecin pour nous. Il est arrivé une heure plus tard. J'étais très nerveuse, j'avais peur d'avoir la malaria.
Il a regardé mes yeux avec une loupe et il m'a auscultée pendant une quinzaine de minutes. Il parlait bien anglais et me posait des questions précises. Il m'a finalement affirmé que je n'avais pas la malaria, mais plutôt une dysenterie. Pour en savoir plus, il faudrait que je passe des tests à l'hôpital, mais le médecin ne trouvait pas cela nécessaire pour le moment. Il m'a donné des antibiotiques pour cinq jours. Il reviendra dans quelques jours pour voir si ça va mieux. Diète de riz et d'eau seulement…

l'Asie, de l'Océanie, d'Amérique centrale et d'Amérique du Sud, et dans certaines régions du Mexique.

Le traitement du paludisme dépend de plusieurs facteurs, notamment de l'espèce de parasite en cause, de la gravité de l'infection, de l'âge de la personne atteinte et du profil de résistance aux médicaments antipaludéens dans la région du monde où la personne a contracté la maladie. Presque tous les cas de paludisme peuvent être guéris si l'infection est diagnostiquée rapidement et traitée de façon adéquate. Cependant, des délais de diagnostic, même courts, peuvent rendre le traitement difficile et diminuer le taux de guérison. La progression de l'infection peut parfois être très rapide et mener à la mort après 36 à 48 heures, dans certains cas.

Toute mesure visant à réduire l'exposition aux moustiques piquant pendant la soirée et la nuit aidera à réduire le risque de contracter le paludisme (voir chap. 2, « Les antimoustiques », page 130).

La fièvre dengue

La fièvre dengue est une maladie virale transmise par les piqûres de moustiques infectés. Le moustique pique pendant la journée et vit surtout dans les zones urbaines. La maladie a été signalée dans plus de 100 pays. Elle se manifeste d'abord par des symptômes semblables à ceux d'une grippe, notamment des fièvres, des maux de tête, des douleurs musculaires, des douleurs d'articulations, des douleurs derrière les yeux et de légères éruptions cutanées. La fièvre dure de trois à cinq jours, rarement plus de sept jours.

Bien que la maladie soit souvent peu sérieuse et de durée limitée, elle peut prendre une forme grave : la fièvre dengue hémorragique. Les symptômes de la dengue hémorragique sont notamment la perte d'appétit, les nausées, les douleurs abdominales intenses, les symptômes de choc et les saignements de nez ou sous la peau. Les personnes les plus à risque sont celles qui souffrent d'une deuxième infection ou d'une immunodéficience, ou encore qui ont moins de 15 ans. La fièvre dengue hémorragique est parfois mortelle.

Il n'existe pas de vaccin ni aucun traitement spécifique contre le virus de la dengue. Le seul moyen de réduire le risque est de prendre des mesures de protection contre les piqûres d'insectes.

Indonésie, île de Bali (Kuta), 1992
Marie-Chantal *(Rosemarie en gestation)*

Notre copine américaine a déliré toute la journée et la nuit d'hier. Nous étions vraiment inquiets pour elle. Elle avait des hallucinations et ne nous reconnaissait pas. Nous avons essayé de nous relayer à son chevet pour que Tom puisse dormir un peu. Aujourd'hui elle va mieux. Elle a marché un peu sur la plage en fin de journée. Le vent était bon. Le pire est derrière nous. Cette fièvre dengue fut bien intense, jamais je ne m'étais sentie aussi impuissante devant une personne malade. Il fallait que ça passe, et ça a passé.

La fièvre jaune

La fièvre jaune, transmise par la piqûre de diverses espèces de moustiques infectés, est une maladie virale aiguë de courte durée et de sévérité variable. La période d'incubation varie de trois à six jours.

Les moustiques des espèces *Aedes* et *Haemagogus*, qui propagent la fièvre jaune, piquent de jour. Il est donc important de porter un antimoustique toute la journée, dans les endroits à risque. Ironiquement, dans ces mêmes régions sévit la malaria, qui est contractée par un moustique qui pique le soir et la nuit. Il est donc recommandé de s'enduire d'antimoustique 24 heures sur 24!

Sri Lanka, Ella, 2002
Rosemarie, 9 ans

Aujourd'hui, on a fait une grande randonnée de 10 kilomètres pour voir Horton's Plain. Je l'ai toute marchée. La route était longue, mais pendant le chemin on s'imaginait qu'on était dans le «Magicien d'Oz» et parfois, on pensait qu'on était dans «Le Seigneur des Anneaux». J'ai beaucoup aimé ce jeu et Victoria était drôle.

Un petit nombre de personnes infectées ne présentent aucun symptôme. S'ils apparaissent après une période d'incubation de trois à six jours, les symptômes varient d'une simple fièvre à une fièvre soudaine accompagnée de frissons, de maux de tête, de douleurs musculaires au dos, d'une perte d'appétit, de nausées et de vomissements. Dans certains cas graves, la fièvre jaune peut provoquer un état de choc, des hémorragies, le dysfonctionnement des organes, la jaunisse et la mort.

Si l'on contracte la maladie, il n'existe aucun traitement particulier pour la fièvre jaune. Les personnes atteintes ont 70 % de chances d'en survivre et les voyageurs qui sont décédés à la suite d'une fièvre jaune n'étaient pas vaccinés.

La vaccination est la plus importante mesure de prévention contre la maladie. Toutefois, ne négligez pas les antimoustiques (pour la peau et vos vêtements); ils permettront de réduire le risque d'exposition au virus.

LES MALADIES VIRALES

La rougeole

La rougeole constitue l'une des principales causes de décès infantile dans le monde et cette maladie est encore très courante dans les pays en développement. La présence de rougeole est confirmée si l'enfant présente une irritation cutanée généralisée durant plus de trois jours, accompagnée d'une fièvre et de l'un des symptômes suivants: toux, écoulement nasal, yeux rouges.

Il s'agit d'une maladie très contagieuse, dont le taux de mortalité est élevé, qui rend ses victimes vulnérables à d'autres infections et qui entraîne de graves complications. Dans les pays en développement, les enfants âgés de moins de 5 ans représentent la plus forte proportion de cas.

La diphtérie

La diphtérie est une maladie infectieuse qui ressemble à un gros rhume. Elle se transmet d'une personne à une autre par l'intermédiaire des gouttelettes de salive qui sont émises de la gorge d'un malade lorsque celui-ci tousse ou éternue. La maladie est généralement localisée aux amygdales, au pharynx et au larynx. Elle cause souvent de graves problèmes de respiration et des dommages irréversibles aux nerfs. Une personne sur 10 qui attrape la diphtérie en meurt. Les bébés sont particulièrement vulnérables et le risque de décès est accru.

Inde, Dharamsala, 2004
Victoria, 7 ans

Aujourd'hui, nous sommes allés voir un musée qui parle des Tibétains qui se sont sauvés de la Chine. Ensuite, je me suis acheté un beau poncho en laine rouge. Ensuite, on est entrés dans un temple et j'ai fait une prière avec papa devant le grand Bouddha. On a mangé une pizza en sortant du temple, avec une tasse de thé. Quand on est sortis, Rosemarie a fait pipi dans le bois et une poule a ri d'elle! On aurait dit qu'elle riait vraiment.

La période d'incubation est généralement de deux à cinq jours. La maladie se traite avec l'administration d'antibiotiques appropriés. Ceux qui survivent à la diphtérie peuvent l'attraper de nouveau. Il faut donc quand même se faire vacciner pour être protégé.

La méningite

La méningite est une infection de l'enveloppe du cerveau et de la moelle épinière. Il existe deux types principaux de méningite: la méningite virale et la méningite bactérienne. Dans les deux cas, les symptômes sont très semblables, de sorte que des examens médicaux sont nécessaires pour déterminer de quel type de méningite il s'agit.

Les symptômes les plus courants de la méningite sont: de violents maux de tête, une forte fièvre, des vomissements, une raideur de la nuque, de la douleur aux articulations, de la somnolence, de la confusion et une sensibilité à la lumière. Les bébés atteints de méningite peuvent présenter les symptômes suivants: réveil difficile, forte fièvre, perte d'appétit, vomissements, pleurs aigus ou gémissements.

La méningite virale est la forme de méningite la plus fréquente et la moins grave. Elle peut être causée par une grande diversité de virus courants. Les antibiotiques n'ont aucun effet et la presque totalité des personnes qui en sont atteintes se rétablissent entièrement sans aucun traitement. Par contre, la méningite bactérienne est une infection très grave. Elle peut être à l'origine de complications à long terme comme la surdité ou des lésions cérébrales, et peut même provoquer la mort. Il faut intervenir immédiatement auprès de l'enfant et lui administrer des antibiotiques. Ce type de méningite est plutôt rare.

> **Inde, Jaisalmer, 2005**
> **Victoria, 7 ans**
>
> *Je suis maintenant dans le désert de Thar et dans le désert, j'ai fait du DROMADAIRE ! J'ai une raison d'avoir peur mais je n'ai pas peur. Pourquoi ? Parce que nous avons dormi à la belle étoile, entourés des dromadaires.*

Le virus se propage en toussant, en éternuant ou en s'embrassant. Attention aux verres, aux bouteilles d'eau, aux canettes de boisson gazeuse et aux instruments musicaux que l'on met dans la bouche ; enfin, toutes sortes de choses que nos enfants auront tendance à se passer de l'un à l'autre, sans y penser. Il ne faut jamais utiliser un objet qu'une autre personne s'est mis dans la bouche ou qui a été en contact avec sa salive. Cela fait partie des règles de base de la santé en voyage.

La poliomyélite

Il s'agit d'une maladie horrible et très contagieuse provoquée par un virus qui envahit le système nerveux. Il pénètre dans l'organisme par la bouche et se multiplie dans les intestins. Le virus peut entraîner en quelques heures une paralysie irréversible (des jambes, en général) dans 1 cas sur 200. La polio affecte principalement les enfants de moins de 5 ans mais les enfants plus âgés et les adultes peuvent aussi contracter la maladie.

Les symptômes initiaux sont souvent inexistants mais il peut y avoir de la fièvre, des maux de tête, des vomissements, une raideur de la nuque et des douleurs dans les membres. Entre 5 et 10 % des patients paralysés meurent lorsque leurs muscles respiratoires cessent de fonctionner.

Le poliovirus se transmet d'une personne à l'autre par le mucus nasal ou par les selles. Une personne peut être infectée en consommant de l'eau ou des aliments contaminés, ou en ayant un contact direct avec les matières fécales d'un sujet infecté. La transmission de personne à personne est particulièrement fréquente chez les enfants ayant contaminé leurs mains après être allés à la toilette. La période d'incubation de la polio varie de 4 à 35 jours.

Inde, Bikaner, 2005
Rosemarie, 11 ans

J'ai adoré aller vivre dans le désert pendant trois jours. C'était très «capotant»! On rencontrait des gens du désert, qui vivent dans des huttes de paille avec leurs chameaux. Le soir, on faisait un feu et on chantait avec les chameliers. Je me sentais comme au ciel avec toutes les étoiles. Ensuite on s'endormait en regardant les étoiles filantes.

Les hépatites

L'hépatite A (VHA)

L'hépatite A représente la forme d'hépatite virale la plus fréquente et c'est également la forme la plus bénigne. C'est une infection virale du foie qui se transmet principalement par l'eau, les aliments contaminés, les excréments humains et les pratiques sexuelles. Les mollusques comme les huîtres et les moules sont aussi parfois vecteurs du virus.

Le VHA a une période d'incubation de trois à cinq semaines. Ce qui donne amplement le temps à la personne infectée de transmettre le virus aux membres de sa famille. La maladie apparaît dès le début sous le mode aigu, avec des symptômes de type grippal: fièvre, maux de tête, courbatures, faiblesse, nausées, manque d'appétit, inconfort abdominal, jaunisse, foie sensible au toucher. La jaunisse se manifeste chez plus de la moitié des adultes, mais rarement chez les enfants. L'hépatite A peut donc souvent passer inaperçue. On peut croire qu'il s'agit d'un coup de froid, d'un gros rhume ou d'une grippe. Chez les jeunes enfants, attention aux risques de contamination par la manipulation des selles (changement de couches).

Il n'existe pas de traitement particulier si on a contracté l'hépatite A, mais on peut administrer un traitement pour contrer les symptômes (charbon végétal activé, acétaminophène, *Imodium*, *Pepto Bismol*…). La guérison survient spontanément au bout de deux à huit semaines mais chez certains, la maladie peut durer six mois. Sauf exception, il ne restera aucune séquelle. La guérison complète d'une infection au VHA confère aux personnes infectées une immunité à vie.

La plupart des voyageurs courent peu de risques de contracter l'hépatite A. Le meilleur moyen de prévenir cette infection est de prendre des précautions relatives à l'eau et aux aliments. Les règles de base d'hygiène en voyage s'appliquent ici comme ailleurs.

Inde, Pushkar, 2005
Rosemarie, 12 ans

Que le voyage a passé vite! Je n'arrive pas à croire que nous partons dans deux jours. Demain on se lève à 5 h du matin pour aller à Agra. Papa et maman se demandent comment on va transporter toutes les choses qu'on a achetées, ils discutent toujours de ça. J'ai très hâte de voir le Taj Mahal. J'ai vu plein de photos dans les livres et je peux pas croire que je vais voir le vrai Taj Mahal. Après, on part pour Delhi et c'est la fin… snif! snif!

L'hépatite B (VHB)

L'hépatite B est une grave inflammation des tissus du foie causée par un virus qui se transmet par les sécrétions vaginales, le sperme, la salive, les plaies ouvertes, le lait maternel, les larmes et le sang contaminé. La contamination s'opère surtout par les voies sexuelles, par échange de seringues (usagers de drogues « intraveineuses ») ou par tout instrument servant à percer la peau (piercing, tatouages). Les femmes enceintes peuvent également transmettre l'hépatite B au fœtus.

Les symptômes de la maladie sont d'abord grippaux : fièvre, perte d'appétit, maux de tête, courbatures, faiblesse. Ensuite, le malade va ressentir des douleurs abdominales dans la région du foie, des nausées, il aura une urine foncée (parfois presque noire) et des selles pâles. L'adulte malade contractera une jaunisse dans environ la moitié des cas, mais très rarement l'enfant. Les symptômes de l'hépatite B se manifestent d'habitude entre 25 et 180 jours après la contamination. Cependant, chez environ 40 % des personnes contaminées, les manifestations cliniques restent « silencieuses ». L'absence de jaunisse peut aussi banaliser les symptômes grippaux. L'hépatite B ne peut être transmise par la toux, les éternuements, l'eau, les aliments ou les contacts habituels.

Le VHB est la principale cause d'hépatite chronique à travers le monde. On parle de chronicité quand la maladie dure plus de six mois. Les enfants qui contractent l'hépatite B risquent beaucoup plus que les adultes, par exemple, que la maladie évolue vers la chronicité.

L'hépatite C (VHC)

Le virus de l'hépatite C s'attaque, lui aussi, au foie. L'hépatite C se contracte de la même façon que l'hépatite B, c'est-à-dire par échange de fluides. Attention aux aiguilles infectées et aux relations sexuelles non protégées.

Le VHC est un virus très puissant qui peut survivre très longtemps à l'extérieur du corps, même dans une quantité microscopique de sang. Les habitudes et pratiques qui vous mettent en contact de quelque façon que ce soit avec du sang, en quantité même minime, représentent des risques possibles de contamination. Si vous êtes infecté par l'hépatite C, ne laissez personne toucher ou manipuler votre sang sans porter des gants.

Souvent, les symptômes n'apparaissent que très tard dans l'évolution de la maladie. C'est un virus lent et dormant qui peut prendre 20 ou 30 ans à endommager le foie. Et même si la personne infectée semble en santé et se sent bien, elle peut toujours transmettre le virus à d'autres. Les symptômes ressemblent à ceux des autres hépatites : fatigue, jaunisse (la peau et le blanc des yeux prennent une couleur jaunâtre), enflure et douleurs abdominales, nausées, vomissements, sueurs nocturnes ou fièvres récurrentes inexpliquées.

Retour du Mexique, 2000
Michel (Rosemarie, 7 ans, et Victoria, 3 ans)

De retour à la maison. C'est l'euphorie du retour, le plaisir de se retrouver chez soi. Nous voici tous sains et saufs à la maison. Les enfants sont heureux, vraiment très heureux d'être de retour. Quand tu n'as que 3 ans ou pas encore 8 ans, l'univers, c'est ta maison ! C'est ton port d'attache, ta sécurité.

Certaines personnes réussissent à se débarrasser du virus sans aucune séquelle. Cependant, la majorité restera infectée toute la vie. Il n'existe ni vaccin ni remède contre l'hépatite C. La prévention est votre meilleure alliée contre l'infection.

Conclusion

Respirez, tout ira bien !

Myanmar, dans l'avion du retour, 1997
Michel _(Rosemarie, 4 ans, et Victoria, 3 mois)_

9 h 05, heure du Québec. Nous devrions être chez nous à 15 h. Près de 35 heures auront égrené leurs minutes entre le moment où nous avons quitté l'hôtel de Rangoon et le moment où nous poserons le pied sur le pas de notre porte. Mes trois femmes dorment, tant mieux, le temps passe plus vite comme ça. Rangoon, le lac Inle, Pindaya, Bagan, « mingalaba » (le bonjour birman), tout ça est désormais derrière nous. Une autre grande aventure qui se termine. Ma famille rentre au pays plus belle et plus unie que jamais par cette expérience si forte. Rosemarie revient avec des images et une vision du monde incroyables ; pour Victoria, chaque moment aura marqué ses sens, mais nous ne verrons le résultat de cette expérience particulière de voir le monde à l'âge de 3 mois que dans plusieurs années. Marie-Chantal rentre au pays triomphante et heureuse. Fière d'elle et de son courage, avec raison. Pour ma part, j'avais bien des peurs avant d'entreprendre ce voyage. L'une d'elles étant qu'on exige de moi un prix à payer pour avoir la chance de vivre une si grande aventure. Un prix (blessure d'un enfant, perte de la santé, tout ce qui peut arriver d'horrible, quoi !) que je n'étais pas prêt à payer, un prix trop élevé pour ce que j'étais capable de prendre. Une fois de plus, la vie fut douce avec moi. Elle a bien pris soin de moi et des miens.

Il ne reste plus qu'à vous souhaiter un bon voyage ! Partez confiants, sachant que vous avez fait le maximum avant le départ. Sur la route, demeurez ouverts et souples.

Que la paix soit avec vous. Profitez-en bien et savourez chaque minute !

Thaïlande, Mae Hong Son, 1991
Michel

Le soleil chante, la montagne sourit
Et moi je regarde assis
Le reflet, le réel, le temple est le même.
Le soleil s'élève, la montagne attend
Et moi je comprends le temps
Lentement, rapidement, le temple est le même.
Le soleil éclaire, la montagne s'incline
Et moi j'écoute et devine
La vie, la mort, le temple est le même.

Nos principaux voyages

1978	Marie-Chantal	Mexique	deux semaines
1980	Marie-Chantal	Porto Rico	deux semaines
1982	Marie-Chantal	Costa Rica (échange étudiant)	trois semaines
1982	Marie-Chantal	Canada (Toronto)	deux mois
1983	Marie-Chantal	Costa Rica	quatre semaines
1983	Marie-Chantal	Canada (Gaspésie à moto)	quatre semaines
1983-1984	Michel	Canada (Toronto)	huit mois
1985	Marie-Chantal	France (Paris)	quatre semaines
1984-1985	Michel	Hollande, France, Portugal, Espagne, Allemagne, Grèce, Maroc, Inde, Népal (Himalaya)	huit mois
1985	Michel	Canada (d'est en ouest à moto)	deux semaines
1985-1986	Michel	Canada (Vancouver)	huit mois
1986	Michel	États-Unis (d'ouest en est à moto)	deux semaines
1986	Marie-Chantal	France (Côte d'Azur) Italie (Ligurie)	quatre semaines
1986	Michel	Maroc	trois semaines
1987	Michel	Thaïlande	quatre semaines
1987	Marie-Chantal	Croisière Caraïbes	deux semaines
1988	Michel	Costa Rica	trois semaines
1988	Michel	Canada (Î.-P.-É.)	six semaines
1988	Marie-Chantal	France, Suisse	trois semaines
1988	Marie-Chantal	États-Unis (en auto, de Montréal à la Californie)	quatre semaines
1989	Michel	Canada (Nunavik)	quatre semaines
1989	Marie-Chantal	Tchécoslovaquie	deux semaines
1989-1990	Michel et Marie-C.	Inde, Népal	neuf semaines
1990	Marie-Chantal	Finlande	deux semaines
1990	Michel	Canada (Nunavik)	quatre semaines
1990-1991	Michel et Marie-C.	Thaïlande, Vietnam, Malaisie, Singapour	huit semaines

1992	Marie-Chantal	France, Belgique, Hollande	trois semaines
1992	Michel et Marie-C.	Chine, Tibet, Bali	huit semaines
1993	Marie-Chantal	Italie, Grèce, Turquie	quatre semaines
1994	Michel et Marie-C.	République dominicaine	une semaine
1994	Marie-Chantal	France (Paris)	une semaine
1994	Marie-Chantal	Canada (Baie-James)	une semaine
1995	Michel, Marie-C. et Rosemarie	États-Unis (Chicago)	une semaine
1995	Marie-Chantal	Canada (Maritimes)	trois semaines
1995-1996	Michel, Marie-C. et Rosemarie	Népal	quatre semaines
1996	Michel	Inde (sud)	quatre semaines
1997	Marie-Chantal	Jamaïque	une semaine
1997	Michel	Pérou	quatre semaines
1997-1998	Michel, Marie-C., Rosemarie et Victoria	Myanmar	six semaines
1999	Michel	Argentine, Chili	quatre semaines
1999	Marie-C., Rosemarie et Victoria	Mexique (Ixtapa)	une semaine
1999	Michel, Marie-C., Rosemarie et Victoria	Canada (Gaspésie)	trois semaines
2000-2001	Michel, Marie-C., Rosemarie et Victoria	Mexique (Oaxaca, Chiapas, Yucatan)	quatre semaines
2001	Michel	Bolivie	quatre semaines
2002-2003	Michel, Marie-C., Rosemarie et Victoria	Sri Lanka	six semaines
2004	Michel et Marie-C.	États-Unis (New York)	une semaine
2004-2005	Michel, Marie-C., Rosemarie et Victoria	Inde (nord-ouest)	huit semaines
2005	Rosemarie	États-Unis (Chicago, échange bilingue)	deux semaines
2005	Marie-C. et Victoria	Canada (Charlevoix)	une semaine
2005	Marie-Chantal	Espagne (Andalousie)	deux semaines
2006	Michel	Argentine (Patagonie)	quatre semaines
2006	Michel	Canada (Rocheuses)	une semaine
2006	Marie-C. et Rosemarie	Italie (Les Abruzzes)	deux semaines
2006-2007	Michel, Marie-C., Rosemarie et Victoria	Tanzanie	six semaines
2008-2009	Michel, Marie-C., Rosemarie et Victoria	Mongolie, Tibet	huit semaines

… et le reste du Monde !